Michalski/Westerhoff

# Übungen und Fälle zum Arbeitsrecht

Lutz Michalski/Ralph Westerhoff

# Übungen und Fälle zum Arbeitsrecht

7., völlig neu bearbeitete Auflage

C.F. Müller

*Ralph Westerhoff*, Jahrgang 1964, Dr. iur. (München 1992) Dipl.Kfm. Professor für Wirtschafts- und Arbeitsrecht an der Hochschule Koblenz, RheinAhrCampus Remagen.

Bibliografische Information der Deutschen Nationalbibliothek

Die Deutsche Nationalbibliothek verzeichnet diese Publikation in der Deutschen Nationalbibliografie; detaillierte bibliografische Daten sind im Internet über <http://dnb.d-nb.de> abrufbar.

ISBN 978-3-8114-9676-7

E-Mail: kundenservice@cfmueller.de

Telefon: +49 89 2183 7923
Telefax: +49 89 2183 7620

www.cfmueller.de
www.cfmueller-campus.de

© 2020 C.F. Müller GmbH, Waldhofer Straße 100, 69123 Heidelberg

Satz: Gottemeyer, Rot
Druck: CPI Clausen & Bosse, Leck

# Vorwort

Dieses Buch ist eine Ergänzung zu meinem Lehrbuch zum Arbeitsrecht. Sinn dieses Übungs- und Fallbuches ist es, Sie als Studierende der Rechtswissenschaft bzw. als Studierende, die Arbeitsrecht als Modul in einem nichtjuristischen Studiengang belegt haben, in die Lage zu versetzen, eine arbeitsrechtliche Klausur angemessen, also erfolgreich bearbeiten zu können.

Dieses Werk unterscheidet sich von der Vorauflage nicht nur durch die Erweiterung des Titels in „Übungen und Fälle zum Arbeitsrecht", sondern auch inhaltlich. Es besteht nunmehr aus fünf Teilen:

Im ersten Teil möchte ich (besonders für die Nichtjuristen) die Technik der Bearbeitung einer zivilrechtlichen Klausur vorstellen. Im zweiten Teil stelle ich Wissensfragen. Die Kenntnis dieser, ich möchte sie ‚Basics' nennen, ist elementare Voraussetzung für die erfolgreiche Bearbeitung einer Klausur. Im dritten Teil finden Sie dann die entsprechenden Antworten.

Im vierten Teil geht es um Fälle, wie sie auch in einer Klausur vorkommen könnten. Im Gegensatz zur Vorauflage beschränke ich mich erstens auf weniger Sachverhalte und zweitens schwerpunktmäßig auf das Individualarbeitsrecht, das nach den meisten Prüfungsordnungen zum Pflichtstoff gehört. Die Lösungsvorschläge im fünften Teil können Sie dann zum Abgleich mit Ihren Ausarbeitungen verwenden.

Während Sie im Lehrbuch Hinweise zu Literatur und Rechtsprechung finden, habe ich für dieses reine „Lernbuch" darauf vollständig verzichtet. Wenn Ihnen an diesem Werk etwas auffällt, Sie Fehler finden oder sonst eine Anmerkung haben, freue ich mich auf Ihr Feedback, das Sie jederzeit an mich (*westerhoff@hs-koblenz*) schicken können.

Dieses Buch hätte nicht, schon gar nicht rechtzeitig entstehen können, wenn ich mich nicht auf die Unterstützung vieler hätte verlassen können. Ihnen allen sei gedankt. Besonders verdient, namentlich genannt zu werden, hat an dieser Stelle allerdings mein Mitarbeiter *Nico Weis*.

Remagen im Juli 2020                                   *Ralph Westerhoff*

# Inhaltsverzeichnis

*Vorwort* .................................................... V
*Abkürzungsverzeichnis* ...................................... XI

Erster Abschnitt
**Technik der Fallbearbeitung** ............................... 1

1. Die Fallklausur ............................................ 1
2. Hinweise zur richtigen juristischen Argumentation ......... 5
   a) Die „Kunst" der Auslegung ............................ 5
   b) Die Art der Darstellung (der „Gutachtenstil") ........ 8

Zweiter Abschnitt
**50 Übungsfragen und -aufgaben** ............................. 12

1. Zur Arbeit mit Übungsfragen .............................. 12
2. Übungsfragen und -aufgaben ............................... 12

Dritter Abschnitt
**Lösungsvorschläge zu den Übungsfragen** .................... 15

Vierter Abschnitt
**Fälle** .................................................... 39

Fall  1: „Gleiches Recht für alle" ........................... 39
Fall  2: „Der brave Lakai" ................................... 41
Fall  3: „Irren ist menschlich" .............................. 42
Fall  4: „Urwaldtechnik" ..................................... 43
Fall  5: „Wo ein Wille ist, ist auch ein Weg?" ............... 44
Fall  6: „Corona und die Folgen" ............................. 45
Fall  7: „Der Profifußballer" ................................ 46
Fall  8: „Der Hochstapler" ................................... 47
Fall  9: „Die Tücke der Mail" ................................ 48
Fall 10: „Das Wandern ist des Müllers Lust" .................. 49
Fall 11: „Du sollst nicht diskriminieren" .................... 50

Fall 12:  „Der renitente Kunde". . . . . . . . . . . . . . . . . . . . . . . . . . . . . . . . . . . . . . . .   51

Fall 13:  „Stille Nacht, teure Nacht". . . . . . . . . . . . . . . . . . . . . . . . . . . . . . . . . . . . .   52

Fall 14:  „Versprochen ist versprochen". . . . . . . . . . . . . . . . . . . . . . . . . . . . . . . . .   53

Fall 15:  „Kleinvieh macht auch Mist". . . . . . . . . . . . . . . . . . . . . . . . . . . . . . . . . . .   54

Fall 16:  „Der ‚einfühlsame' Betreuer". . . . . . . . . . . . . . . . . . . . . . . . . . . . . . . . . .   55

Fall 17:  „Der Wiederkehrer". . . . . . . . . . . . . . . . . . . . . . . . . . . . . . . . . . . . . . . . . . .   56

Fall 18:  „Zeichen der Zeit". . . . . . . . . . . . . . . . . . . . . . . . . . . . . . . . . . . . . . . . . . . .   57

Fall 19:  „Vor Gericht und auf hoher See". . . . . . . . . . . . . . . . . . . . . . . . . . . . . . .   59

Fall 20:  „Im Vertrauen gesagt". . . . . . . . . . . . . . . . . . . . . . . . . . . . . . . . . . . . . . . .   60

Fall 21:  „Wer ‚saufen' kann, der darf nicht arbeiten". . . . . . . . . . . . . . . . . . . . .   61

Fall 22:  „Der Betrieb ist ein Eimer". . . . . . . . . . . . . . . . . . . . . . . . . . . . . . . . . . . .   62

Fall 23:  „Gut gemeint ist oft der Anfang von schlecht gemacht". . . . . . . . . . . .   63

Fall 24:  „Keine Angst vor großen Tieren". . . . . . . . . . . . . . . . . . . . . . . . . . . . . .   64

Fall 25:  „Vertrag ist Vertrag". . . . . . . . . . . . . . . . . . . . . . . . . . . . . . . . . . . . . . . . .   65

Fünfter Abschnitt
# Lösungsvorschläge zu den Fällen . . . . . . . . . . . . . . . . . . . . . . . . . . . . . .   66

Fall  1:  „Gleiches Recht für alle". . . . . . . . . . . . . . . . . . . . . . . . . . . . . . . . . . . . . .   66

Fall  2:  „Der brave Lakai". . . . . . . . . . . . . . . . . . . . . . . . . . . . . . . . . . . . . . . . . . . .   72

Fall  3:  „Irren ist menschlich". . . . . . . . . . . . . . . . . . . . . . . . . . . . . . . . . . . . . . . .   77

Fall  4:  „Urwaldtechnik" . . . . . . . . . . . . . . . . . . . . . . . . . . . . . . . . . . . . . . . . . . . . .   84

Fall  5:  „Wo ein Wille ist, ist auch ein Weg?". . . . . . . . . . . . . . . . . . . . . . . . . . .   93

Fall  6:  „Corona und die Folgen" . . . . . . . . . . . . . . . . . . . . . . . . . . . . . . . . . . . . .  100

Fall  7:  „Der Profifußballer". . . . . . . . . . . . . . . . . . . . . . . . . . . . . . . . . . . . . . . . .  105

Fall  8:  „Der Hochstapler". . . . . . . . . . . . . . . . . . . . . . . . . . . . . . . . . . . . . . . . . . .  112

Fall  9:  „Die Tücke der Mail". . . . . . . . . . . . . . . . . . . . . . . . . . . . . . . . . . . . . . . . .  125

Fall 10:  „Das Wandern ist des Müllers Lust" . . . . . . . . . . . . . . . . . . . . . . . . . . .  130

Fall 11:  „Du sollst nicht diskriminieren". . . . . . . . . . . . . . . . . . . . . . . . . . . . . . .  136

Fall 12:  „Der renitente Kunde" . . . . . . . . . . . . . . . . . . . . . . . . . . . . . . . . . . . . . . .  143

Fall 13:  „Stille Nacht, teure Nacht". . . . . . . . . . . . . . . . . . . . . . . . . . . . . . . . . . .  148

Fall 14:  „Versprochen ist versprochen". . . . . . . . . . . . . . . . . . . . . . . . . . . . . . . .  155

Fall 15:  „Kleinvieh macht auch Mist". . . . . . . . . . . . . . . . . . . . . . . . . . . . . . . . .  160

Fall 16:  „Der ‚einfühlsame' Betreuer". . . . . . . . . . . . . . . . . . . . . . . . . . . . . . . . .  164

Fall 17:  „Der Wiederkehrer". . . . . . . . . . . . . . . . . . . . . . . . . . . . . . . . . . . . . . . . . .  169

Fall 18:  „Zeichen der Zeit". . . . . . . . . . . . . . . . . . . . . . . . . . . . . . . . . . . . . . . . . . .  174

Fall 19:  „Vor Gericht und auf hoher See". . . . . . . . . . . . . . . . . . . . . . . . . . . . . . .  181

Fall 20: „Im Vertrauen gesagt". . . . . . . . . . . . . . . . . . . . . . . . . . . . . . . . . . . . 188
Fall 21: „Wer ,saufen' kann, der darf nicht arbeiten". . . . . . . . . . . . . . . . . . . . . 195
Fall 22: „Der Betrieb ist ein Eimer". . . . . . . . . . . . . . . . . . . . . . . . . . . . . . . . . 204
Fall 23: „Gut gemeint ist oft der Anfang von schlecht gemacht". . . . . . . . . . . . . . 208
Fall 24: „Keine Angst vor großen Tieren" . . . . . . . . . . . . . . . . . . . . . . . . . . . . . 215
Fall 25: „Vertrag ist Vertrag". . . . . . . . . . . . . . . . . . . . . . . . . . . . . . . . . . . . . . 222

# Abkürzungsverzeichnis

| | |
|---|---|
| a. A. | anderer Ansicht |
| a. a. O. | am angegebenen Ort |
| AG | Aktiengesellschaft |
| a. E. | am Ende |
| Abs. | Absatz |
| AFG | Arbeitsförderungsgesetz |
| AktG | Aktiengesetz |
| Alt. | Alternative |
| Anm. | Anmerkung |
| AP | Arbeitsrechtliche Praxis |
| ArbGG | Arbeitsgerichtsgesetz |
| ArbnErfG | Gesetz über Arbeitnehmererfindungen |
| ArbuR | Arbeit und Recht |
| ARS | Arbeitsrechtssammlung mit Entscheidungen des Reichsarbeitsgerichts, der Landesarbeitsgerichte, und Arbeitsgerichte |
| Art. | Artikel |
| Aufl. | Auflage |
| | |
| BAG | Bundesarbeitsgericht |
| BAGE | Entscheidungen des Bundesarbeitsgerichts |
| BB | Betriebsberater |
| BBiG | Berufsbildungsgesetz |
| BEEG | Bundeselterngeld- und Elternzeitgesetz |
| BetrVG | Betriebsverfassungsgesetz |
| BErzGG | Bundeserziehungsgeldgesetz |
| BeschFG | Beschäftigungsförderungsgesetz |
| BGB | Bürgerliches Gesetzbuch |
| BGBl. | Bundesgesetzblatt |
| BSG | Bundessozialgericht |
| BSGE | Entscheidungen des Bundessozialgerichts |
| BT-Dr. | Bundestagsdrucksache |
| BUrlG | Bundesurlaubsgesetz |
| BVerfG | Bundesverfassungsgericht |
| BVerfGE | Entscheidungen des Bundesverfassungsgerichts |
| | |
| DB | Der Betrieb |
| DStR | Deutsches Steuerrecht |
| | |
| EFZG | Entgeltfortzahlungsgesetz |
| EG | Europäische Gemeinschaft |
| Einl. | Einleitung |
| EU | Europäische Union |
| EuGH | Europäischer Gerichtshof |
| EWG | Europäische Wirtschaftsgemeinschaft |
| EzA | Entscheidungssammlung zum Arbeitsrecht |

| | |
|---|---|
| f. | folgende |
| ff. | fortfolgende |
| | |
| gem. | gemäß |
| GewO | Gewerbeordnung |
| GG | Grundgesetz |
| GmbH | Gesellschaft mit beschränkter Haftung |
| GmbHG | Gesetz betreffend die Gesellschaften mit beschränkter Haftung |
| | |
| HBV | Gewerkschaft Handel, Banken und Versicherungen |
| HGB | Handelsgesetzbuch |
| HK | Heidelberger Kommentar zum Kündigungsschutzgesetz, 4. Aufl., 2001 |
| | |
| i.S.d | m Sinne des/der |
| i.V.m. | in Verbindung mit |
| | |
| KG | Kommanditgesellschaft |
| KGaA | Kommanditgesellschaft auf Aktien |
| KSchG | Kündigungsschutzgesetz |
| | |
| LAG | Landesarbeitsgericht |
| LFZG | Lohnfortzahlungsgesetz |
| LG | Landgericht |
| | |
| MDR | Monatszeitschrift für Deutsches Recht |
| MüKo | Münchner Kommentar zum BGB, 4. bzw. 5. Aufl. ab 2005 |
| MünchArbR | Münchner Handbuch zum Arbeitsrecht, 2. Aufl., 2000 |
| | Band 1, §§ 1–113, Individualrecht I |
| | Band 2, §§ 114–239, Individualrecht II |
| | Band 3, §§ 240–394, Kollektives Arbeitsrecht |
| | Ergänzungsband, 2001 |
| m. w. N. | mit weiteren Nachweisen |
| | |
| NJW | Neue Juristische Wochenschrift |
| Nr. | Nummer |
| NZA | Neue Zeitschrift für Arbeitsrecht |
| | |
| o. ä. | oder ähnliche |
| OHG | Offene Handelsgesellschaft |
| | |
| pVV | positive Vertragsverletzung |
| | |
| RdA | Recht der Arbeit |
| Rdn. | Randnummer |
| RVO | Reichsversicherungsordnung |
| | |
| S. | Seite |
| SGB | Sozialgesetzbuch |
| s.o. | siehe oben |
| | |
| TV | Tarifvertrag |

| | |
|---|---|
| TVG | Tarifvertragsgesetz |
| TzBfG | Teilzeit- und Befristungsgesetz |
| | |
| vgl. | vergleiche |
| Vorbem. | Vorbemerkung |
| | |
| WM | Wertpapier-Mitteilungen |
| | |
| ZfA | Zeitschrift für Arbeitsrecht |
| Ziff. | Ziffer |
| ZPO | Zivilprozessordnung |

Erster Abschnitt

# Technik der Fallbearbeitung

## 1. Die Fallklausur

Die Mehrzahl der im Examen bzw. in der Abschlussklausur geforderten Aufgaben sind Fallklausuren. In diesen wird Ihnen ein hochverdichteter Lebenssachverhalt geschildert. Sie enden in der Regel mit der Frage, ob und was die dort handelnden Personen voneinander verlangen können. Dies gilt auch, wenn die Klausur mit der unbeliebten Aufgabe endet: „Wie ist die Rechtslage?" Denn eigentlich ist diese Frage ungenau. Richtig wäre zu fragen: Was können die Parteien voneinander aufgrund der durch diesen Lebenssachverhalt aufgeworfenen Rechtsfragen verlangen?

Der erste Schritt ist es – und das kann ich Ihnen nicht warm genug ans Herz legen –, den Sachverhalt konzentriert mehrfach zu lesen. In (Examens)klausuren ist wirklich jedes Wort wichtig, sofern es sich um eine gut konstruierte Klausur handelt, was für die meisten gilt. Hüten Sie sich also davor, vorschnell mit der Suche nach „dem Problem" des Falles zu beginnen.

Danach bereiten Sie den Sachverhalt auf, in dem Sie (bewährt haben sich Skizzen im Sinne von Pfeildiagrammen) die (wirtschaftlichen) Ziele der handelnden Personen zueinander in Beziehung setzen. Von der berühmten Frage („Wer will was von wem woraus?") beantworten Sie also zunächst einmal nur den Teil „Wer will was von wem?".

> **Beispiel:** Arbeitnehmer (AN) beschädigt während seiner Tätigkeit das Eigentum seines Arbeitgebers (AG). Dieser behält nun deswegen einen Teil des Lohnes ein. AN will den Lohn. AG beansprucht (ggfs. restlichen) Schadenersatz.

Sobald Sie verstanden haben, was die Parteien wollen (sei es Erfüllung, sei es Schadenersatz, sei es Herausgabe [z.B. von überlassenen betrieblichen Gegenständen] oder Unterlassung [beispielsweise von Wettbewerb]), machen Sie sich auf die Suche nach einer Anspruchsgrundlage. Sie suchen also nach einer Norm, die die vom Gläubiger begehrte Rechtsfolge enthält. Anders formuliert: Sie suchen nach einem Rechtsgrund, der es jemandem, den wir Gläubiger nennen, ermöglicht, von einem anderen, den wir Schuldner nennen, eine Leistung zu verlangen (vgl. dazu auch den Wortlaut des § 194 Abs. 1 BGB). Diese Verbindung zwischen zwei Rechtssubjekten nennt man Schuldverhältnis (vgl. § 241 Abs. 1 BGB).

Wie Sie bereits im Lehrbuch gelesen haben (vgl. dort Rn. 126 ff.), gibt es drei Arten von Schuldverhältnissen: Vertragliche, gesetzliche und quasivertragliche. Nun kann es vorkommen, dass verschiedene Anspruchsgrundlagen dasselbe Ergebnis haben.

> **Beispiel:** W stellt den A ein. Er überlässt ihm für seine Tätigkeit einen PKW, den A auch privat nutzen darf. Im Arbeitsvertrag ist festgehalten, dass A das Auto nach Ende des Arbeitsverhältnisses zurückgeben muss. Hier kann W sich sowohl auf den Vertrag als auch auf § 985 BGB („Der Eigentümer kann von dem Besitzer die Herausgabe der Sache verlangen") berufen.

Oft höre ich von Studenten dann die auf den ersten Blick einleuchtende Frage, warum man alle in Betracht kommenden Anspruchsgrundlagen prüfen muss, wenn das Ziel des Gläubigers beispielsweise schon mit der vertraglichen Anspruchsgrundlage erfüllt ist. Wenn im vorigen Beispiel der Arbeitsvertrag unwirksam sein sollte (weil A beispielsweise unerkannt geisteskrank war, §§ 104 Nr. 2, 105 Abs. 1 BGB), besteht kein vertraglicher Anspruch auf Herausgabe, wohl aber ein solcher (gesetzlicher) aus § 985 BGB, der nur die Eigentümerstellung des Gläubigers, den Besitz der Sache beim Schuldner und das Fehlen eines Besitzrechtes bei diesem voraussetzt, nicht aber danach fragt, ob der Arbeitsvertrag seinerzeit wirksam geschlossen wurde.

Da also verschiedene Anspruchsgrundlagen unterschiedliche Voraussetzungen haben, müssen Sie alle in Betracht kommenden Anspruchsgrundlagen prüfen.

> **Hinweis:** Die nachfolgenden *kursiv* gesetzten Ausführungen richten sich vornehmlich an Jurastudenten. Interessierten anderer Fakultäten ist die Lektüre natürlich „erlaubt", geht aber deutlich über das hinaus, was Sie regelmäßig für eine Abschlussklausur beherrschen müssen.

*Dass Sie alle in Betracht kommenden Anspruchsgrundlagen prüfen müssen, hat auch einen zivilprozessualen Hintergrund. In einem Prozess ist nämlich oft entscheidend, ob eine Partei die von ihr aufgestellten Tatsachenbehauptungen auch beweisen kann. Kann sie das nicht (es gibt z.B. für den mündlichen Vertragsschluss keinen Zeugen) oder misslingt die Beweisführung (der Zeuge sagt etwas anderes, als die prozessführende Partei geglaubt hat), „gibt" es für den Richter diese Tatsache nicht. Das kann zur Konsequenz haben, dass beispielsweise die vertragliche Anspruchsgrundlage scheitert, weil der Vertragsschluss nicht bewiesen werden konnte. Dann ist es wichtig (weil prozessentscheidend), auf zum Beispiel ein gesetzliches Schuldverhältnis zurückgreifen zu können.*

*Es stellt sich jetzt allerdings die Frage, in welcher Reihenfolge Sie die verschiedenen Anspruchsgrundlagen sinnvollerweise prüfen.*

*Außer der durch die Sperrwirkung des § 993 Abs. 1 a.E. BGB erzwungenen Reihenfolge „sachenrechtliche Ansprüche" vor „Delikt" und „ungerechtfertigter Bereicherung" folgt die Abfolge der Prüfung eher Zweckmäßigkeitsgesichtspunkten als zwingender Dogmatik. Vor allem sollten Sie unschöne Inzidentprüfungen vermeiden.*

> *Beispiel: V und M haben einen Mietvertrag geschlossen. V kündigt diesen und verlangt die Mietsache heraus. Wenn Sie jetzt statt mit § 546 BGB anzufangen, den § 985 BGB prüfen, müssten Sie beim Prüfungspunkt „Recht zum Besitz" im Rahmen des § 986 BGB in gewisser Weise verschachtelt den Vertragsschluss und die Wirksamkeit der Kündigung abarbeiten, was den Lesefluss empfindlich stört. Deshalb empfehle ich folgende Vorgehensweise:*

*Gehen wir zunächst einmal von den möglichen Anspruchszielen aus. Wenn jemand glaubt, mit einem anderen einen Vertrag geschlossen zu haben, will er zunächst die Erfüllung der Hauptpflichten erreichen. Diese sind z.B. Übergabe und Übereignung (§ 433 Abs. 1 S. 1 BGB), Zahlung des Werklohns (§ 631 BGB), Nacherfüllung nach § 437 Nr. 1, 439 BGB. Der Vertrag kann aber auch auf ein Unterlassen (vertragliches Wettbewerbsverbot z.B.) gerichtet sein. Ferner ist es denkbar, dass der Gläubiger Aufwendungsersatz gegen seinen Vertragspartner geltend machen will. Schließlich kann sein Ansinnen auf die Rückgabe (z.B. §§ 546, 604 BGB) oder die Rückabwicklung (insbes. § 346 und § 355 Abs. 2 BGB) gerichtet sein*

*Zweitens hat ein Vertragspartner Anspruch auf eine pflichtgemäße Leistung. Bei Pflichtverletzungen, sei es im Hinblick auf die Hauptpflichten, sei es bei den Nebenpflichten ist sein Ziel Schadenersatz. Da er aber primär den Vertrag geschlossen hat, damit die Hauptpflichten pflichtgemäß durch den Schuldner erfüllt werden, sind (mindestens gedanklich) die primären Leistungsansprüche und erst dann die Ansprüche auf Schadenersatz zu prüfen. Daher spricht man in diesem Zusammenhang auch von Primär- und Sekundäransprüchen.*

*Kann ein vertragliches Schuldverhältnis zwischen dem Anspruchssteller und seinem Gegner nicht bejaht werden, kommen quasivertragliche Anspruchsgrundlagen in den Fokus. Diese sind solche aus der sogenannten culpa in contrahendo (c.i.c.), der Sachwalterhaftung sowie des Vertrages mit Schutzwirkung zugunsten Dritter.*

*Als Nächstes muss die Geschäftsführung ohne Auftrag geprüft werden. Neben Ansprüchen auf Aufwendungsersatz, Herausgabe, Rechenschaft ist vor allem an die rechtfertigende Wirkung einer Geschäftsführung ohne Auftrag zu denken.*

*Bei den sachenrechtlichen Ansprüchen gehen die Ziele zunächst auf die Herausgabe (§§ 861 Abs. 1, 1004 Abs. 1, 985 BGB), die Störungsbeseitigung und Unterlassung (§§ 862 Abs. 1, 1007 Abs. 1 und 2 BGB), den Anspruch auf Schadenersatz (insbesondere §§ 987 ff. BGB) sowie die Duldung insbesondere des Verkaufs (beim Pfandrecht an beweglichen Sachen) bzw. der Zwangsvollstreckung bei Hypothek und Grundschuld (§ 1147 BGB [ggfs. i.V.m. § 1191 Abs. 2 BGB]).*

*Die deliktischen Ansprüche gehen regelmäßig auf Schadenersatz (§§ 823 ff. BGB), gelegentlich auch auf die Unterlassung (§§ 823 ff. BGB; § 823 Abs. 1 i.V.m. § 1004 Abs. 1 S. 2 BGB). Die Ansprüche aus ungerechtfertigter Bereicherung (§§ 812 ff. BGB) schließlich gehen auf den Ausgleich von vom Gesetzgeber als ungerechtfertigt angesehenen Vermögensverschiebungen.*

*Auch wenn ich mir bewusst bin, dass Schemata immer die Gefahr einer Verkürzung mit sich bringen, erlaube ich mir, Ihnen nachfolgend ein Schema für die möglichen Ansprüche im Rahmen einer Fallklausur anzubieten, wobei ich die typischerweise in einer arbeitsrechtlichen Fallklausur vorkommenden Anspruchsgrundlagen durch* **Fettdruck** *hervorgehoben habe. Es ist ein Hilfsmittel, das Ihnen in den meisten Fällen helfen wird, an sämtliche Ansprüche zu denken. Es ist weder ein Allheilmittel, noch müssen sie sich bei dem konkreten Sachverhalt „sklavisch" an die Reihenfolge halten, wenn der Sachverhalt eine modifizierte Reihenfolge nahelegt.*

1. *Vertragliche Primärleistungsansprüche*
    a. **Anspruch auf Erfüllung (z.B. § 611a oder § 618 Abs. 1 BGB)**
    b. *Ggfs. Anspruch auf Nacherfüllung (z.B. §§ 437 Nr. 1, 439 BGB)*
    c. *Anspruch auf Aufwendungsersatz, Rechenschaft, Vorschuss oder Herausgabe (z.B. 713 BGB i.V.m. §§ 664 bis 670 BGB)*
    d. **Anspruch auf Rückgabe (z.B.: §§ 546, 604 BGB)**
    e. *Anspruch auf Rückabwicklung (§ 346 BGB, § 355 Abs. 2 BGB,)*
    f. **Ansprüche auf Erfüllung von Nebenpflichten**

2. *Vertragliche Sekundäransprüche*
   a. *Anspruch auf Schadenersatz wegen Verletzung der Hauptpflichten*
      i. *Anspruch auf Schadenersatz statt der Leistung*
         *(§§ 280 Abs.1, Abs. 3, 281 BGB, § 311a Abs. 2 BGB)*
      ii. **Anspruch auf Schadenersatz neben der Leistung (§ 280 Abs. 1 BGB)**
      iii. *Anspruch auf Schadenersatz wegen verzögerter Leistung (§§ 280 Abs. 1, 280 Abs. 2, 286 BGB)*
      iv. **Anspruch auf Schadenersatz wegen Schlechtleistung der Hauptpflicht (§ 280 Abs. 1 i.V.m. (z.B.) § 611 BGB.**
   b. **Anspruch auf Schadenersatz wegen Verletzung einer Schutz- oder Nebenpflicht (§§ 280 Abs. 1, 241 Abs. 2 BGB)**

3. *Ansprüche aus quasivertraglicher Sonderverbindung*
   a. *Ansprüche aus § 122 sowie § 179 BGB*
   b. **Ansprüche aus § 15 AGG**
   c. **Ansprüche aus Culpa in contrahendo (§§ 280 Abs. 1, 311 Abs. 2, 241 Abs. 2 BGB)**
   d. *Ansprüche aus der Sachwalterhaftung (§§ 280 Abs. 1, 311 Abs. 3, 241 Abs. 2 BGB)*
   e. **Ansprüche aus einem Vertrag mit Schutzwirkung zugunsten Dritter (§§ 280 Abs. 1 BGB in Verbindung mit den Grundsätzen über den Vertrag mit Schutzwirkung zugunsten Dritter)**

4. *Ansprüche aus einer Geschäftsführung ohne Auftrag*
   a. *Ansprüche aus einer berechtigten GoA*
      i. *Verpflichtung zur Auskunft und Rechenschaft (§§ 681 S. 2, 666 BGB)*
      ii. *Verpflichtung zur Herausgabe (§§ 681 S. 2, 667 BGB)*
      iii. *Verpflichtung zur Verzinsung etwa verwendeten Geldes (§§ 681 S. 2, 668 BGB)*
      iv. *Aufwendungsersatzverpflichtung (§§ 683 S. 1, 670 BGB)*
   b. *Ansprüche bei nicht berechtigter GoA*
      i. *Schadenersatzpflicht nach § 678 BGB*
      ii. *Bei angemaßter Eigengeschäftsführung: §§ 687 Abs. 2 S. 2, 681 S. 2, 666 bis 668 BGB*

5. *Sachenrechtliche Ansprüche*
   a. *Anspruch auf Herausgabe*
      i. **§ 985 BGB**
      ii. *§ 1227 i.V.m. § 985 BGB*
      iii. *§ 861 BGB*
      iv. *§ 1007 BGB*
   b. *Anspruch auf Schadenersatz bei Beschädigung*
      i. *§§ 989 ff. (EBV)*
      ii. *§ 1227 i.V.m. §§ 989 ff. BGB*
   c. *(sachenrechtlicher) Anspruch auf Nutzungsersatz*
      i. *§§ 987, 988 BGB*
   d. *Anspruch wegen gefährdendem Rechtsschein*

     *i. § 894 BGB*
   e. *Anspruch bei sonstiger Störung*
     *i. § 1004 BGB*
     *ii. § 862 BGB*
     **iii. Quasinegatorischer Unterlassungsanspruch §§ 1004 Abs. 1 S. 2**
       **analog in Verbindung mit § 823 Abs. 1 BGB)**

  6. *Deliktische Ansprüche*
   **a. Ansprüche aus vorsätzlicher Schädigung (z.B. § 826 BGB)**
   **b. Ansprüche aus schuldhaftem Tun (z.B. § 823 Abs. 1 und Abs. 2 BGB)**
   c. *Ansprüche aus vermutet schuldhaftem Handeln (z.B. §§ 831, 832 BGB,*
    *§ 18 Abs. 1 StVG)*
   d. *Ansprüche aus Gefährdungshaftung (z.B. § 833 S. 1 BGB, § 7 Abs. 1 StVG)*

  7. *Ansprüche aus ungerechtfertigter Bereicherung*
   **a. Ansprüche (Kondiktionen) wegen Rückabwicklung einer Leistung**
    **(z.B. § 812 Abs. 1 S. 1 Alt. 1 BGB)**
   b. *Ansprüche (Kondiktionen) wegen Bereicherung in sonstiger Weise*
    *(z.B. § 812 Abs. 1 S. 1 Alt. 2 BGB)*

## 2. Hinweise zur richtigen juristischen Argumentation

### a) Die „Kunst" der Auslegung

Nachdem Sie – vergleichbar mit der Anamnese des Arztes – verstanden haben, was die Parteien wollen und die in Betracht kommenden Anspruchsgrundlagen identifiziert haben, kommen Sie, um in der medizinischen Metapher zu bleiben, zur Diagnose.

Zunächst stichpunktartig erstellen Sie eine Lösungsskizze, in der Sie die Voraussetzungen jeder Anspruchsgrundlage niederschreiben und notieren, an welcher Stelle, bei welchem Tatbestandsmerkmal ein Problem zu diskutieren sein könnte.

Hier stellt sich nun die Frage, wie ein „juristisches Problem" eigentlich entsteht. Gesetze, genauer gesagt Normen, sind immer gleich strukturiert. An eine bzw. in der Regel mehrere Voraussetzungen wird eine Rechtsfolge geknüpft. Eine der Folgen eines Arbeitsvertrages ist zum Beispiel der Anspruch des Arbeitnehmers auf Zahlung des Lohnes gegen den Arbeitgeber. Ganz kurz und prägnant lautet der Normbefehl des § 611a Abs. 2 BGB somit: Wenn Arbeitsvertrag, dann Anspruch auf Lohn.

Der Gesetzgeber formuliert also solche Normbefehle und bedient sich logischerweise der Sprache. Sprache wiederum ist nicht eindeutig. Nehmen wir als Beispiel folgenden Sachverhalt: A ist bei B zu Besuch. A hat als Dekoration einen ausgestopften Tiger in seinem Wohnzimmer liegen. B stolpert über diesen, stürzt und zieht sich Verletzungen zu. B verlangt von A Ersatz des Schadens unter dem Gesichtspunkt der Tierhalterhaftung nach § 833 S. 1 BGB.

Das Problem ist hier doch, ob der Schaden, den B erlitten hat, durch ein Tier, wie es § 833 S. 1 BGB verlangt, entstanden ist oder nicht. Und genau an dieser Stelle entstehen Probleme (und damit in der Praxis Gerichtsverfahren). Denn das Ergebnis ist nicht eindeutig. Das darf uns aber nicht dazu verleiten, beliebig zu argumentieren. Tatsächlich benutzen wir Juristen nur bestimmte Instrumente, um Gesetze zu interpretieren.

Der klassische Kanon, zurückgehend auf VON SAVIGNY, bedient sich dabei der grammatischen, der teleologischen, der systematischen und der historischen Auslegung. Zunächst untersucht man das Problem also anhand des Wortlautes.

Rein gefühlsmäßig werden Sie vermutlich argumentieren, dass das Tier doch tot war. Dass das nicht so einfach ist, erhellt der Blick auf die Entscheidung des OLG Celle aus dem Jahr 1980 (OLG Celle VersR 80, 430). Dort wurde ein Verkehrsunfall dadurch verursacht, dass ein Hundekadaver auf der Straße lag, nachdem der Hund zuvor beim Überqueren der Straße von einem anderen Auto angefahren wurde. Der durch ein bereits totes Tier verursachte zweite Verkehrsunfall wurde sehr wohl als Fall des § 833 BGB eingestuft.

Also versuchen wir, uns dem Ganzen methodisch zu nähern: Der Wortlaut spricht von einem „Tier". Von lebendig oder tot ist ausdrücklich nichts erwähnt. Dass es jedenfalls Fälle geben kann, in denen ein totes Tier ein Tier im Sinne des § 833 BGB ist, hat die gerade zitierte Entscheidung gezeigt.

Die grammatische Auslegung hilft uns erstens hier nicht weiter und ist zweitens auch nicht abschließend oder gar zwingend. Es besteht keine Rangordnung der Auslegungsmethoden. Dies wird besonders deutlich in den Fällen, in denen z.B. die richtlinienkonforme Auslegung zu einem gegen den Wortlaut stehenden Ergebnis kommt.

Als weitere Methode steht uns dann die teleologische Auslegung zur Verfügung. Sie fragt danach, was der Gesetzgeber mit der fraglichen Norm bezweckt hat, was also das Telos (griechisch für [End]zweck, Ziel) der Norm ist.

Es ist zwar streitig, ob die Absicht des historischen Gesetzgebers (sogenannte subjektive teleologische Auslegung) maßgebend ist oder es um den objektivierten Gesetzeszweck geht. Herrschend ist die objektivierte Sichtweise, der auch ich mich vorsichtig anschließen möchte. Allein der Blick auf § 138 BGB zeigt nämlich, dass der Zweck, mit dem der historische BGB-Gesetzgeber sittenwidrige Rechtsgeschäfte verhindern wollte, sicher ein anderer war, als er heute angenommen wird.

Auf unseren Fall bezogen muss man entweder wissen oder es ermitteln, welche gesetzgeberische Intention hinter der fraglichen Norm stand. Bei § 833 BGB ergibt sich dazu folgendes Bild. Tiere sind aufgrund ihrer Unberechenbarkeit gefährlich. Realisiert sich die spezifische Tiergefahr, so soll der Halter eines Luxustieres für den daraus entstehenden Schaden ohne jedes Verschulden haftbar sein (sog. Gefährdungshaftung). Damit kann sowohl für den Fall des ausgestopften Tigers als auch für den einen Verkehrsunfall verursachenden Hundekadaver, obwohl beide tot, ein Argument aus dem Telos des § 833 BGB abgeleitet werden:

Ein als Ausstellungs- bzw. Dekorationsobjekt dienendes ausgestopftes Tier ist nicht gefährlicher als beispielsweise ein x-beliebiges Möbelstück, über das der Geschädigte auch hätte stolpern können. Es hat sich somit keine spezifische, auf die Unberechenbarkeit des Lebewesens zurückzuführende Gefahr realisiert. Anders kann man im Tierkadaverfall argumentieren. Dass der Hund tot auf der Fahrbahn lag und deswegen den zweiten Unfall verursachte, ist darauf zurückzuführen, dass er -unberechenbar, wie Tiere nun einmal sind – auf die Fahrbahn lief und deshalb verendete. Seine (die des Hundes) Entscheidung war somit eine Realisierung der im tierischen Verhalten liegenden Gefahr. Somit ist auch der nachfolgende Unfall auf diese spezifische Tiergefahr zurückzuführen.

Die dritte Methode, eine Vorschrift auszulegen, ist die sogenannte systematische. Hier wird untersucht, in welchem Zusammenhang des entsprechenden Gesetzes, des Normengefüges oder gar der Rechtsordnung insgesamt die Vorschrift interpretiert werden soll. Für den vorliegenden Fall wird die systematische Analyse keine brauchbaren Ergebnisse liefern. Deshalb erläutere ich dies an einem anderen Beispiel.

Wie Sie wissen, setzt der Anspruch auf Lohnfortzahlung im Krankheitsfall nach § 3 Abs. 1 EFZG voraus, dass die Krankheit unverschuldet ist. Nach dem Wortlaut wäre es somit möglich zu argumentieren, dass nur bei solchen Krankheiten, die ohne Fahrlässigkeit des Arbeitnehmers bei diesem auftreten, er einen solchen Anspruch hat.

Aufgrund der systematischen Stellung des § 3 EFZG im Arbeitsrecht (systematisches Argument), wird dort aufgrund seines Charakters als Arbeitnehmerschutzrecht nicht der übliche Maßstab des § 276 BGB („im Verkehr erforderliche Sorgfalt") herangezogen, sondern nur grobe Verhaltensweisen.

Die systematische Stellung desselben Rechtsbegriffs führt also im Arbeitsrecht zu einer anderen Interpretation als im Zivilrecht im Übrigen.

Viertens schließlich kann die historische Auslegung wertvolle Hinweise auf die Interpretation eines Rechtsbegriffes liefern. Natürlich ist die historische Auslegung, die den gesellschaftlichen, politischen und geschichtlichen Hintergrund beleuchtet, mit der teleologischen verwandt bzw. ergeben sich Überschneidungen. Zu unterschiedlichen Ergebnissen gelangt man (wohl) nur dann, wenn aufgrund der objektiv teleologischen Auslegung der ursprünglich subjektive Wille des Gesetzgebers in den Hintergrund getreten ist.

Ein Beispiel für die Anwendung der historischen Auslegung ist der Streit über die Zulässigkeit von Kündigungsverzichtserklärungen in Mietverträgen über Wohnraum. Seit dem 01.09.2001 sind befristete Mietverträge über Wohnraum nur noch unter den engen Voraussetzungen des § 575 BGB zulässig. Die Frage ist aber, ob deshalb eine Vertragsklausel, die einen Kündigungsverzicht (also etwa in der Form „Beide Parteien verzichten für die ersten fünf Jahre der Miete auf ihr Recht auf ordentliche Kündigung") enthält, eine nachteilige Abweichung ist, wird unter wechselseitiger Berufung auf teleologische und historische Argumente höchst kontrovers diskutiert.

Zu diesem klassischen Auslegungskanon hat sich in jüngerer Zeit die Verpflichtung des Gesetzesanwenders zur verfassungskonformen und in noch jüngerer Zeit (insbesondere im Arbeitsrecht) der richtlinienkonformen Auslegung gesellt.

Mit Inkrafttreten des Grundgesetzes am 23.05.1949 entflammte nämlich bald eine Diskussion darüber, ob insbesondere die Grundrechte nicht nur bloße Abwehrrechte des Bürgers gegen den Staat, sondern ihre Wirkung auch unmittelbar im Verhältnis der Bürger untereinander entfalten sollten (Lehre von der unmittelbaren Wirkung der Grundrechte).

Die heute herrschende Meinung wendet die grundlegenden Wertungen des Grundgesetzes als weitere Auslegungsmethode an, um bei mehreren möglichen Auslegungen diejenige zu wählen, die mit der Verfassung am ehesten im Einklang steht. Dies hat besondere Bedeutung bei der Auslegung von unbestimmten Rechtsbegriffen und Generalklauseln. Auch wenn die Grenzen dieser Methode (Lehre von der mittelbaren Drittwirkung der Grundrechte) durchaus streitig sind, ist sie grundsätzlich anzuerkennen.

## b)  Die Art der Darstellung (der „Gutachtenstil")

Um zu verstehen, was von Ihnen erwartet wird, wenn Sie das Gutachten niederschreiben, müssen wir uns zunächst vergegenwärtigen, wie ein zivilrechtlicher Anspruch strukturiert ist. Damit ein Anspruch entsteht, müssen die anspruchsvoraussetzenden Umstände vorliegen und es dürfen keine anspruchshindernden Tatsachen gegeben sein. Sind beide Fragestellungen beantwortet, ist ein Anspruch entstanden. Es ist naheliegend, dass bestimmte Umstände danach dazu führen, dass ein entstandener Anspruch wieder erlischt. In einem zweiten Schritt stellt der Ziviljurist sich also die Frage, ob rechtsvernichtende Einwendungen vorliegen, der Anspruch mithin erloschen ist. Drittens werden Gegenrechte geprüft, auf die sich der Schuldner allerdings berufen muss. Diese sogenannten Einreden betreffen nicht das Entstehen oder das Erlöschen, sondern betreffen die Frage der Durchsetzbarkeit.

Aus diesen Überlegungen leitet sich das Ihnen bekannte Schema ab:

I.  **Anspruch entstanden**
II.  **Anspruch erloschen**
III.  **Anspruch durchsetzbar**

Dieses Grundschema wird nun für verschiedene Ansprüche unterschiedlich differenziert. Es leuchtet ein, dass beim Anspruch auf Lohnzahlung nach § 611a Abs. 2 BGB andere anspruchsbegründenden und anspruchshindernde Tatsachen zu prüfen sind, damit dieser entsteht, als beispielsweise bei der Halterhaftung des Kfz-Halters nach § 7 StVG.

Ausgangspunkt der Überlegungen ist eine Hypothese im Hinblick auf ein Schuldverhältnis. Ähnlich wie ein Arzt, der eine bestimmte Untersuchung vornimmt, weil er die Hypothese hat, der Patient könnte an einer bestimmten Krankheit leiden, stellt der Ziviljurist aufgrund des Sachverhaltes Hypothesen über Schuldverhältnisse zwischen

Personen, mithin Hypothesen über Ansprüche auf. Wir schreiben dann zum Beispiel: „AN könnte von AG die Zahlung von 4.500,00 Euro aus § 611a Abs. 2 BGB verlangen." Oder „E könnte von B die Herausgabe des Autos nach § 985 BGB verlangen." Danach beginnen wir mit der Prüfung der drei Schritte „Entstehen", „Erlöschen" und „Durchsetzbarkeit".

Diesen Satz können wir auch als Obersatz bezeichnen. Ersichtlich hat dieser Obersatz drei Hauptvoraussetzungen (Entstehen, [nicht] erloschen, durchsetzbar), die ihrerseits Untervoraussetzungen haben.

Sie schreiben also nach dem Obersatz: „Dazu müsste der Anspruch zunächst entstanden sein." Das Entstehen eines vertraglichen Anspruchs hat wiederum Voraussetzungen, von denen die erste der Vertragsschluss ist. Sie formulieren also wieder eine Voraussetzung: „Zunächst müsste zwischen V und K ein Arbeitsvertrag zustande gekommen sein." Nunmehr müssen Sie definieren, was gegeben sein muss, damit die Voraussetzung, die Sie gerade prüfen, erfüllt ist. Die hier richtige Definition lautet bekanntlich: „Ein Vertrag kommt durch zwei übereinstimmende, aufeinander bezogene Willenserklärungen, Angebot und Annahme, zustande."

Nunmehr müssen Sie viertens (erstens war der „Obersatz", zweitens die Nennung der [ersten] Voraussetzung, drittens die Definition) den Sachverhalt daraufhin überprüfen, ob die dort genannten Tatsachen zu dem gerade definierten Begriff „passen". Diesen Vorgang nennt man Subsumtion. Diese fällt manchmal kurz aus. Wenn der Sachverhalt angibt: „AN ist seit dem 01.01.2010 als Facharbeiter bei AG mit einem monatlichen Bruttogehalt von 2.800,00 Euro beschäftigt", genügt für die Subsumtion der Satz: „Nach dem Sachverhalt haben sich AG und AN über die essentialia negotii eines Arbeitsvertrages geeinigt."

Die Subsumtion kann aber auch schwierig sein und ist dann logischerweise auch länger.

**Beispiel:** Rechtsanwalt R beschäftigt den jungen Kollegen A. Die beiden haben einen schriftlichen mit „Vertrag über die Beschäftigung als freier Mitarbeiter" geschlossen. Tatsächlich stellt A jeden Monat eine (immer gleich hohe) Rechnung über seine Tätigkeit aus, die R begleicht. A bearbeitet in den Kanzleiräumen des R die Fälle, die R ihm zuweist und nimmt Terminvertretungen nach Weisung des R wahr. Nun erkrankt der A und möchte für diese Zeit entlohnt werden.

Was ist nun passiert? Der komplexere Sachverhalt macht es schwieriger, eindeutig die Frage zu beantworten, ob die Parteien einen „Arbeitsvertrag" geschlossen haben.

Jetzt müssen Sie argumentieren, also auslegen. Das Gesetz verlangt für § 611a BGB einen „Arbeitsvertrag". Nach § 611a Abs. 1 S. 1 BGB liegt ein solcher dann vor, wenn eine Person weisungsgebundene Arbeit in persönlicher Abhängigkeit zu erbringen hat.

Nunmehr legen Sie den Begriff aus (wie gerade beschrieben), wobei die Kenntnis der verschiedenen Kriterien natürlich nicht schadet.

Sie sehen, ein zivilrechtliches Gutachten besteht aus der Abarbeitung immer der stets gleichen Methode:

1. „Obersatz": Es handelt sich um eine „Wenn-dann-Formulierung", also um eine konditionale Konstruktion.

2. „Voraussetzung": Dieser Obersatz enthält (mehrere) Voraussetzungen. Diese sind der Reihe nach abzuarbeiten.

3. „Definition": Die jetzt zu bearbeitende Voraussetzung muss definiert werden.

4. „Subsumtion": Passt der gegebene Sachverhalt zur Definition? Dazu muss der entscheidende Begriff ausgelegt, d.h. im Extremfall grammatisch, teleologisch, systematisch, verfassungskonform und richtlinienkonform untersucht werden. Sollte sich dabei herausstellen, dass in der Definition ein weiterer Begriff problematisch ist, muss einfach eine neue Klammer aufgemacht werden und dieser Begriff definiert und seinerseits wie beschrieben ausgelegt werden.

5. „Ergebnis": Bereits in Schritt 4 lösen Sie die Untersubsumtionen auf, in dem Sie, wie Sie im vorherigen Beispiel gesehen haben, auflösen, dass ein nur zum Schein als freies Dienstverhältnis vereinbartes und nach außen so gehandhabtes Dienstverhältnis dennoch ein Arbeitsvertrag darstellt. Dies machen Sie solange, bis Sie die Voraussetzung abgearbeitet haben und damit entweder alle Voraussetzungen des Obersatzes beisammen haben oder die nächste Voraussetzung prüfen oder schlussendlich feststellen, dass eine Voraussetzung nicht vorliegt und deshalb der Obersatz verneint werden muss.

Jetzt sehen Sie auch, warum der Gutachtenstil vom Konjunktiv geprägt ist. Bei der Formulierung des Obersatzes stellen wir eine Hypothese auf, in dem wir sagen, sollten diese Voraussetzungen vorliegen, hätte der Gläubiger einen Anspruch. Deshalb heißt es zwingend: „G könnte ..."

Erst nachdem wir alle Voraussetzungen bejaht haben (Entstehen [mit seinen Unterpunkten], Erlöschen [mit seinen Unterpunkten] und Durchsetzbarkeit [mit seinen Unterpunkten]), können wir im Indikativ feststellen, dass ein Anspruch besteht oder eben nicht.

Hin- und wieder ist es hilfreich, bei Auslegungsproblemen sich bewährter Argumentationsmuster zu bedienen. Ich möchte Ihnen hier die wichtigsten vorstellen. Ihnen sollte nämlich immer bewusst sein, dass es die Aufgabe des Juristen (insbesondere des Richters) nicht ist, seiner eigenen Vorstellung von Gerechtigkeit durch Auslegung Geltung zu verschaffen, sondern den Willen des Gesetzgebers umzusetzen. Deshalb darf ein Jurist niemals willkürlich argumentieren, sondern bedient sich Argumentationsmuster:

Jede Auslegung sollte mit dem Wortlaut, also mit der grammatischen Auslegung beginnen. Dies schon deshalb, weil eine Auslegung gegen den Wortlaut nur dann zulässig ist, wenn dadurch der Wille des Gesetzgebers, die ratio legis, besser umzusetzen ist, was man dann beispielsweise durch eine Analogie oder einer teleologischen Reduktion oder Extension begründen könnte.

Im Rahmen der grammatischen Auslegung kann man den Begriff weit oder eng auslegen. Ein Beispiel für die weite Auslegung eines Begriffes „Geschäft" im Sinne des Auftragsrechts und der Geschäftsführung ohne Auftrag nach § 662 bzw. § 667 BGB. Danach ist Geschäft jedes tatsächliche oder rechtsgeschäftliche Tun, das über ein bloßes

Unterlassen bzw. Dulden hinausgeht. Dagegen wird Geschäftsbesorgung im Sinne des § 675 BGB (entgeltliche Geschäftsbesorgung) wie folgt definiert: Jede selbstständige Tätigkeit wirtschaftlicher Art zur Wahrung fremder Vermögensinteressen. Hier wird also derselbe Begriff „Geschäft" vergleichsweise eng interpretiert. Der Grund ist systematischer (Stellung der §§ 662, 677 BGB im unentgeltlichen Auftragsrecht) Natur.

Sehr überzeugend ist es, wenn man mit dem Sinn und Zweck der Vorschrift argumentiert. So hat das BAG die sachgrundlose Befristung nach § 14 Abs. 2 TzBfG nach seinem Sinn und Zweck auch dann für zulässig gehalten, wenn die letzte Beschäftigung des Arbeitnehmers drei Jahre oder mehr zurücklag. Dieses Beispiel demonstriert aber gleichzeitig, dass eine solche Argumentation nicht zwingend ist, weil das BVerfG jüngst dies mit verfassungsrechtlichen Argumenten (siehe gleich) für falsch hielt.

Gelegentlich kann man, sofern eine planwidrige Lücke vorliegt, eine Vorschrift oder einen in einer solchen zu erkennenden Rechtsgedanken auf einen nicht geregelten Sachverhalt anwenden. Wie Sie im Lehrbuch beispielsweise gelesen haben (dort Rn. 574 ff.), ist eine Voraussetzung für eine verhaltensbedingte Kündigung eine vorherige Abmahnung. Diese ist dann entbehrlich, wenn sie sinnlos ist. Zur Begründung können sie mit dem Rechtsbegriff der Analogie arbeiten, in dem sie schreiben: „In entsprechender Anwendung der §§ 314 Abs. 2 und 543 Abs. 3 BGB ist eine vorherige Abmahnung auch bei einer verhaltensbedingten Kündigung im Sinne des § 1 KSchG dann entbehrlich, wenn sie im konkreten Fall ihren Sinn verfehlt. Dies ist vorliegend der Fall, weil…"

Gerade im Arbeitsrecht ist die verfassungskonforme Interpretation von hoher Bedeutung, insbesondere bei der Auslegung unbestimmter Rechtsbegriffe. Im Lehrbuch (dort Rn. 378 f.) habe ich diese Methode beispielsweise verwandt, um zu begründen, dass „unverschuldete Krankheit" mehr als nur normale Fahrlässigkeit beim Arbeitnehmer voraussetzen muss. Andernfalls nämlich könnte der Arbeitgeber den Arbeitnehmer zu einer „gesunden Lebensführung" zwingen, was mit dem durch Art. 1 Abs. 1, Art 2 Abs. 2 GG garantierten Allgemeinen Persönlichkeitsrecht nicht zu vereinbaren ist.

Schließlich spielt die richtlinienkonforme Auslegung eine nicht zu unterschätzende Rolle bei der Anwendung von insbesondere auch arbeitsrechtlichen Normen. Wie Sie sich erinnern, „erlaubte" die Rechtsprechung den Kirchen gemäß § 9 AGG Mitarbeiter, die nach Scheidung erneut heirateten, zu kündigen. Mit dem Wortlaut ist dies sicher vereinbar, auch vom Telos der Vorschrift war diese Rechtsprechung wohl gedeckt. Wie aber jüngst der EuGH entschied, ist diese Rechtsprechung mit Richtlinien der EU nicht zu vereinbaren.

Juristische Argumentation ist sicher auch Übungssache. Das Lesen von Aufsätzen, Urteilen und Lehrbüchern hilft dabei, Sicherheit zu gewinnen. Das Argument, bei dem vielen Lernstoff hätte man keine Zeit dazu, lasse ich nicht gelten. Ein durch einen Aufsatz wirklich verstandenes Problem wiegt für Ihren Studienerfolg wegen der Schulung der Argumentationsfähigkeit schwerer als das Pauken irgendwelcher Karteikarten mit Leitsätzen von BAG-Entscheidungen.

Zweiter Abschnitt

# 50 Übungsfragen und -aufgaben

## 1. Zur Arbeit mit Übungsfragen

Auch wenn das Strukturverständnis nach meiner Überzeugung zu den wesentlichen Lernzielen zählt, kommen Sie nicht umhin, bestimmte Inhalte schlicht zu lernen. In gewisser Weise ist dies wie beim Erlernen einer Sprache. Zwar müssen Sie die Grammatik (= System) verstanden haben, aber um das Lernen der Vokabeln kommen Sie nicht herum.

Sie sollten daher auf die nachfolgenden Fragen eine Antwort formulieren können. Ich empfehle Ihnen, zunächst eine Antwort niederzuschreiben, diese dann mit meinen Lösungsvorschlägen zu vergleichen und Lücken durch erneute Arbeit mit dem Lehrbuch zu schließen.

Keinesfalls sollten oder müssen Sie gar meine Lösungsvorschläge auswendig lernen. Viel besser ist es im Gegenteil, wenn Sie inhaltlich das Ergebnis in Ihren eigenen Worten wiedergeben können. Das beweist nämlich, dass Sie den Stoff wirklich verstanden haben.

## 2. Übungsfragen und -aufgaben

1. Zu welchem/welchen Rechtsgebiet(en) zählt das Arbeitsrecht?
2. Was versteht man unter Sonderprivatrecht?
3. Aus welchen Quellen stammt das Arbeitsrecht?
4. Was versteht man unter „mittelbare Drittwirkung der Grundrechte"?
5. Wie grenzt man einen echten freien Mitarbeiter von einem Arbeitnehmer ab?
6. Wie wird der Begriff „Arbeitgeber" im Arbeitsrecht definiert?
7. Welche Arten von Schuldverhältnissen gibt es? Nennen Sie zu jedem ein Beispiel aus dem Arbeitsrecht.
8. Was sind Haupt-, Neben- und Schutzpflichten?
9. Welche Folge(n) hat bzw. haben Pflichtverletzungen aus einem Schuldverhältnis?
10. Regelmäßig ist Voraussetzung für einen Schadenersatzanspruch, dass der Schuldner die Pflichtverletzung zu vertreten hat. Was heißt dies konkret?
11. Beschreiben Sie in wenigen Sätzen das Ziel, die Struktur und die Instrumente des AGG bezogen auf das Arbeitsrecht.
12. Nennen Sie die im AGG normierten Rechtfertigungsgründe jeweils mit einem einschlägigen Beispiel.

13. Wie kommt ein Arbeitsvertrag zustande?

14. Bedarf der Arbeitsvertrag einer Form?

15. Welche Folgen hat es, wenn Arbeitgeber und Arbeitnehmer keine Einigung über die Höhe des Lohnes getroffen haben?

16. Was bedeutet Lohndumping, wann liegt es vor und welche Folgen hat es?

17. Erläutern Sie die Bedeutung der Anfechtung einer Willenserklärung im Kontext des Arbeitsrechts.

18. Häufig hört man, unter bestimmten Voraussetzungen habe ein Bewerber das „Recht zur Lüge". Was bedeutet das?

19. Beschreiben Sie dogmatisch den Grundsatz „Kein Lohn ohne Arbeit" sowie die wichtigsten Ausnahmen hierzu.

20. Was versteht man unter dem Direktionsrecht des Arbeitgebers?

21. Was versteht man unter dem Gleichbehandlungsgrundsatz? Setzen Sie diesen mit dem Arbeitsrecht in Bezug und geben Sie Beispiele!

22. Erläutern Sie die Begriffe „Gesamtzusage" und „betriebliche Übung".

23. Sind Vertragsstrafeversprechen in Arbeitsverträgen zulässig? Gilt dies auch für vorformulierte Vertragsbedingungen?

24. Welche Rechtsfolge(n) hat bzw. haben die unterstellt verschuldete Nichtleistung der Arbeit?

25. Arbeitnehmer haben bekanntlich Anspruch auf Urlaub. Warum ist es richtig, in diesem Kontext von einem doppelten Anspruch zu sprechen?

26. Gelegentlich liest man, der Arbeitnehmer habe einen „Fürsorgeanspruch". Konkretisieren Sie das.

27. Beschreiben Sie die Nebenpflichten des Arbeitnehmers aus dem Arbeitsvertrag.

28. Was versteht man unter dem sogenannten „innerbetrieblichen Schadenausausgleich"?

29. Was ersetzt den Rücktritt bei Austauschverträgen bei sogenannten Dauerschuldverhältnissen?

30. Aus welchen Gründen enden Arbeitsverhältnisse?

31. Das wichtigste Gesetz für die zulässige Befristung von Arbeitsverträgen ist das TzBfG. Beschreiben Sie seine Struktur.

32. Was versteht man unter einer Kündigung? Welche Arten gibt es?

33. Welchen formalen Voraussetzungen müssen erfüllt sein, damit eine Kündigung überhaupt wirksam ist?

34. Welche Arten des Kündigungsschutzes gibt es?

35. Welche Voraussetzungen müssen erfüllt sein, damit eine fristlose Kündigung materiell wirksam ist?

36. Welche Fristen gelten für eine ordentliche Kündigung?

37. Welche Personengruppen genießen besonderen Kündigungsschutz?

38. Auf welche Betriebe und welche Arbeitnehmer ist das KSchG anwendbar?

39. Nennen Sie jeweils die materiellen Voraussetzungen für eine verhaltens-, personen- und betriebsbedingte Kündigung.

40. Skizzieren Sie, was man unter einer Änderungskündigung, was unter einer Verdachts- und drittens unter einer Druckkündigung versteht.

41. Welchen Zweck hat § 613a BGB? Welche Rechtsfolgen hat diese Vorschrift im Überblick?

42. Was gehört zum „kollektiven Arbeitsrecht"?

43. Einige Betriebe bzw. Unternehmen haben einen Betriebsrat. Welche Rechte hat dieser im Überblick?

44. Was versteht man im Arbeitsrecht unter einer „Koalition"?

45. Definieren Sie „Tarifvertrag" und beschreiben Sie seine Funktionen.

46. Was ist dagegen eine Betriebsvereinbarung?

47. Die zentrale Arbeitskampfmaßnahme von Arbeitnehmerseite ist der Streik. Definieren Sie den Begriff und stellen Sie anschließend dar, welche Voraussetzungen erfüllt sein müssen, damit ein Streik rechtmäßig ist.

48. Welche Konsequenzen hat ein solcher rechtmäßiger Streik?

49. Was für Implikationen hat hingegen ein rechtswidriger Streik?

50. In welchen Unternehmen haben die Arbeitnehmer das Recht, in das Aufsichtsorgan Mitglieder zu entsenden?

Dritter Abschnitt

# Lösungsvorschläge zu den Übungsfragen

### 1.  Zu welchem/welchen Rechtsgebiet(en) zählt das Arbeitsrecht?

*Lösungsvorschlag:*

Die gesamte Rechtsordnung besteht aus drei großen Gebieten, nämlich dem Öffentlichen Recht, dem Zivilrecht und dem (hier nicht weiter interessierenden) Strafrecht. Das Öffentliche Recht wiederum kann in das Staatsrecht und in das Verwaltungsrecht unterteilt werden.

Öffentliches Recht unterscheidet sich vom Zivilrecht dadurch, dass bei letzterem der Staat nicht zwingend beteiligt sein muss. Deshalb ist das Arbeitsrecht grundsätzlich als Teil des Zivilrechts anzusehen.

### 2.  Was versteht man unter Sonderprivatrecht?

*Lösungsvorschlag:*

Zwar ist, wie gerade erörtert, Arbeitsrecht häufig Zivilrecht. Es richtet sich aber nicht an potenziell jeden Bürger (wie zum Beispiel das Mietrecht des BGB), sondern nur an eine spezifische Gruppe von Rechtssubjekten. Das Arbeitsrecht, sofern es Zivilrecht ist, richtet sich nur an die Arbeitgeber, Arbeitnehmer sowie deren privatrechtlichen Zusammenschlüsse. Solche Zivilrechtsnormen, die sich nur an einen beschränkten Kreis von Rechtssubjekten richten, werden auch als Sonderprivatrechte bezeichnet.

Ein kleiner Teil des Arbeitsrechts gehört indes zum Öffentlichen Recht. Dies ist insbesondere das Arbeitsschutzrecht, weil hier der Staat eingreifend und kontrollierend tätig wird.

### 3.  Aus welchen Quellen stammt das Arbeitsrecht?

*Lösungsvorschlag:*

Das Arbeitsrecht hat verschiedene Rechtsquellen. Die wichtigste, da sie alle anderen Quellen determiniert, ist das Europarecht. Danach ist das Grundgesetz (also unsere Verfassung) zu nennen. Als nächstes gibt es das zwingende, also nicht durch Vertrag änderbare, Gesetzesrecht. Auf fast gleicher Stufe stehen die Regelungen eines anwendbaren Tarifvertrages. Erst danach gilt der zwischen Arbeitgeber und Arbeitnehmer abgeschlossene Arbeitsvertrag. Sollte dieser Lücken aufweisen, ist das dispositive Gesetzesrecht heranzuziehen.

Vieles im Arbeitsrecht ist nicht vom Gesetzgeber geregelt (Beispiel: Zulässigkeitsvoraussetzungen für einen Streik). Andere Gesetze sind sehr unpräzise formuliert, sodass großer Interpretationsspielraum besteht. Die dadurch geschaffenen Lücken müssen aber geschlossen werden. Diese Aufgabe übernehmen im Arbeitsrecht mehr als in jedem anderen Rechtsgebiet die Gerichte.

### 4.    Was versteht man unter „mittelbare Drittwirkung der Grundrechte"?

*Lösungsvorschlag:*

Die im Grundgesetz garantierten Grundrechte sind zunächst einmal als Abwehrrechte des Individuums gegenüber dem Staat konzipiert. So gewährleistet beispielsweise Art. 14 Abs. 1 GG das Eigentum gegen beispielsweise enteignende Maßnahmen durch den Staat.

Schon historisch gelten die Grundrechte somit nicht unmittelbar zwischen den Bürgern. Dies war für das Arbeitsrecht einige Zeit zweifelhaft, da das BAG eine solche unmittelbare Wirkung im Verhältnis Arbeitgeber und Arbeitnehmer angenommen hatte, da – verkürzend gesagt – das Arbeitsverhältnis aufgrund der Mächtigkeit des Arbeitgebers mit dem Verhältnis des Staates zu seinen Bürgern gleichgesetzt wurde. Diese Rechtsprechung ist jedoch zwischenzeitlich aufgegeben worden.

Heute wird auch im Arbeitsrecht die Lehre von der mittelbaren Wirkung der Grundrechte vertreten. Dies bedeutet, dass die durch die Grundrechte zum Ausdruck kommenden wesentlichen Grundprinzipien im Zivilrecht (und damit im Arbeitsrecht) bei der Auslegung unbestimmter Rechtsbegriffe (Beispiel: „wichtiger Grund" im Sinne des § 626 BGB) und durch die sogenannten Generalklauseln (Beispiel: § 138 Abs. 1 BGB „Sittenwidrigkeit" oder § 242 BGB („Treu und Glauben) berücksichtigt werden (müssen).

### 5.    Wie grenzt man einen echten freien Mitarbeiter von einem Arbeitnehmer ab?

*Lösungsvorschlag:*

Ein Arbeitsvertrag gemäß § 611a BGB ist zunächst einmal ein spezieller Dienstvertrag. Wenn der Dienstverpflichtete fremdbestimmt und weisungsabhängig die Dienste erbringen muss (siehe Wortlaut des § 611a BGB), handelt es sich um einen Arbeitnehmer.

Ob ein Dienstverpflichteter nun ein freier Mitarbeiter oder Arbeitnehmer ist, wird anhand von Kriterien ermittelt. Die beiden wichtigsten finden sich nunmehr in § 611a BGB, der § 84 Abs. 1 S. 2 HGB nachgebildet ist. Eine Person ist demnach dann selbstständig, wenn sie keinen Weisungen unterliegt und im Wesentlichen seine Arbeitszeit selbst bestimmen kann.

Eine für den Unternehmer U tätige Reinigungskraft ist also dann „frei", mithin selbstständig, wenn sie keinen Weisungen hinsichtlich des „Wie" ihrer Arbeit unterliegt und die Arbeitszeit im Wesentlichen frei bestimmen kann.

Wenn dann noch Zweifel bestehen (z. B. muss die erwähnte Reinigungskraft zu ganz bestimmten Zeiten tätig werden, kann also ihre Arbeitszeit nicht im Wesentlichen selbst bestimmen), müssen weitere Kriterien herangezogen werden.

Von indizieller Bedeutung ist dann, ob die Person in die betriebliche Organisation eingegliedert ist. Ist das der Fall (die Reinigungskraft möge einen Spind in der Umkleide haben und wird wie alle anderen in der Kantine verpflegt), so handelt es sich im Zweifel um einen Arbeitnehmer und vice versa.

Danach wird überprüft, ob der Dienstverpflichtete nur einen Auftraggeber hat (im Zweifel Arbeitnehmer) oder für mehrere tätig wird (im Zweifel selbstständig). Wenn die Reinigungskraft nicht nur für U, sondern auch noch für weitere Auftraggeber tätig ist, spricht dies für eine Selbstständigkeit, ist sie im Wesentlichen nur für U tätig, ist das ein Indiz für eine Arbeitnehmerstellung.

Einen weiteren Hinweis liefert die Frage, wer die notwendigen Arbeitsmittel stellt. Es ist für einen Selbstständigen üblich, dass er selbst über die erforderlichen Arbeitsmittel verfügt und diese mitbringt. Arbeitnehmer hingegen erledigen ihre Aufgaben mit vom Auftraggeber gestellten Hilfsmitteln. Im Fall der Reinigungskraft spricht also einiges für eine Selbstständigkeit, wenn sie Putzmittel und -geräte selbst stellt. Umgekehrt ist es indiziell für eine Arbeitnehmerstellung, wenn U die erforderlichen Dinge zur Verfügung stellt. Weiter liefert die Beschäftigung eigener Hilfskräfte einen weiteren Hinweis. Sollte unsere Reinigungskraft ihrerseits Hilfskräfte beschäftigen, so ist sie im Zweifel selbstständig. Arbeitnehmer hingegen erledigen ihre Aufgaben in der Regel in Person ohne Hinzuziehung von eigenen Hilfskräften.

Das letzte, wenn auch schwächste Indiz ist die praktische Handhabung. Sollte die Reinigungskraft eine Rechnung stellen, so deutet das auf eine Selbstständigkeit hin.

Nach Ermittlung dieser Kriterien wird in Grenzfällen anhand einer wertenden Gesamtbetrachtung ermittelt, ob ein Dienstverhältnis ein freies Dienstverhältnis oder ein Arbeitsverhältnis mit der Folge der Geltung des Arbeitsrechtes ist.

### 6. Wie wird der Begriff „Arbeitgeber" im Arbeitsrecht definiert?

*Lösungsvorschlag:*

Der Arbeitgeberbegriff wird im Arbeitsrecht reziprok definiert. Danach ist derjenige Dienstberechtigte, der (mindestens einen) Arbeitnehmer beschäftigt, ein Arbeitgeber.

### 7. Welche Arten von Schuldverhältnissen gibt es? Nennen Sie zu jedem ein Beispiel aus dem Arbeitsrecht!

*Lösungsvorschlag:*

Das Recht des Gläubigers, vom Schuldner ein Tun oder Unterlassen (=Leistung) verlangen zu dürfen, nennt man Schuldverhältnis (vgl. auch den Wortlaut von § 241 Abs. 1 sowie § 194 BGB).

Schuldverhältnisse entstehen, wie der Blick auf § 311 Abs. 1 BGB zeigt, zunächst einmal durch Verträge. Mit anderen Worten: Dadurch, dass sich zwei (oder mehr) Personen auf einen Vertrag einigen, entsteht zwischen diesen das Schuldverhältnis. Das ist der Grund, warum der Arbeitnehmer nach § 611a Abs. 2 BGB zum Beispiel den Lohn verlangen kann. Rechtsgrund für diesen Anspruch ist der zwischen Arbeitgeber und Arbeitnehmer geschlossene Arbeitsvertrag.

Auf der anderen Seite sind gesetzliche Schuldverhältnisse zu identifizieren. Diese sind dadurch gekennzeichnet, dass das Schuldverhältnis unabhängig vom Bestehen eines

Vertrages entsteht. So führt beispielsweise die Verletzung (bestimmter) Rechtsgüter dazu, dass gemäß § 823 Abs. 1 BGB der Verletzte gegen den Verletzenden einen Schadenersatzanspruch hat. Beschädigt also der Arbeitnehmer (mindestens) fahrlässig das Eigentum des Arbeitgebers (er möge etwa den Dienstwagen beim Ausparken beschädigt haben), so schuldet er grundsätzlich dem Arbeitgeber Schadenersatz. Auf das Bestehen oder Nichtbestehen eines Vertrages kommt es hier nicht an.

Drittens kennen wir sogenannte quasivertragliche Schuldverhältnisse, die inzwischen durch § 311 Abs. 2 und 3 BGB ausdrücklich im Gesetz erwähnt sind. Durch die Anbahnung eines Vertrages, Aufnahme von Vertragsverhandlungen bzw. ähnliche Kontakte (vgl. den Wortlaut von § 311 Abs. 2 Nr. 1 bis 3 BGB) entsteht ebenfalls ein Schuldverhältnis, das allerdings keine Hauptpflichten, sondern nur Neben- und Schutzpflichten im Sinne des § 241 Abs. 2 BGB beinhaltet (siehe nächste Frage). So ist eine Nebenpflicht des (abgelehnten) Bewerbers um einen Arbeitsplatz, ihm im Zuge dessen bekannt gewordene Betriebs- und Geschäftsgeheimnisse nicht unbefugt zu offenbaren. Tut er dies dennoch (und entsteht dem Arbeitgeber deswegen ein Schaden), so schuldet der Bewerber (obwohl kein Vertrag zustande gekommen ist), ähnlich wie bei einem Vertrag (deswegen „quasivertraglich") dem Arbeitgeber nach §§ 280 Abs. 1, § 311 Abs. 2, 241 Abs. 2 BGB Schadenersatz.

Die in § 311 Abs. 3 BGB normierte sogenannte Sachwalterhaftung (Haftung von Personen, die selbst nie Vertragspartner werden sollten und wollten) spielt im Arbeitsrecht keine nennenswerte Rolle.

### 8.  Was sind Haupt-, Neben- und Schutzpflichten?

*Lösungsvorschlag:*

Die Hauptpflichten aus einem Vertrag sind im Ergebnis diejenigen, weswegen der Vertrag geschlossen wurde (und deswegen das Schuldverhältnis entstanden ist). Bei einem Arbeitsvertrag hat deshalb der Arbeitnehmer die Hauptpflicht, die geschuldete Arbeitsleistung zu erbringen, der Arbeitgeber den vereinbarten Lohn zu bezahlen.

Nebenpflichten sind solche, deren Erfüllung zwar verlangt werden kann, aber sich nicht unmittelbar aus dem Zweck des Vertrages herleiten. So kann zum Beispiel der Arbeitnehmer eine sichere Gestaltung seines Arbeitsplatzes verlangen (vgl. § 618 Abs. 1 BGB).

Schutzpflichten sind regelmäßig gemäß § 241 Abs. 2 BGB zu bestimmen, wonach das Schuldverhältnis (in unserem Kontext der Arbeitsvertrag) beide Parteien dazu verpflichtet, auf die Rechte, Rechtsgüter und Interessen des jeweils anderen angemessen Rücksicht zu nehmen.

### 9.  Welche Folge(n) hat bzw. haben Pflichtverletzungen aus einem Schuldverhältnis?

*Lösungsvorschlag:*

Grundsätzlich sind in Schuldverhältnissen die (Haupt)leistungspflichten (siehe § 241 Abs. 1 BGB) und die Nebenpflichten (vgl. § 241 Abs. 2 BGB) zu unterscheiden.

Die Leistungspflichten sind dadurch gekennzeichnet, dass der Gläubiger die Erfüllung derselben vom Schuldner verlangen kann. Diese Pflicht kann der Schuldner dadurch verletzen, in dem er entweder gar nicht, zu spät oder schlecht leistet.

Die Nichtleistung kann einmal darauf beruhen, dass es dem Schuldner unmöglich ist, die ihm obliegende Leistung zu erbringen. Das führt zunächst einmal dazu, dass der Schuldner die ihm obliegende Leistung nach § 275 Abs. 1 (ggfs. auch Abs. 2 und 3) BGB nicht (mehr) zu erbringen braucht. Die Rechte des Gläubigers sind in § 275 Abs. 4 BGB genannt. So verliert der Schuldner (grundsätzlich) seinen Anspruch auf die Gegenleistung (§ 326 Abs. 1 BGB), kann der Gläubiger nach §§ 326 Abs. 5, 323 BGB bei Austauschverträgen zurücktreten bzw. bei Dauerschuldverhältnissen nach § 314 BGB kündigen und hat vor allem unter den Voraussetzungen der §§ 280 Abs. 1, 281, 283 BGB einen Anspruch auf Schadenersatz.

Dasselbe (nämlich Anspruch auf Schadenersatz) gilt gemäß § 280 Abs. 1 BGB, wenn der Schuldner zu spät leistet (und zusätzlich die Voraussetzungen des Verzuges vorliegen (siehe §§ 280 Abs. 2, 286 BGB) und wenn er die ihm obliegende Leistung schlecht erfüllt.

Die Verletzung von Nebenleistungspflichten führt ebenfalls dazu, dass der Gläubiger vom Schuldner Schadenersatz verlangen kann.

## 10. Regelmäßig ist Voraussetzung für einen Schadenersatzanspruch, dass der Schuldner die Pflichtverletzung zu vertreten hat. Was heißt dies konkret?

*Lösungsvorschlag:*

Der Schuldner in einem Schuldverhältnis hat, wie sich aus § 276 Abs. 1 BGB ergibt, regelmäßig Vorsatz und Fahrlässigkeit zu vertreten. Vorsatz bedeutet das Wissen um das Bestehen der Pflicht und das Wollen (mindestens bedingt) seiner Verletzung. Wenn also in einem Wutanfall der Arbeitnehmer seinem Arbeitgeber eine Ohrfeige gibt, kennt die Pflicht (keine Verletzung) und weiß, dass seine Handlung diese Pflicht verletzt.

Fahrlässig handelt hingegen gemäß § 276 Abs. 2 BGB, wer die ihm obliegende Sorgfalt nicht beachtet. Dies kann unbewusst geschehen (Arbeitnehmer in einer Apotheke vergreift sich bei den Inhaltsstoffen für ein herzustellendes Präparat) oder bewusst (Arbeitnehmer missachtet die Sicherheitsvorschriften, weil er davon ausgeht, dass es zu keiner Schädigung führt).

Insbesondere im Arbeitsrecht spielen verschiedene Differenzierungen des Fahrlässigkeitsbegriffs eine Rolle. Gerade bei der Frage des innerbetrieblichen Schadensausgleichs (siehe Aufgabe 28) wird zwischen leichter, mittlerer und grober Fahrlässigkeit unterschieden. Letztere wird dabei unterschiedlich definiert. Verbreitet findet man die Formulierung, dass grob fahrlässig handelt, wer das nicht beachtet, was im konkreten Fall jedem hätte einleuchten müssen.

Bedient sich der Schuldner sogenannter Erfüllungsgehilfen (ein Handwerker lässt einen Auftrag beispielsweise von einem Gesellen erledigen), kann es vorkommen, dass die Pflichtverletzung nicht durch den Vertragspartner (Handwerker), sondern eben durch diesen Erfüllungsgehilfen begangen wird. Dessen Verschulden (also das des Erfüllungsgehilfen) wird dem Schuldner (hier dem Handwerker) grundsätzlich wie eigenes Verschulden zugerechnet. Dies folgt aus § 278 BGB.

Das Verhalten (und damit das Verschulden) von Organen juristischer Personen wird diesen hingegen über § 31 BGB zugerechnet. Diese im Vereinsrecht geregelte Vorschrift gilt jedoch auch für alle anderen juristischen Personen (wie etwa eine GmbH) und Personengesellschaften (wie beispielsweise eine OHG).

### 11. Beschreiben Sie in wenigen Sätzen das Ziel, die Struktur und die Instrumente des AGG bezogen auf das Arbeitsrecht!

*Lösungsvorschlag:*

Das AGG verfolgt das Ziel, Benachteiligungen aufgrund bestimmter Gründe zu verhindern oder zu beseitigen. Es soll gemäß § 1 AGG somit grundsätzlich (zu den Rechtfertigungsgründen siehe nächste Aufgabe) verhindert (im Idealfall beseitigt) werden, dass jemand aus Gründen der Rasse, der ethnischen Herkunft, des Geschlechts, der Religion oder Weltanschauung, der Behinderung, des Alters oder der sexuellen Identität benachteiligt wird.

Arbeitgeber, die dennoch benachteiligen (in dem sie z. B. eine nicht geschlechtsneutrale Stellenanzeige schalten, einen Arbeitnehmer nicht befördern, weil er schwerbehindert ist oder bei sexueller Belästigung durch Kollegen nicht geeignete Maßnahmen ergreifen) haben erhebliche Sanktionen zu befürchten. Zunächst sind etwaige diskriminierende Vertragsbestandteile unwirksam (§ 7 Abs. 2 AGG). Ferner hat der Arbeitnehmer ein Beschwerderecht nach § 13 AGG. Viel wirkungsvoller aber ist das Leistungsverweigerungsrecht des wegen sexueller Belästigung diskriminierten Arbeitnehmers nach § 14 AGG. Dieser muss nicht mehr arbeiten, bis der Arbeitgeber geeignete Maßnahmen ergriffen hat.

Ferner kann der diskriminierte Arbeitnehmer vom Arbeitgeber verlangen, dass dieser gegen Diskriminierungen vorgeht (§ 12 Abs. 1 AGG). Das kann sogar so weit gehen, dass er Maßnahmen gegen Kollegen (§ 12 Abs. 3 AGG) oder sogar Dritte (wie Kunden oder Lieferanten) ergreifen muss (§ 12 Abs. 4 AGG).

In § 15 Abs. 1 AGG findet sich die Anspruchsgrundlage auf Schadenersatz, der allerdings nicht auf den Abschluss eines Arbeitsvertrages gerichtet sein darf, wie § 15 Abs. 6 AGG ausdrücklich klarstellt. Ferner hat ein diskriminierter Arbeitnehmer nach § 15 Abs. 2 AGG einen Anspruch auf Ersatz des sogenannten Nichtvermögensschadens. Es gibt also bei Diskriminierungen eine dem Schmerzensgeld (§ 253 Abs. 2 BGB) nachempfundene zusätzliche Entschädigung.

### 12. Nennen Sie die im AGG normierten Rechtfertigungsgründe jeweils mit einem einschlägigen Beispiel!

*Lösungsvorschlag:*

Wie sich aus § 5 AGG ergibt, sind in Ausnahmefällen Diskriminierungen erlaubt. So können bestimmte berufliche Anforderungen gemäß § 8 AGG eine Diskriminierung rechtfertigen. So darf die Stelle für die weibliche Hauptrolle in einem Theaterensemble ausschließlich an weibliche Interessenten ausgeschrieben werden.

§ 9 AGG enthält Rechtfertigungsgründe für sogenannte religiöse Tendenzbetriebe, mithin vor allem für die Kirchen. An bestimmte Positionen darf also die Religion als Voraussetzung geknüpft werden, was eigentlich nach § 1 AGG unzulässig ist. Auch ist das Recht der Kirchen, von ihren Mitarbeitern ein der eigenen Lehre entsprechendes Privatleben zu führen (und Verstöße deswegen zu sanktionieren) nach § 9 Abs. 2 AGG zulässig, wobei jüngst Einschränkungen dieses Rechts durch die Rechtsprechung zu beobachten sind.

Gemäß § 10 AGG dürfen altersdiskriminierende Vereinbarungen erleichtert vorgenommen werden. In § 10 AGG sind einige Regelbeispiele genannt. Zu erwähnen wäre etwa die Bevorzugung älterer Arbeitnehmer in Sanierungstarifverträgen.

Nach § 20 AGG sind Diskriminierungen ferner dann zulässig, wenn sie durch einen sachlichen Grund gerechtfertigt sind. Auch hier bedient sich der Gesetzgeber der Regelbeispielmethode. Ein Grund ist die Sicherheit der Frau durch die Bevorzugung mittels Einrichtung von sogenannten Frauenparkplätzen auf dem Betriebsparkplatz.

Schließlich erlaubt § 5 AGG eine Diskriminierung, um eine bestehende Benachteiligung abzubauen. Dies geschieht besonders häufig in Stellenausschreibungen, die eine diskriminierende Bevorzugung zum Beispiel nach dem Geschlecht („Frauen werden bei gleicher Eignung bevorzugt") vorsehen.

### 13. Wie kommt ein Arbeitsvertrag zustande?

*Lösungsvorschlag:*

Ein Vertrag, somit auch ein Arbeitsvertrag, kommt durch zwei übereinstimmende Willenserklärungen, Angebot und Annahme, zustande. Diese im Grunde Selbstverständlichkeit, ist seit dem 01.01.2017 durch § 611a BGB n.F. bestätigt worden.

Damit ist der ohnehin fragwürdigen Lehre, wonach ein Arbeitsvertrag durch die Eingliederung des Arbeitnehmers in den Betrieb zustande kommen soll, endgültig eine Absage zu erteilen.

### 14. Bedarf der Arbeitsvertrag einer Form?

*Lösungsvorschlag:*

Der Abschluss eines Arbeitsvertrages bedarf (im Gegensatz zu seiner Kündigung, § 623 BGB) keiner Form. Dem steht auch § 2 NachwG nicht entgegen. Dieser Anspruch des Arbeitnehmers, den wesentlichen Inhalt des geschlossenen Arbeitsvertrages schriftlich niedergelegt zu bekommen, setzt einen (vorher) geschlossenen Vertrag voraus.

Auch § 14 Abs. 4 TzBfG verlangt bei Befristungen von Arbeitsverhältnissen lediglich, dass die nur die Befristungsabrede, nicht aber der Vertrag im Übrigen der Schriftform unterfällt.

**15. Welche Folgen hat es, wenn Arbeitgeber und Arbeitnehmer keine Einigung über die Höhe des Lohnes getroffen haben?**

*Lösungsvorschlag:*

Damit ein Vertrag zustande kommt, müssen sich die Vertragsschließenden über die wesentlichen Vertragsbestandteile (sogenannte „essentialia negotii") geeinigt haben. Zu diesen gehört nicht die Einigung über die Höhe des Entgeltes bei Dienstverträgen (und damit des Lohnes bei der speziellen Form des Dienstvertrages, dem Arbeitsvertrag).

Stattdessen gilt nach § 612 BGB in Ermangelung einer Taxe (das ist eine gesetzliche Festlegung des Lohnes, was im Arbeitsrecht regelmäßig nicht gegeben ist) die übliche Entlohnung als vereinbart. Dies kann im Einzelfall schwierig zu bestimmen sein.

**16. Was bedeutet Lohndumping, wann liegt es vor und welche Folgen hat es?**

*Lösungsvorschlag:*

Es gehört zum Kernbereich der Vertragsfreiheit, dass die Höhe der Gegenleistung der freien Vereinbarung der Parteien unterfällt. Gerade aber im Arbeitsrecht ist typischerweise der Arbeitnehmer der schwächere Vertragspartner und läuft Gefahr, für einen Dumpinglohn arbeiten zu müssen.

Wenn der vereinbarte Lohn weniger als die 60% des üblichen Lohnes beträgt, argumentiert die Rechtsprechung, dass diese Vereinbarung „sittenwidrig", weil wucherisch im Sinne des § 138 Abs. 2 BGB sei.

Die Rechtsfolge des § 138 Abs. 2 BGB ist eigentlich die Nichtigkeit des Vertrages. Damit hätte der Arbeitnehmer aber noch weniger, als er vorher hatte. Deshalb passt die Rechtsprechung derartige Verträge (im Wege einer teleologischen Rechtsfolgenkorrektur) auf den üblichen Lohn an.

Nur in den Fällen also, in denen der „übliche Lohn" unter dem gesetzlich festgelegten Mindestlohn liegen sollte, hätte der AN einen ergänzenden Anspruch aus § 1 MindestlohnG.

**17. Erläutern Sie die Bedeutung der Anfechtung einer Willenserklärung im Kontext des Arbeitsrechts!**

*Lösungsvorschlag:*

Mithilfe der Anfechtung können bestimmte Mängel bei der Willensbildung des Erklärenden im Nachhinein korrigiert werden. Grundsätzlich ordnet § 142 BGB an, dass bei einer erfolgreichen Anfechtung das Rechtsgeschäft als von Anfang an („ex tunc") als nichtig anzusehen ist.

Nicht aber jeder Willensmangel berechtigt zur Anfechtung. Die zur Anfechtung berechtigenden Gründe sind in den §§ 119 bis 120 sowie 123 BGB geregelt, wobei im Arbeitsrecht der Irrtum über eine verkehrswesentliche Eigenschaft der Person (§ 119 Abs. 2 BGB), die arglistige Täuschung (§ 123 Abs. 1, 1. Alt. BGB) sowie die widerrechtliche Drohung (§ 123 Abs. 1, 2. Alt. BGB) praktische Bedeutung haben.

Die Anfechtung hat (bei arbeitgeberseitiger Anfechtung) den Vorteil, dass sie zwar kündigungsähnlich wirkt (siehe gleich), jedoch rechtlich keine solche ist. Das führt dazu, dass die vielfältigen Kündigungsschutzrechte für Arbeitnehmer bei der Anfechtung nicht gelten.

Wie oben erwähnt, ist die im BGB vorgesehene Rechtsfolge einer Anfechtung die Nichtigkeit des Rechtsgeschäfts von Anfang an. Diese Rückwirkung würde (bei bereits in Vollzug gesetzten) Arbeitsverhältnissen zu als für den Arbeitnehmer als unbillig empfundenen Rechtsfolgen aufgrund der bereicherungsrechtlichen Schwierigkeiten führen.

Deshalb korrigiert die ganz herrschende Meinung bei in Vollzug gesetzten Arbeitsverhältnissen den § 142 Abs. 1 BGB dahin, dass die Nichtigkeit nicht für die Vergangenheit („ex tunc"), sondern nur für die Zukunft („ex tunc") gelten soll (str. bei Täuschungen durch den Arbeitnehmer). Damit ähnelt eine Anfechtung vom Ergebnis betrachtet in diesen Fällen einer außerordentlichen Kündigung.

**18. Häufig hört man, unter bestimmten Voraussetzungen habe ein Bewerber das „Recht zur Lüge". Was bedeutet das?**

*Lösungsvorschlag:*

Wie jeder zivilrechtliche Vertrag kann auch ein Arbeitsvertrag angefochten werden. Ein wichtiger Anfechtungsgrund in der Praxis ist die arglistige Täuschung nach § 123 Abs. 1 BGB. Legt jemand zum Beispiel gefälschte Zeugnisse vor, so erzeugt er damit eine irrige Vorstellung beim Arbeitgeber. Diese widerrechtliche Täuschung berechtigt den Arbeitgeber zur Anfechtung.

Nicht widerrechtlich ist eine Täuschung allerdings dann, wenn der Arbeitnehmer auf Fragen, die der Arbeitgeber unzulässigerweise stellt, die Unwahrheit sagt. Ein klassisches Beispiel ist die unzulässige Frage nach dem Bestehen einer Schwangerschaft. Das Lügen auf solche Fragen ist daher sanktionslos. Dies wird gelegentlich auf mit dem Schlagwort „Recht auf Lüge" umschrieben.

**19. Beschreiben Sie dogmatisch den Grundsatz „Kein Lohn ohne Arbeit" sowie die wichtigsten Ausnahmen hierzu!**

*Lösungsvorschlag:*

Nach § 611a Abs. 2 BGB ist der Arbeitgeber verpflichtet, dem Arbeitnehmer die vereinbarte (bzw. nach § 612 BGB als vereinbart unterstellte) Vergütung zu zahlen. Für die Entstehung dieses Anspruchs ist mithin nicht Voraussetzung, ob der Arbeitnehmer gearbeitet hat oder nicht.

Erst im Prüfungspunkt „Anspruch erloschen" kommt dieser Aspekt zum Tragen. Ausgangspunkt dabei ist § 326 Abs. 1 S. 1 BGB, wonach der Anspruch auf die Gegenleistung (das ist hier der Lohn) grundsätzlich dann entfällt, wenn der Schuldner der Leistung (Arbeit) nach den § 275 Abs. 1 bis 3 BGB nicht zu leisten braucht. Vereinfacht gesagt, muss die Gegenleistung (Geld) für eine unmöglich (gewordene) Leistung (hier Arbeit) nicht gezahlt werden. Da die Arbeitsleistung als sogenannte absolute Fixschuld angesehen wird, ist wird die Nachholung derselben wegen des Zeitablaufes als „unmöglich" im Sinne des § 275 Abs. 1 BGB angesehen, mit der Folge, dass der Arbeitnehmer wegen dieser Vorschrift nicht nachzuholen berechtigt ist, andererseits er aufgrund § 326 Abs. 1 S. 1 BGB auch keinen Anspruch auf Lohn hat. Dieser Zusammenhang wird auch mit dem Satz „kein Lohn ohne Arbeit" beschrieben.

Besonders im arbeitsrechtlichen Kontext gibt es eine Reihe von Ausnahmen zu diesem Grundsatz. Sie sind somit sämtlich als Ausnahme zu der Regel des § 326 Abs. 1 S. 1 BGB zu verstehen.

Bereits § 326 Abs. 2 1. Alt. BGB enthält die erste Ausnahme, nämlich wenn der Gläubiger der Leistung (hier also der Arbeitgeber) die Gründe für die Unmöglichkeit allein oder überwiegend zu vertreten hat. Schließt also beispielsweise das Gewerbeaufsichtsamt das Restaurant des Gastwirtes W aufgrund erheblicher Hygienemängel, so behält der Kellner K seinen Lohnanspruch, obwohl er während der Schließung nicht gearbeitet hat. (Die zweite Alternative des § 326 Abs. 2 (Beibehaltung des Gegenleistungsanspruchs im sogenannten Annahmeverzug) wird durch die speziellere Norm des § 615 BGB verdrängt (h.M.)).

Weitere wichtige Ausnahmen zum Grundsatz „kein Lohn ohne Arbeit" sind die Regelungen in § 2 EFZG (Lohnzahlung während gesetzlicher Feiertage), § 3 EFZG (Lohnfortzahlung im Krankheitsfall), § 19 MuSchG (Mutterschutzlohn), § 11 BUrlG (Lohn während Urlaub), § 615 S. 1 BGB (Lohn während Annahmeverzug des Arbeitgebers), § 615 S. 3 BGB (Lohn bei Tragung des Ausfallrisikos durch den Arbeitgeber) sowie § 616 BGB (Lohn bei bestimmten Formen „vorübergehender Verhinderung").

### 20. Was versteht man unter dem Direktionsrecht des Arbeitgebers?

*Lösungsvorschlag:*

Der Arbeitsvertrag beschreibt, wenn überhaupt, den Inhalt der vom Arbeitnehmer auszuführenden Tätigkeit nur sehr vage. Gemäß § 106 GewO und inhaltlich gleichlautend § 315 BGB hat daher der Arbeitgeber das Recht, die genaue Tätigkeit, die Organisation und den Ablauf zu bestimmen.

Dieses Direktionsrecht darf der Arbeitgeber aber nur im Rahmen des sogenannten „billigen Ermessens" ausüben. Das bedeutet, dass er auf die Interessen des Arbeitnehmers Rücksicht zu nehmen hat.

Ob also eine Anordnung für den Arbeitnehmer verbindlich ist, kann nur im Einzelfall unter Abwägung aller Aspekte bestimmt werden.

### 21. Was versteht man unter dem Gleichbehandlungsgrundsatz im arbeitsrechtlichen Kontext?

*Lösungsvorschlag:*

Im Verhältnis des Staates gegenüber dem Bürger gewährleistet Art 3 Abs. 1 GG, dass der Staat den Gleichbehandlungsgrundsatz wahren muss. Das bedeutet, dass er (vereinfacht gesagt) gehalten ist, „Gleiches gleich" und „Ungleiches ungleich" zu behandeln, also zwei vergleichbare Sachverhalte nicht willkürlich anders behandeln darf.

Ein vergleichbarer Gleichbehandlungsgrundsatz gilt auch im Verhältnis Arbeitgeber zu seinen Arbeitnehmern. Der Arbeitgeber darf deshalb ohne Vorliegen eines Sachgrundes seine Arbeitnehmer nicht unterschiedlich behandeln.

Dieser arbeitsrechtliche Gleichbehandlungsgrundsatz kann jedoch nicht mit Art. 3 Abs. 1 GG begründet werden. Die Grundrechte gelten nämlich nach ganz herrschender Meinung auch im Arbeitsrecht nicht unmittelbar, da sie Abwehrrechte des Staates gegenüber dem Bürger darstellen und nicht das Verhältnis zwischen den Bürgern unmittelbar tangieren sollen.

Auch wenn über die Geltung des arbeitsrechtlichen Gleichbehandlungsgrundsatzes im Arbeitsrecht Einigkeit besteht, wird über die dogmatische Begründung gestritten. Eine Möglichkeit ist es, aus dem kollektivrechtlichen Bezug (Arbeit wird als „Team" geschuldet) eine Begründung abzuleiten. Da das Ergebnis der betrieblichen Leistung nur „im Kollektiv" (moderner ausgedrückt: „im Team") erbracht werden kann, ist es ein Teil der individuellen vertraglichen Einigung, dass quasi als Gegenleistung hierfür der Arbeitgeber das Team nicht willkürlich unterschiedlich behandelt.

### 22. Erläutern Sie die Begriffe „Gesamtzusage" und „betriebliche Übung"!

*Lösungsvorschlag:*

Die Instrumente der betrieblichen Übung bzw. der Gesamtzusage werden benötigt, wenn ein Arbeitnehmer einen Anspruch geltend macht, der so ohne weiteres dem Vertrag nicht entnommen werden kann. Eine betriebliche Übung liegt dann vor, wenn der Arbeitgeber bestimmte Verhaltensweisen wiederholt (regelmäßig nach dem dritten Mal) tätigt (er zahlt z. B. immer im Juli jedem Arbeitnehmer 500 Euro Urlaubsgeld) und der Arbeitnehmer deswegen darauf vertrauen kann, dass der Arbeitgeber sich auch in Zukunft so verhalten wird. Dogmatisch handelt es sich um eine Änderung des Arbeitsvertrages. In der regelmäßigen Verhaltensweise wird das Angebot durch den Arbeitgeber gesehen, dass der Arbeitnehmer konkludent annimmt.

Eine Gesamtzusage hingegen begründet einen Anspruch des Arbeitnehmers dann, wenn der Arbeitgeber allen oder einer bestimmten Gruppe von Arbeitnehmern eine Leistung öffentlich verspricht (z.B. durch Aushang, Mail oder dergleichen). Auch hier ändert sich der Arbeitsvertrag. Die Zusage ist das Angebot, das der Arbeitnehmer annimmt. Auf den Zugang der Annahmeerklärung beim Arbeitgeber kann wegen § 151 BGB verzichtet werden.

### 23. Sind Vertragsstrafeversprechen in Arbeitsverträgen zulässig? Gilt dies auch für vorformulierte Vertragsbedingungen?

*Lösungsvorschlag:*

Eine Vertragsstrafe dient dazu, den Schuldner zur rechtzeitigen sowie „gehörigen" (also pflichtgemäßen) Erfüllung seiner vertraglichen Verpflichtungen anzuhalten. Sie sind in der wirtschaftlichen Praxis sehr verbreitet und finden sich auch in vielen Arbeitsverträgen wider.

Dass Vertragsstrafeversprechen in Arbeitsverträgen zulässig sind, ist im Grunde unbestritten. Dies gilt auch in vorformulierten Arbeitsverträgen. Zwar werden auch diese grundsätzlich (wie alle anderen Allgemeinen Geschäftsbedingungen auch) an den Kriterien der §§ 305 ff. BGB gemessen, wie sich aus § 310 Abs. 4 BGB ergibt. Allerdings sind dabei, wie es dort heißt, „die im Arbeitsrecht geltenden Besonderheiten angemessen zu berücksichtigen".

Das ist auch der Grund, warum in vorformulierten Arbeitsverträgen Vertragsstrafeklauseln zulässig sind, obwohl sie nach § 309 Nr. 6 BGB eigentlich eine unzulässige und damit unwirksame Klausel darstellen. Die „im Arbeitsrecht geltenden Besonderheiten" rechtfertigen das.

### 24. Welche Rechtsfolge(n) hat bzw. haben die unterstellt verschuldete Nichtleistung der Arbeit?

*Lösungsvorschlag:*

Die Erbringung der geschuldeten Dienstleistung stellt die zentrale Hauptpflicht des Arbeitnehmers aus dem Arbeitsvertrag dar. Erbringt er diese nicht, kann er diese auch nicht etwa nachholen. Die Arbeitsleitung ist eine sogenannte absolute Fixschuld. Bei einer solchen führt die Nichterbringung dazu, dass die Nachholung unmöglich im Sinne des § 275 Abs. 1 BGB ist mit der Folge, dass der Arbeitnehmer weder zu leisten braucht, noch der Arbeitgeber dies verlangen kann. Allerdings verliert der Arbeitnehmer gemäß § 326 Abs. 1 S. 1 BGB seinen Anspruch auf die Gegenleistung (Lohn).

Hat der Arbeitnehmer diese Pflichtverletzung zu vertreten, schuldet er dem Arbeitgeber gemäß §§ 283, 280 Abs. 1 BGB den Ersatz des daraus entstehenden Schadens.

Zudem kann eine solche Pflichtverletzung in extremen Fällen eine fristlose Kündigung, sonst eine verhaltensbedingte Kündigung rechtfertigen.

### 25. Arbeitnehmer haben bekanntlich Anspruch auf Urlaub. Warum ist es richtig, in diesem Kontext von einem doppelten Anspruch zu sprechen?

*Lösungsvorschlag:*

Gemäß § 1 BUrlG hat der Arbeitnehmer einen Mindestanspruch auf bezahlten Urlaub. Allerdings regelt das BUrlG nur den Anspruch auf die Freistellung von der Arbeitsverpflichtung und enthält Berechnungsgrundlagen für die Höhe des Urlaubsentgeltes. Mit anderen Worten: Die Anspruchsgrundlage für den Lohn während des Urlaubs ist nicht das BUrlG.

Dieses stellt nämlich eine der Ausnahmen dar, wonach trotz fehlender Arbeitsleistung und daraus resultierendem Wegfall der Gegenleistungsverpflichtung gemäß §§ 275 i.V.m. § 326 Abs. 1 S. 1 BGB („kein Lohn ohne Arbeit" (vgl. Frage 19)) dennoch der Arbeitnehmer einen Lohnanspruch gemäß § 611a Abs. 2 BGB hat.

### 26. Gelegentlich liest man, der Arbeitnehmer habe einen „Fürsorgeanspruch". Konkretisieren Sie das!

*Lösungsvorschlag:*

Der sogenannte Fürsorgeanspruch kann mit § 241 Abs. 2 BGB begründet werden. Der Arbeitsvertrag als Schuldverhältnis kann nämlich seinem Inhalt nach, die Parteien zur Rücksichtnahme auf die Rechte, Rechtsgüter und Interessen des jeweils anderen verpflichten.

Deshalb gibt es (neben dem Hauptanspruch auf Lohn) weitere Ansprüche des Arbeitnehmers wegen dieser Interessenwahrnehmungs- und Rücksichtnahmeverpflichtung des Arbeitgebers.

Eine ganze Reihe dieser Pflichten sind spezialgesetzlich ausgestaltet. Zu nennen sind insbesondere die §§ 617, 618 BGB, der § 12 Abs. 2 bis 4 AGG und andere in Nebengesetzen enthaltene Ansprüche. Weitere ebenso einklagbare Nebenleistungspflichten können dann über § 241 Abs. 2 BGB aus dem konkreten Arbeitsvertrag hergeleitet und (wie die spezialgesetzlich geregelten) im Wege der Leistungsklage auch eingeklagt werden. Verletzt der Arbeitgeber eine solche Nebenleistungspflicht und entsteht dem Arbeitnehmer deshalb ein Schaden, ist der Arbeitgeber unter den Voraussetzungen des § 280 Abs. 1 BGB schadenersatzpflichtig.

Ferner existieren für den Arbeitgeber andere Nebenpflichten, die nicht eine einklagbare Leistungspflicht darstellen. Bei Verletzung einer solchen (und dem Vorliegen eines Schadens) kommt eine Schadenersatzverpflichtung nach §§ 280 Abs. 1, 241 Abs. 2 BGB in Betracht.

### 27. Beschreiben Sie die Nebenpflichten des Arbeitnehmers aus dem Arbeitsvertrag!

*Lösungsvorschlag:*

Genau wie der Arbeitgeber muss auch der Arbeitnehmer auf die Rechte, Rechtsgüter und Interessen des Vertragspartners Rücksicht nehmen.

Beim Arbeitnehmer sind in diesem Zusammenhang vor allem folgende Nebenpflichten zu nennen. Er ist dem Arbeitgeber zur Loyalität, insbesondere zur Verschwiegenheit verpflichtet. Ferner ist er verpflichtet, mit dem Eigentum des Arbeitgebers sorgsam umzugehen und muss auf die wirtschaftlichen Interessen des Arbeitgebers Rücksicht nehmen. Der konkrete Umfang und Inhalt dieser Nebenpflichten kann nur individuell bestimmt werden.

Bei zu vertretener Verletzung einer solchen Pflicht ist der Arbeitnehmer grundsätzlich zum Ersatz des daraus entstehenden Schadens verpflichtet.

### 28. Was versteht man unter dem sogenannten „innerbetrieblichen Schadenausausgleich"?

*Lösungsvorschlag:*

Arbeitnehmer können Rechtsgüter ihres Arbeitgebers verletzen. Dieser hat dann gegen den betreffenden Arbeitnehmer unter den Voraussetzungen des § 280 Abs. 1 bzw. § 823 Abs. 1 BGB Anspruch auf Schadenersatz.

Die Rechtsfolge ist, dass der Arbeitnehmer nach den §§ 249 ff. BGB Schadenersatz zu leisten hat. Eine Limitierung des Schadenersatzes sieht das BGB grundsätzlich nicht vor. Schädigt aber der Arbeitnehmer den Arbeitgeber, während er für ihn tätig ist (betriebliche Veranlassung), so werden die von der Rechtsprechung entwickelten Grundsätze des innerbetrieblichen Schadensausgleichs angewandt.

Danach haftet der Arbeitnehmer in entsprechender Anwendung des § 254 BGB für Schäden, die er infolge leichter Fahrlässigkeit verursacht gar nicht. Bei mittlerer Fahrlässigkeit wird der Schaden grundsätzlich verteilt, d.h. der Arbeitnehmer haftet nur teilweise (in der Regel zur Hälfte). Lediglich bei grober Fahrlässigkeit (und natürlich bei Vorsatz) bleibt es bei der vom BGB vorgesehenen unlimitierten Haftung. Bei grober Fahrlässigkeit gilt dies aber nur eingeschränkt. Sollte der angerichtete Schaden den Arbeitnehmer beispielsweise ruinieren, haftet er nur bis zu Höhe eines angemessenen Betrages.

### 29. Was ersetzt den Rücktritt bei Austauschverträgen bei sogenannten Dauerschuldverhältnissen?

*Lösungsvorschlag:*

Dauerschuldverhältnisse, zu denen der Arbeitsvertrag gehört, sind dadurch gekennzeichnet, dass der Anspruch auf Erfüllung der Leistungspflichten und Einhaltung der Nebenpflichten nicht durch einmaligen Austausch erfüllt und damit erloschen sind, sondern immer wieder neu entstehen.

Deshalb „passt" der Rücktritt (selbst wenn seine Voraussetzungen (vgl. § 323 BGB) auf diese Dauerschuldverhältnisse, jedenfalls ab dem Zeitpunkt, in dem erstmals Leistungen ausgetauscht wurden, nicht.

Stattdessen kann durch eine (außerordentliche oder ordentliche) Kündigung ein solches Dauerschuldverhältnis für die Zukunft beendet werden.

### 30. Aus welchen Gründen enden Arbeitsverhältnisse?

*Lösungsvorschlag:*

Der Arbeitsvertrag ist ein Dauerschuldverhältnis. Wenn es zulässigerweise (s. Frage 31) befristet wurde, endet es mit Ablauf der Zeit, für die es eingegangen wurde. Auch kann der Arbeitgeber unter bestimmten Voraussetzungen wegen Irrtums oder Täuschung seine auf den Abschluss des Arbeitsvertrages gerichtete Willenserklärung anfechten mit der Folge, dass der Arbeitsvertrag unwirksam wird. § 142 BGB wird hierbei zum Schutz des Arbeitnehmers nicht so verstanden, dass der Arbeitsvertrag rückwirkend nichtig ist.

Viele Arbeitsverhältnisse enden zudem durch einen, in diesen Fällen Aufhebungsvereinbarung genannten Vertrag. Dieser bedarf gemäß § 623 BGB der Schriftform. Das Arbeitsverhältnis endet hier folglich aufgrund übereinstimmender Willenserklärungen von Arbeitgeber und Arbeitnehmer.

Die nächste wichtige Fallgruppe der Beendigung des Arbeitsvertrages ist die Kündigung durch eine der Vertragsparteien, also durch eine rechtsgestaltende einseitige Willenserklärung. Man unterscheidet die außerordentliche (auch fristlose genannt) Kündigung nach § 626 BGB von der ordentlichen Kündigung.

Schließlich ist die Arbeitsleistung eine persönlich durch den Arbeitnehmer zu erbringende Verpflichtung. Deshalb beendet der Tod des Arbeitnehmers auch das Arbeitsverhältnis. Es geht somit nicht auf die Erben über.

## 31. Das wichtigste Gesetz für die zulässige Befristung von Arbeitsverträgen ist das TzBfG. Beschreiben Sie seine Struktur!

*Lösungsvorschlag:*

Bei einem Dienstvertrag, der ein Arbeitsvertrag ist, geht das BGB vom Regelfall des unbefristeten Arbeitsvertrages aus (§ 621 Abs. 3 BGB). Eine Befristung ist daher nur zulässig, wenn sie nach dem Teilzeit- und Befristungsgesetz (TzBfG) möglich ist.

Gemäß § 14 Abs. 1 TzBfG sind Befristungen immer möglich, wenn sie durch einen sachlichen Grund gerechtfertigt sind. In § 14 Abs. 1 S. 2 Nr. 1 bis 8 werden eine Reihe von Gründen aufgezählt, die eine Befristung sachlich rechtfertigen. So regelt z.B. § 14 Abs. 1 S. 2 Nr. 1 die Zulässigkeit von Befristungen bei Saisonbetrieben, in Nr. 6 wird die Befristung für zulässig erachtet, wenn ein in der Person des Arbeitnehmers liegender Grund vorliegt (Arbeitnehmer hat nur eine befristete Arbeitsgenehmigung) oder in Nr. 8, wenn die Befristung auf einem gerichtlichen Vergleich beruht.

Die erstmalige Befristung ist dann nach § 14 Abs. 2 TzBfG bis zu einer Maximaldauer von zwei Jahren immer zulässig. In § 14 Abs. 2a TzBfG gibt es Erleichterungen für die Befristung von Arbeitsverhältnissen bei Existenzgründungen. In § 14 Abs. 3 TzBfG wird die Befristung von Arbeitsverhältnissen mit älteren Langzeitarbeitslosen erleichtert.

Für alle Befristungen gilt, dass die Befristungsabrede schriftlich getroffen werden muss (§ 12 Abs. 4 TzBfG). Wird dies nicht beachtet, ist der Arbeitsvertrag unbefristet geschlossen.

## 32. Was versteht man unter einer Kündigung? Welche Arten gibt es?

*Lösungsvorschlag:*

Im Regelfall ist ein Arbeitsverhältnis ein unbefristetes Dauerschuldverhältnis (siehe § 621 Abs. 3 BGB). Es kann also nur durch Kündigung beendet werden. Unter einer außerordentlichen Kündigung versteht man eine solche, die ohne Einhaltung einer Frist ausgesprochen wird. Diese ist nach § 626 BGB nur bei Vorliegen eines wichtigen Grundes, der die Fortsetzung des Arbeitsverhältnisses für den Kündigenden unzumutbar macht, möglich. Dies ist zum Beispiel bei Straftaten des Arbeitnehmers im Betrieb der Fall.

Bei der ordentlichen Kündigung müssen Fristen beachtet werden. Diese sind in § 622 BGB für Arbeitsverhältnisse geregelt, wobei ein anwendbarer Tarifvertrag häufig andere (meist längere) Fristen vorsieht. Im Arbeitsvertrag selbst dürfen nur günstigere Fristen vereinbart werden.

Das KSchG erschwert die ordentliche Kündigung von Arbeitnehmern. Es ist aber sachlich nur auf solche Betriebe und Unternehmen anwendbar, in denen in Regel zehn oder mehr Vollzeitarbeitnehmer beschäftigt sind (§ 23 KSchG). Ferner muss das konkrete Arbeitsverhältnis länger als sechs Monate bestanden haben, damit das KSchG persönlich Anwendung findet.

Eine ordentliche Kündigung nach dem KSchG ist nur dann zulässig, wenn sie sozial gerechtfertigt ist. § 1 KSchG nennt drei Gründe, nach denen eine Kündigung demnach zulässig ist.

Wenn der Arbeitnehmer seine Pflichten verletzt, kommt eine verhaltensbedingte Kündigung in Betracht. Dies ist z. B. dann der Fall, wenn der Arbeitnehmer sich verspätet. Da aber die Kündigung die ultima Ratio (das letzte Mittel) sein soll, gilt die ungeschriebene Voraussetzung, dass der Arbeitgeber den Arbeitnehmer zuvor abgemahnt hat.

Es ist aber auch denkbar, dass der Arbeitgeber wegen in der Person des Arbeitnehmers liegenden Gründen das Arbeitsverhältnis beenden will. In einem solchen Fall spricht man von einer personenbedingten Kündigung. Ein Beispiel wäre, dass ein angestellter Kraftfahrer seinen Führerschein verliert oder ein Bäcker aufgrund einer chronischen Mehlstauballergie seinen Beruf nicht mehr ausüben kann.

Schließlich kann eine unternehmerische Entscheidung dazu führen, dass der Arbeitsplatz des Arbeitnehmers wegfällt. Hier spricht man von einer betriebsbedingten Kündigung. Hier ist aber zu beachten, dass bei mehreren in Betracht kommenden Arbeitnehmern der Arbeitgeber eine Sozialauswahl zu treffen hat. Er muss also denjenigen kündigen, den die Kündigung am wenigsten hart trifft und hat dabei das Alter, die Dauer der Betriebszugehörigkeit, den Grad der Schwerbehinderung sowie die Anzahl der Unterhaltsberechtigten des Arbeitnehmers zu berücksichtigen.

### 33. Welchen formalen Voraussetzungen müssen erfüllt sein, damit eine Kündigung überhaupt wirksam ist?

*Lösungsvorschlag:*

Eine Kündigung als sogenanntes Gestaltungsrecht ist eine einseitige, empfangsbedürftige Willenserklärung. Der Kündigende muss also zunächst eine Willenserklärung dahin abgeben, dass er das Arbeitsverhältnis für die Zukunft beenden möchte.

Diese Willenserklärung bedarf im Arbeitsverhältnis (siehe § 623 BGB) der Schriftform, d.h. der Kündigende muss seinen Willen in einer Urkunde (Schreiben) niederlegen und dieses Schriftstück eigenhändig unterzeichnen (§ 126 BGB). Eine Kündigung, die dieser Formvorschrift nicht genügt (z.B. eine solche per Mail) ist gemäß § 125 BGB nichtig.

Drittens muss die Kündigung dem anderen zugehen. Dabei ist zwischen einer Kündigung unter Anwesenden und einer solchen unter Abwesenden zu unterschieden. Die Frage, wann eine Willenserklärung unter Anwesenden zugeht, ist im BGB nicht ausdrücklich geregelt. Bei einer verkörperten Willenserklärung, also typischerweise bei einem Brief, der übergeben wird, reicht diese Übergabe nach dem Rechtsgedanken des § 130 BGB aus. Ob der Kündigende den ihm übergebenen Brief überhaupt zur Kenntnis nimmt, ist dabei grundsätzlich unerheblich.

Nach § 130 BGB wird eine Willenserklärung, die gegenüber Abwesenden erklärt wird, im Zeitpunkt des Zugangs wirksam. Dabei gilt, dass die Willenserklärung in den Machtbereich des Empfängers gelangt sein muss („Brief ist im Briefkasten") und wird zweitens (spätestens) zu dem Zeitpunkt wirksam, in dem der Erklärende nach regelmäßigen Umständen mit einer Kenntnisnahme rechnen darf („Ein Sonntag eingeworfener Brief ist daher erst am Montag zugegangen").

### 34. Welche Arten des Kündigungsschutzes gibt es?

*Lösungsvorschlag:*

Eine der wichtigsten Materien des Individualarbeitsrechts ist fraglos der Kündigungsschutz zugunsten der Arbeitnehmer. Dabei kann der in diesem Kontext zu beachtende Schutz wie folgt systematisiert werden:

Einmal müssen Kündigungsverbote beachtet werden. Eine nicht unmaßgebliche Stärkung der Rechte des Arbeitnehmers ist § 102 Abs. 2 BetrVG, wonach vor Ausspruch jeder Kündigung der Arbeitgeber gehalten ist, vorher einen (freilich vorhandenen) Betriebsrat anzuhören. Dieser kann zwar die Kündigung nicht verhindern, wohl aber stärkt bei z.B. betriebsbedingten Kündigungen ein Widerspruch des Betriebsrates die Position des Arbeitnehmers nicht unerheblich. Unterbleibt die Anhörung gänzlich oder war diese (beispielsweise wegen unzureichender Information des Betriebsrates) unwirksam, ist die gleichwohl ausgesprochene Kündigung unheilbar nichtig.

### 35. Welche Voraussetzungen müssen erfüllt sein, damit eine fristlose Kündigung materiell wirksam ist?

*Lösungsvorschlag:*

Die Möglichkeit, einen Arbeitsvertrag fristlos (außerordentlich) kündigen zu können, ist für Dienst- und damit Arbeitsverträge in § 626 Abs. 1 BGB vorgesehen. Die dort enthaltenen unbestimmten Rechtsbegriffe hat die Rechtsprechung wie folgt konkretisiert. Es müssen kumulativ vier Kriterien erfüllt sein, damit eine fristlose Kündigung begründet ist.

Einmal muss der Sachverhalt „an sich" geeignet sein, Grundlage einer fristlosen Kündigung zu sein. Zweitens muss es für den Kündigenden unzumutbar sein, die ordentliche Kündigungsfrist einzuhalten.

Drittens darf es zur außerordentlichen Kündigung, die aufgrund des Verhaltens des Arbeitnehmers, in seiner Person liegenden Gründen oder betrieblich begründet wird, kein milderes Mittel zur Verfügung stehen. Es gilt somit das sogenannte „Ultima-Ratio-Prinzip".

Viertens schließlich muss die Kündigung innerhalb von zwei Wochen, nachdem der Kündigende vom Kündigungsanlass Kenntnis erhalten hat, ausgesprochen werden (§ 626 Abs. 2 S. 1 BGB).

### 36. Welche Fristen gelten für eine ordentliche Kündigung?

*Lösungsvorschlag:*

Gesetzlich geregelt sind die Kündigungsfristen in § 622 BGB. Diese Norm regelt, dass die Fristen bei ordentlichen Kündigungen länger werden, je länger der konkrete Arbeitnehmer betriebszugehörig ist.

Im Geltungsbereich eines anwendbaren Tarifvertrages können jedoch andere (häufig längere) Fristen vereinbart worden sein. Im individuellen Arbeitsvertrag dürfen nur längere (also über denen des § 622 BGB bzw. denen des anwendbaren Tarifvertrages) vereinbart sein.

### 37. Welche Personengruppen genießen besonderen Kündigungsschutz?

*Lösungsvorschlag:*

Bestimmten Arbeitnehmern kann nämlich nicht oder nur unter erschwerten Bedingungen gekündigt werden. Dies gilt nach § 17 MuSchG für die Schwangere, nach § 168 SGB IX für Schwerbehinderte sowie aufgrund § 18 BEEG für Eltern in Elternzeit. Diesen kann (ob nun außerordentlich oder ordentlich) nur mit vorheriger behördlicher Zustimmung gekündigt werden.

Auch die Mitglieder des Betriebsrates (vgl. § 15 KSchG) können ordentlich nicht, außerordentlich nur mit Zustimmung des (übrigen) Betriebsrates gekündigt werden. Ähnliches gilt gemäß § 6 Abs. 4 BDSG für den Datenschutzbeauftragten.

Bisweilen werden Kündigungsverbote vertraglich (sei es individualvertraglich oder mittels Tarifvertrag) vereinbart. Bei Vorliegen einer solchen Vereinbarung, die man beispielsweise häufig in Sanierungstarifverträgen findet (z.B.: Ausschluss der betriebsbedingten Kündigung für eine gewisse Zeit) kann dem betroffenen Arbeitnehmer nicht gekündigt werden.

### 38. Auf welche Betriebe und welche Arbeitnehmer ist das KSchG anwendbar?

*Lösungsvorschlag:*

In Betrieben ab (zusammengerechnet) zehn Vollzeitarbeitnehmern (siehe § 23 KSchG) und für solche Arbeitnehmer, deren Arbeitsverhältnis bei Ausspruch der Kündigung mindestens sechs Monate bestand (§ 1 Abs. 1 S. 1 KSchG) gilt für ordentliche Kündigungen das Kündigungsschutzgesetz. Solche sind nur dann möglich, wenn sie sozial gerechtfertigt sind. Dies ist nur dann der Fall, wenn die Kündigung entweder verhaltensbedingt, personenbedingt oder betriebsbedingt begründet werden kann.

Für alle anderen Arbeitnehmer (also insbesondere solchen in Kleinbetrieben) gibt es keinen spezifischen Kündigungsschutz. Außer in Grenzfällen (Kündigung aus Willkür oder Rachsucht oder wenn die Kündigung gegen ein gesetzliches Verbot verstößt (§ 134 BGB (z.B.) i.V.m. § 1 AGG) bzw. sittenwidrig gemäß § 138 Abs. 1 BGB ist, besteht hier kein Kündigungsschutz.

### 39. Nennen Sie jeweils die materiellen Voraussetzungen für eine verhaltens-, personen- und betriebsbedingte Kündigung!

*Lösungsvorschlag:*

Im Anwendungsbereich des KSchG sind ordentliche Kündigungen nur dann wirksam, wenn sie sozial gerechtfertigt sind, was bei einer verhaltensbedingten, personenbedingten oder betriebsbedingten Kündigung gegeben ist.

Die verhaltensbedingte Kündigung setzt zunächst eine schuldhafte Pflichtverletzung des Arbeitnehmers voraus. Zweitens muss eine negative Zukunftsprognose getroffen werden, weswegen bei einer verhaltensbedingten Kündigung grundsätzlich eine Abmahnung vorausgegangen sein muss, was auch mit einer entsprechenden Anwendung des § 314 Abs. 2 BGB begründet werden kann. Drittens ist wegen der Ultima-Ratio-Funktion der Kündigung zu prüfen, ob der zu Kündigende nicht an einer anderen Stelle (ggfs. zu anderen Bedingungen) eingesetzt werden kann. Viertens schließt sich eine umfassende Interessenabwägung im Einzelfall an.

Bei der personenbedingten Kündigung liegt der Kündigungsanlass in der Person des Arbeitnehmers, auf das er allerdings keinen Einfluss hat. Auch hier müssen vier Voraussetzungen kumulativ vorliegen: Erstens muss ein in der Person des Arbeitnehmers liegender Grund dazu führen, dass er seinen arbeitsvertraglichen Verpflichtungen in Zukunft nicht oder nicht vertragsgemäß nachkommen kann. Zweitens muss eine negative Zukunftsprognose darüber angestellt werden, ob dieser Grund ein nur vorübergehender (dann keine Kündigung) oder voraussichtlich andauernder sein wird. Drittens muss eine erhebliche Beeinträchtigung betrieblicher bzw. wirtschaftlicher Interessen zu bejahen sein. Viertens muss auch bei der personenbedingten Kündigung eine umfassende Interessenabwägung im Einzelfall vorgenommen werden.

Bei der betriebsbedingten Kündigung im Sinne des § 1 KSchG müssen folgende vier Kriterien erfüllt sein, damit diese sozial gerechtfertigt ist. Erstens muss eine (grundsätzlich nicht überprüfbare) unternehmerische Entscheidung zum Wegfall eines oder mehrerer Arbeitsplätze geführt haben. Zweitens muss dieser Wegfall auf Dauer gegeben sein (negative Zukunftsprognose). Drittens muss der Arbeitgeber bei mehreren in Betracht kommenden Arbeitnehmern eine korrekte Sozialauswahl treffen, wobei er dabei grundsätzlich nur die Kriterien Lebensalter, Dauer der Betriebszugehörigkeit, Vorhandensein und Grad einer Schwerbehinderung sowie Anzahl etwaiger Unterhaltsberechtigter berücksichtigen darf. Abschließend ist auch bei der betriebsbedingten Kündigung eine umfassende Interessenabwägung im Einzelfall vorzunehmen.

### 40. Skizzieren Sie, was man unter einer Änderungskündigung, was unter einer Verdachts- und drittens unter einer Druckkündigung versteht!

*Lösungsvorschlag:*

Unter einer Änderungskündigung versteht man eine solche, die mit dem Angebot auf Abschluss eines geänderten (regelmäßig schlechteren) Arbeitsvertrages verbunden ist. Unternimmt der Arbeitnehmer nichts, ist er spätestens mit Ablauf der 3-Wochen-Frist des § 4 KSchG wirksam gekündigt. Nimmt er hingegen den geänderten Arbeitsvertrag an, ist er zwar nicht gekündigt, hat aber einen im Zweifel schlechteren Arbeitsvertrag. Wenn er hingegen eine Kündigungsschutzklage erhebt, könnte er diese verlieren. Den geänderten Arbeitsvertrag hat er dann jedoch nicht rechtzeitig angenommen. Deshalb eröffnet § 2 KSchG die sogenannte „Annahme unter Vorbehalt". Der Arbeitnehmer kann hier den geänderten Arbeitsvertrag unter dem Vorbehalt annehmen, dass die Änderungskündigung sozial gerechtfertigt im Sinne des § 1 KSchG ist. Hierüber wird dann der Kündigungsschutzprozess geführt. Im schlechtesten Fall hat der Arbeitnehmer dann einen Arbeitsplatz zu den geänderten Bedingungen.

Eine Druckkündigung liegt dann vor, wenn von dritter Seite (z.B. Lieferanten, Kunden, Kollegen) auf den Arbeitgeber Einfluss genommen wird dahingehend, sich von einem bestimmten Arbeitnehmer zu trennen.

Von einer unechten Druckkündigung spricht man dann, wenn ein zur Kündigung möglicherweise berechtigender Grund vorliegt. In diesem Fall müssen die Voraussetzung für eine solche, z.B. verhaltensbedingte Kündigung gegeben sein. Der Druck des Dritten ist dann lediglich ein weiterer Aspekt, der in die umfassende Interessenabwägung einzustellen ist.

Eine echte Druckkündigung hingegen liegt dann vor, wenn es objektiv keinen Kündigungsgrund gibt, der Dritte dennoch auf einer Kündigung des Arbeitnehmers beharrt. Hier kann es zur unschönen Situation kommen, dass der Arbeitgeber (trotz Vermittlungsversuchen) dem Druck nicht standhalten kann und deshalb (im Extremfall) außerordentlich, jedenfalls aber ordentlich zu kündigen berechtigt ist.

Eine Verdachtskündigung ist eine Sonderform der außerordentlichen Kündigung. Hier liegt ein schwerwiegendes Fehlverhalten vor, deren Begehung ein Mitarbeiter verdächtig ist. Wenn trotz intensivem Aufklärungsbemühen durch den Arbeitgeber der Verdacht nicht beseitigt werden kann, reicht dieser aus, um eine außerordentliche Kündigung zu rechtfertigen.

Sollte sich später herausstellen, dass der Verdacht doch unbegründet war, kann über einen Wiedereinstellungsanspruch des Arbeitnehmers diskutiert werden. Anspruchsgrundlage hierfür wäre dann eine nachwirkende Verpflichtung gemäß § 241 Abs. 2 BGB in Verbindung mit dem ursprünglichen Arbeitsvertrag.

### 41. Welchen Zweck hat § 613a BGB? Welche Rechtsfolgen hat diese Vorschrift im Überblick?

*Lösungsvorschlag:*

§ 613a BGB soll im Ergebnis verhindern, dass durch rechtsgeschäftliche Übertragung eines Betriebes der bisherige Arbeitgeber sich betriebsbedingt von seinen Arbeitnehmern lösen und der Erwerbende deshalb den Betrieb ohne Personal erwerben kann.

Kann, was im Einzelfall anhand verschiedener Kriterien zu bestimmen ist, festgestellt werden, dass ein Betrieb oder Betriebsteil durch Rechtsgeschäft auf einen Dritten übergegangen ist, so haben die betroffenen Arbeitnehmer diverse Rechte.

Einmal müssen sie vor der geplanten Veräußerung innformiert werden. Eine unterbliebene Information macht den Veräußerer gemäß § 280 Abs. 1 BGB schadenersatzpflichtig. Der Erwerber übernimmt mit dem Erwerb sämtliche mit dem Betrieb verbundenen Arbeitsverträge. Die Arbeitnehmer „wandern" also gleichsam mit, es sei denn (weitere Folge des § 613a BGB), sie widersprechen diesem Übergang. Dann bleiben sie Arbeitnehmer des Veräußerers. Schließlich darf wegen des Betriebsübergangs keine Kündigung ausgesprochen werden.

Auch kollektivrechtlich hat § 613a BGB einige Konsequenzen. Insbesondere an das Übergangsmandat eines etwa bestehenden Betriebsrates sowie die befristete Weitergeltung eines bisher anwendbaren Tarifvertrages ist dabei zu denken.

### 42. Was gehört zum „kollektiven Arbeitsrecht"?

*Lösungsvorschlag:*

Das zweite große Themenfeld im Bereich des Arbeitsrechts ist das sogenannte kollektive Arbeitsrecht. Zurückgehend auf die Rätebewegung Anfang des 20. Jahrhunderts gehört dazu (rätekonzeptionell begründet) das betriebliche Mitbestimmungsrecht, also insbesondere die Rechte und Pflichten des Betriebsrates sowie die Unternehmensmitbestimmung. Bei letzterer wird die Frage entschieden, ob und wie Arbeitnehmer in Unternehmensorganen, namentlich in den Aufsichtsräten vertreten sind.

Auf die Gewerkschaften und ihre Forderungen zurückgehend (gewerkschaftlich begründet) sind das Koalitionsrecht, das Tarifvertragsrecht und nicht zuletzt das Arbeitskampf- und Schlichtungsrecht als Teil des kollektiven Arbeitsrechts zu nennen.

### 43. Einige Betriebe bzw. Unternehmen haben einen Betriebsrat. Welche Rechte hat dieser im Überblick?

*Lösungsvorschlag:*

Der Betriebsrat, der mit der Unternehmensleitung vertrauensvoll zusammenarbeiten soll, hat dazu einige im BetrVG genannte Rechte. Dazu gehören Informationsrechte (z.B. § 105 BetrVG (betreffend Einstellung leitender Angestellter), Widerspruchsrechte (z.B.: § 102 Abs. 3 BetrVG (betreffend Widerspruchsrecht bei Kündigungen), Anhörungsrechte (z.B. § 102 Abs. 1 BetrVG (Anhörungsrecht bei Kündigungen), Beratungsrechte (z.B. § 90 Abs. 2 BetrVG (betreffend Beratungsrecht bei bestimmten betrieblichen Maßnahmen), Zustimmungsverweigerungsrechte (z.B. § 99 BetrVG (betreffend Mitbestimmung bei personellen Einzelmaßnahmen) sowie Zustimmungsrechte (z.B. § 87 BetrVG).

### 44. Was versteht man im Arbeitsrecht unter einer „Koalition"?

*Lösungsvorschlag:*

Koalitionen sind in der Regel privatrechtliche Zusammenschlüsse von Arbeitnehmern oder Arbeitgebern zur Wahrung und Förderung der Arbeits- und Wirtschaftsbedingungen. Weitere unstreitig geforderte Merkmale sind die Freiwilligkeit der Mitgliedschaft sowie die Dauerhaftigkeit der Organisation. Ferner gehört zum Koalitionsbegriff die Gegner- und Staatsunabhängigkeit.

Umstritten ist, ob die Arbeitskampfbereitschaft und -fähigkeit, die Überbetrieblichkeit, die (aktuelle) Durchsetzungsfähigkeit und der Wille zum Abschluss von Tarifverträgen gefordert werden muss.

### 45. Definieren Sie „Tarifvertrag" und beschreiben Sie seine Funktionen!

*Lösungsvorschlag:*

Ein Tarifvertrag ist Vertrag zwischen tariffähigen Partnern, der die Rechtsnormen enthält, die den Inhalt, den Abschluss und die Beendigung von Arbeitsverhältnissen betreffen. Vertragspartner eines Tarifvertrages, der ein privatrechtlicher Vertrag ist, können also nur Koalitionen bzw. Koalitionen und einzelne Arbeitgeber (bei einem Haustarifvertrag) sein.

Ein Tarifvertrag hat einmal eine schuldrechtliche Seite. Er regelt also die Rechte und Pflichten der am Vertragsschluss unmittelbar Beteiligten. Ferner hat der Tarifvertrag einen normativen Teil, regelt also mit rechtsetzender Kraft (vgl. § 4 TVG) Arbeitsverträge, die zwischen den jeweiligen Mitgliedern der Koalitionen geschlossen worden sind.

Tarifverträge haben eine Schutzfunktion für die Arbeitnehmer, eine Ordnungsfunktion für den erfassten Wirtschaftszweig, eine Friedensfunktion (keine Arbeitskämpfe bei laufenden Tarifverträgen) sowie eine Verteilungsfunktion (insbesondere bei Lohntarifverträgen).

### 46. Was ist dagegen eine Betriebsvereinbarung?

*Lösungsvorschlag:*

Eine Betriebsvereinbarung ist ein Vertrag zwischen Unternehmensleitung und Betriebsrat, in dem die dem Mitbestimmungsrecht des Betriebsrates unterfallenden Materien bindend (auch für die Arbeitnehmer, vgl. § 77 BetrVG) geregelt werden können. Wichtig in diesem Zusammenhang ist die Regelungssperre des § 77 Abs. 3 BetrVG, wonach Arbeitsentgelte und sonstige Arbeitsbedingungen, die durch Tarifvertrag geregelt werden, nicht durch eine Betriebsvereinbarung geregelt werden dürfen, es sei denn, der Tarifvertrag enthält eine entsprechende Öffnungsklausel (§ 77 Abs. 3 S. 2 BetrVG).

### 47. Die zentrale Arbeitskampfmaßnahme von Arbeitnehmerseite ist der Streik. Definieren Sie den Begriff und stellen Sie anschließend dar, welche Voraussetzungen erfüllt sein müssen, damit ein Streik rechtmäßig ist!

*Lösungsvorschlag:*

Ein Streik ist die von einer größeren Anzahl von Arbeitnehmern planmäßig und gemeinsam durchgeführte Arbeitseinstellung zur Erreichung eines Ziels. Damit ist allerdings noch keine Aussage darüber getroffen, ob dieser Streik auch rechtmäßig ist.

Die Kriterien für einen rechtmäßigen Streik sind historisch durch die Rechtsprechung entwickelt worden. Im Wesentlichen sind dabei vier Aspekte zu berücksichtigen: Ein Streik darf nur für ein tariflich regelbares Ziel durchgeführt werden. Damit sind z.B. politische Streiks unzulässig. Zweitens muss ein Streik von einer Gewerkschaft getragen werden. Sogenannte „wilde Streiks" (also solche ohne gewerkschaftliche Führung) sind rechtswidrig.

Drittens muss die Friedenpflicht gewahrt werden. Das bedeutet grundsätzlich, dass während der Gültigkeit eines Tarifvertrages nicht gestreikt werden darf. Eine Aufweichung ist allerdings im Hinblick auf die Zulässigkeit sogenannter Warnstreiks zu beobachten.

Viertens muss ein Streik die Verhältnismäßigkeit wahren und darf insbesondere nicht zur Vernichtung des Gegners führen. Insbesondere Notdienste sowie die Verrichtung unaufschiebbarer Tätigkeiten müssen auch bei einem ansonsten rechtmäßigen Streik durchgeführt werden.

## 48. Welche Konsequenzen hat ein solcher rechtmäßiger Streik?

*Lösungsvorschlag:*

Ein rechtmäßiger Streik führt zunächst einmal zur Suspendierung der Hauptpflichten aus dem Arbeitsvertrag. Der Arbeitnehmer muss nicht arbeiten, erhält aber im Gegenzug (wegen §§ 326 Abs. 1 S. 1 i.V.m. 275 BGB „kein Lohn ohne Arbeit") auch keinen Lohn. Sollte zu viel geleistet worden sein, kommt eine Rückabwicklung über das Bereicherungsrecht (§ 812 Abs. 1 S. 1, 1. Alt BGB; „Leistungskondiktion") in Betracht.

Die Teilnahme an einem rechtmäßigen Streik ist ferner keine Pflichtverletzung, sodass sich weder Gewerkschaft noch Arbeitnehmer schadenersatzpflichtig machen. Auch kann der Arbeitgeber einem streikenden Arbeitnehmer aus diesem Grunde nicht kündigen.

Gewerkschaftlich organisierte Arbeitnehmer haben nach den Bedingungen ihrer Gewerkschaft einen Anspruch auf Streikgelder gegen die Gewerkschaft.

Bei den Fernwirkungen eines Streiks (Produktionsstillstand beim Unternehmen, weil der Zulieferer bestreikt wird), ist im Rahmen des § 615 S.3 BGB die Rechtsprechung zu berücksichtigen, nach der dieses Risiko die Arbeitnehmer tragen, wenn das Streikziel auch für sie günstig ist, im Übrigen aber der Arbeitgeber. Im Einzelnen ist dies jedoch sehr umstritten.

## 49. Was für Implikationen hat hingegen ein rechtswidriger Streik?

*Lösungsvorschlag:*

Bei einem rechtswidrigen Streik erhält der Arbeitnehmer (natürlich) auch keinen Lohn. Ein rechtswidriger Streik stellt zudem eine Pflichtverletzung dar. Deshalb kann, sofern der Arbeitnehmer die Rechtswidrigkeit kannte oder hätte kennen müssen, dieser sich nach §§ 280 Abs. 1, 281, 283 BGB schadenersatzpflichtig machen. Außerdem kommt eine verhaltensbedingte und (in Extremfällen) eine außerordentliche Kündigung in Betracht.

Gewerkschaftlich organisierte, gleichwohl rechtswidrige Streiks sind eine Pflichtverletzung des Tarifvertrages und lösen deshalb ebenfalls eine Schadenersatzverpflichtung aus. Ein rechtswidriger Streik ist zudem ein Eingriff in den eingerichteten und ausgeübten Gewerbebetrieb. Deshalb schuldet die Gewerkschaft dem bestreikten Unternehmen auch unter dem Gesichtspunkt des § 823 Abs. 1 BGB Schadenersatz und kann zudem über § 1004 Abs. 1 BGB analog auf Unterlassung des (weiteren) Streiks in Anspruch genommen werden.

## 50. In welchen Unternehmen haben die Arbeitnehmer das Recht, in das Aufsichtsorgan Mitglieder zu entsenden?

*Lösungsvorschlag:*

Das Recht der Unternehmensmitbestimmung hat seine Wurzeln bereits in der Weimarer Republik. Es handelt sich um das Recht der Arbeitnehmerseite, Mitglieder in Unternehmensorgane, vor allem in den Aufsichtsrat entsenden zu dürfen.

Nach dem Zweiten Weltkrieg wurde dies zunächst für bestimmte Unternehmen der Montanindustrie (Unternehmen der Kohle- und Stahlbranche) realisiert. In solchen Unternehmen, die als AG oder GmbH organisiert sind und mehr als 1.000 Arbeitnehmer beschäftigen, gilt das MontanmitbG. Danach wird der Aufsichtsrat paritätisch (also je zur Hälfte) von Anteilseignern einerseits und der Arbeitnehmerseite andererseits bestellt. Dem Aufsichtsrat steht ein neutraler Vorsitzender vor. Zudem ist für den Vorstand ein sogenannter Arbeitsdirektor vorgesehen.

Später (1976) wurde durch das MitbestimmG eine ähnliche Regelung für Unternehmen mit mehr als 2.000 Arbeitnehmern geschaffen. Sie gilt für solche Unternehmen, die in der Rechtsform der AG, GmbH sowie GmbH & Co KG geführt werden. Zwar werden auch hier die Mitglieder des Aufsichtsrates je zur Hälfte von beiden Seiten entsandt. Im Unterschied zur Montanmitbestimmung wird der Vorsitzende jedoch zwingend von der Anteilseignerseite gewählt. Dieser hat in Pattsituationen ein doppeltes Stimmrecht. Die Position des Arbeitsdirektors ist im MitbestimmG 1976 ebenfalls vorgesehen.

Bei Unternehmen mit weniger als 2.000 Arbeitnehmern, jedoch mehr als 500 gilt das DrittelbG. Wenn das Unternehmen in der Rechtsform der AG oder GmbH (nicht erfasst sind hier allerdings die GmbH & Co KGs) geführt wird, sind ein Drittel der Mitglieder des Aufsichtsrates durch die Arbeitnehmerseite zu stellen.

Bei allen anderen Unternehmen gibt es keine Unternehmensmitbestimmung im hier skizzierten Sinn und Umfang.

Vierter Abschnitt
# Fälle

Nachfolgend finden Sie nun 25 Fälle aus dem Arbeitsrecht, wie sie typischerweise in einer Klausur vorkommen können. Bei der Auswahl habe ich mich von meinen Erfahrungen als Dozent und Hochschullehrer leiten lassen.

Ich empfehle Ihnen, die Fälle zunächst selbstständig zu lösen, um dann Ihre Lösung mit meinem Lösungsvorschlag abzugleichen.

Fall 1
## „Gleiches Recht für alle"

R ist Rechtsanwalt. Er arbeitet für die Rechtsabteilung des Pharmaunternehmens P-GmbH (P) in Düsseldorf. Mit diesem hat er einen als „Beratungsvertrag" überschriebenen Vertrag geschlossen, der unter anderem vorsieht, dass R alle gerichtlichen und außergerichtlichen Rechtsstreitigkeiten im Bereich „Personalwesen" betreut. Dabei kann die P einzelne Fälle auch anderen Mitarbeitern der Rechtsabteilung zuweisen oder den R von einem Fall „abziehen". Für seine Tätigkeit stellt ihm die P ein Büro sowie einen Computer und Zugang zu juristischen Datenbanken zur Verfügung. Auch wird dem R ein Sekretariat zugeteilt, dessen Mitarbeiter ihn unterstützen. R verbringt die Mittagspause regelmäßig mit seinen Kollegen in der hauseigenen Kantine. Sein Beratungspensum beträgt 45 Stunden pro Woche, welche er montags bis freitags in Gleitzeit ableistet. Aufgrund dieses umfangreichen Deputats betreibt R auch keine eigene Kanzlei. Als R Ende April 2020 seinen Kontostand überprüft muss er feststellen, dass er für den 10.04.2020 (Karfreitag) und den 13.04.2020 (Ostermontag) kein Gehalt erhalten hat. An diesen Tagen hat R – wie alle Mitarbeiter der P – nicht gearbeitet. R wendet sich an die P und verlangt Zahlung des Fehlbetrags. Die P hält dem entgegen, dass sie mit R lediglich einen Beratervertrag geschlossen habe. Als Rechtsanwalt sei der R selbstständig und P daher nicht zur Zahlung verpflichtet.

**Frage 1**
Hat R gegen die P-GmbH (P) einen Anspruch auf Zahlung des Fehlbetrags gemäß § 2 Abs. 1 EFZG?

**Abwandlung**
R möchte sich ein langes Wochenende „gönnen" und die günstig liegenden Feiertage am 10.04. und 13.04.2020 nutzen. Daher erscheint er am 09.04. und 14.04.2020 un-

entschuldigt nicht auf der Arbeit. Am Monatsende stellt er fest, dass P ihm den 10.04. und den 13.04.2020 nicht vergütet hat.

## Frage 2

Hat R gegen die P-GmbH (P) einen Anspruch auf Zahlung seines anteiligen Lohns für den 10.04 und 13.04.2020 gemäß § 2 Abs. 1 EFZG?

**Bearbeitervermerk:** Auf § 2 des Gesetzes über Sonn- und Feiertage des Landes NRW wird hingewiesen. Für die Beantwortung von Frage 2 ist die Erstellung eines Gutachtens nicht erforderlich.

Fall 2
# „Der brave Lakai"

L ist seit dem 01.01.2015 für die Adelsfamilie der F als Butler mit einer Wochenarbeitszeit von 40 Stunden angestellt. L erhält einen Bruttostundenlohn von 12,5 €. Dies ergibt bei einem Wochenfaktor von 4,35 einen Monatsbruttolohn von 2.175 €. Ein Butler
in der Stellung und Wirtschaftsregion des L verdient dagegen im Schnitt 4.350 € brutto
im Monat. L und F war dieser Umstand im Zeitpunkt der Einstellung bekannt. Da der
verschuldete L, wie die F wusste, dringend auf die Anstellung angewiesen ist, gab er
sich mit dem Lohn zufrieden. Als sich im April 2020 die finanziellen Schwierigkeiten
des L vertiefen, erinnert er sich, dass die F ihm einen „Hungerlohn" zahlt. Er wendet
sich an F und verlangt für die Zeit seit seiner Einstellung Nachzahlung der Differenz zwischen seinem und dem für Butler seiner Stellung und Wirtschaftsregion üblicherweise
gezahlten Gehalt. F ist empört. L könne sich glücklich schätzen, so gut zu verdienen. Er
erhalte sogar deutlich mehr als den Mindestlohn. Jedenfalls komme L mit dieser Forderung im April 2020 viel zu spät.

**Frage**

Kann L von F Zahlung der Differenz zwischen seinem und dem für Butler seiner
Stellung und Wirtschaftsregion üblicherweise gezahlten Gehalt für die Zeit seit seiner
Einstellung verlangen?

Fall 3
# „Irren ist menschlich"

### Ausgangsfall

F ist durch Arbeitsvertrag vom 01.03.2019 als Fernfahrer bei Spediteur S angestellt. F ist in den Jahren 2017 und 2018 zu einer drei- und einer sechsmonatigen Freiheitsstrafe, welche zur Bewährung ausgesetzt wurde, wegen unerlaubten Entfernens vom Unfallort (§ 142 Abs. 1 Nr. 1 StGB) rechtskräftig verurteilt worden. Mit den Verurteilungen ging die Entziehung der Fahrerlaubnis bis zum 31.12.2019 einher. Die Vorstrafen des F sind im Bundeszentralregister eingetragen und noch nicht getilgt. Als der S von den Vorstrafen des F am 15.03.2020 erfährt, ist er empört. Einen Fernfahrer, der wegen „Fahrerflucht" vorbestraft sei, könne er nicht beschäftigen. Hätte er diesen Umstand bereits vor dem 01.03.2019 gekannt, so hätte er den F niemals eingestellt. S fühle sich an den Arbeitsvertrag nicht mehr gebunden. Daneben verlangt S den an F seit dem 01.03.2019 bis zum 15.03.2020 gezahlten Arbeitslohn zurück.

Der F entgegnet, dass er sich seit seiner Anstellung bei S nichts „zu Schulden kommen lassen habe" und nicht erkenne, warum seine Vorstrafen für S relevant seien. Auch sei es ihm nicht zumutbar, den Arbeitslohn für den Zeitraum vom 01.03.2019 bis zum 15.03.2020 zurückzahlen, schließlich habe er ja für S gearbeitet.

### Frage 1

Kann S von F den für den Zeitraum vom 01.03.2019 bis zum 15.03.2020 gezahlten Arbeitslohn zurückverlangen?

### Abwandlung

Wie im Ausgangsfall, nur fragte der S den F bereits im Bewerbungsgespräch, ob dieser im Hinblick auf die Tätigkeit als Fernfahrer einschlägig vorbestraft sei. F gab an nicht einschlägig vorbestraft zu sein. Tatsächlich sind die Vorstrafen des F aus dem Bundeszentralregister bereits getilgt.

### Frage 2

Ist das Arbeitsverhältnis zwischen F und S durch die Erklärung des S vom 15.03.2020 wirksam beendet worden?

## Fall 4
# „Urwaldtechnik"

### Ausgangsfall

G betreibt ein Baumpflegeunternehmen, welches vor allem städtische Baumbestände nach Astbrüchen behandelt. Hierzu stattet G seine Arbeitnehmer, zu denen auch A gehört, mit Motorsägen aus. Um Geld zu sparen, hat G die Motorsägen seit mehreren Jahren nicht erneuert. Diese geraten bei dem Zerteilen der Äste oft ins Stocken und sägen ruckartig weiter, sodass sie gefahrenfrei nicht zu bedienen sind. Auch die Arbeitskleidung bietet keinen hinreichenden Schutz. Statt der erforderlichen Schnittschutzhosen stellt G seinen Arbeitnehmern Jeanshosen zur Verfügung. A, der während der Arbeit mehrmals knapp einer Verletzung durch die Motorsäge entgangen ist, will für G „sein Leben nicht mehr aufs Spiel setzen". Er wendet sich am 18.04.2020 an G und verlangt, dass dieser die Belegschaft mit neuen Motorsägen und Schnittschutzhosen ausstattet. Solange dies nicht erfolge, werde A nicht arbeiten. G hält dem A entgegen, dass ihm die Ausrüstung „viel zu teuer" sei. Außerdem verwende das Konkurrenzunternehmen des K das gleiche Motorsägen-Modell und die gleichen Hosen wie G. Daraufhin erscheint A in der Zeit vom 20.04. – 30.04.2020 nicht zur Arbeit. Ende des Monats muss A feststellen, dass er für die Zeit vom 20.04. – 30.04.2020 kein Gehalt erhalten hat. Als A sich an G wendet, verweigert dieser die Zahlung.

### Frage 1

Hat A gegen G einen Anspruch auf Zahlung des Gehalts für die Zeit vom 20.04. – 30.04.2020?

### Fortsetzung

Auch B ist für G angestellt. Als B den umsturzgefährdeten Baum eines Kunden des G mit der Motorsäge fällt, gerät diese ins Stocken, läuft rückartig wieder an und fährt dem B durch die Jeanshose ins Bein. B verlangt nun von G Ersatz der für die Heilbehandlung angefallenen Kosten in Höhe von 5.000 € sowie Schmerzensgeld in angemessener Höhe von 3.500 €. G verweigert die Zahlung. Zwar wüsste er, dass die Ausrüstung etwas „veraltet" sei, den durch die zuständige Berufsgenossenschaft als solchen anerkannten Arbeitsunfall des B habe er nicht voraussehen können und keinesfalls gewollt. Jedenfalls solle sich B nicht an G, sondern dessen gesetzliche Unfallversicherung wenden.

### Frage 2

Hat B gegen G einen durchsetzbaren Anspruch auf Zahlung der geltend gemachten Beträge?

> **Bearbeitervermerk:** Bei der Beantwortung der Fragen sind die Vorschriften des öffentlichrechtlichen Arbeitsschutzes außer Acht zu lassen. Auf die Vorschrift des § 104 SGB VII wird hingewiesen.

Fall 5

# „Wo ein Wille ist, ist auch ein Weg?"

Die A ist als Popcorn-Verkäuferin im Freizeitpark der F angestellt. Im Arbeitsvertrag ist eine Wochenarbeitszeit von Montag bis Freitag jeweils von 09:00 Uhr bis 17:00 Uhr vereinbart. Den Arbeitsweg legt die A mit ihrem PKW zurück. Eine Anfahrtsmöglichkeit mit Mitteln des öffentlichen Nahverkehrs besteht für A nicht. Als A am 01.04.2020 zur Arbeit aufbrechen möchte, muss sie entsetzt feststellen, dass ein Marder sich durch den Motorraum ihres PKW „gefressen" hat. Der PKW springt nicht an. Der A gelingt es erst nach der Reparatur ihres PKW am 06.04.2020 zur Arbeit zu erscheinen.

An diesem Tag wird A durch die F darüber informiert, dass die F sich mit dem Popcorn-lieferanten P nicht über die Konditionen der nächsten Lieferung einigen konnte. Daher gäbe es in der Zeit vom 06.04.2020 bis zum 17.04.2020 kein Popcorn. Leider könne F die A nicht einsetzen, daher habe sie sich entschieden die A nach Hause zu schicken. Die A solle am 20.04.2020 wieder wie gewohnt zur Arbeit erscheinen.

Als sich A am 20.04.2020 auf dem Weg zur Arbeit befindet erhält sie einen Anruf der F. Das heranziehende Sturmtief „Egon" zwinge die F zu einer Schließung des Freizeitparks bis zum 30.04.2020. A solle zu Hause bleiben und am 01.05.2020 wieder zur Arbeit erscheinen.

Ende April muss A feststellen, dass ihr die F für die Zeit vom 01.04.20 bis zum 30.04.2020 keinen Arbeitslohn gezahlt hat. Empört wendet sie sich an F. Diese sei durch den Arbeitsvertrag verpflichtet das monatliche Gehalt zu zahlen. F wendet ein, dass sie niemanden bezahle, der nicht arbeite. Dem hält A entgegen, dass der „Marder-schaden" nicht ihre Schuld sei. Auch sei sie ab dem 06.04.2020 wieder auf der Arbeit erschienen. F habe sie jeweils am 06.04. und am 20.04.2020 nach Hause geschickt. Das könne nicht der A zu Lasten gelegt werden, schließlich habe sie während der ge-samten Zeit arbeiten wollen.

## Frage

Kann A von F den gesamten Lohn für April verlangen?

Fall 6
# „Corona und die Folgen"

A ist bei dem privaten Sicherheitsdienst des S als Wachmann durch Arbeitsvertrag vom 01.01.2020 eingestellt. A ist für die Bewachung eines Supermarkts eingeteilt. Als sich im März 2020 die Covid-19 (SARS-CoV-2) Pandemie weiter ausbreitet und die Infektionszahlen auch in Deutschland steigen, erfährt A, dass er mit einer infizierten Person in Kontakt stand. Durch den S hiervon informiert, ordnet die zuständige Behörde für A eine zweiwöchige Quarantäne an. A bleibt zuhause und erscheint daher vom 13.03. bis zum 27.03.2020 nicht auf der Arbeit. Eine Tätigkeit aus dem „Homeoffice" ist angesichts der Tätigkeit des A nicht möglich. Nach Ablauf der zweiwöchigen Quarantäne des A stellt sich heraus, dass dieser zu keinem Zeitpunkt mit dem „Corona-Virus" infiziert war. Ende März 2020 muss der A feststellen, dass ihm der S für die Zeit vom 13.03. bis zum 27.03.2020 keinen Lohn gezahlt hat. A meint S müsse ihm seinen anteiligen Lohn auch für die Zeit der Quarantäne zahlen. S hält dem entgegen, dass A schließlich nicht gearbeitet habe und daher auch keinen Lohn erhalte.

## Frage

Hat A gegen S einen Anspruch auf Zahlung des anteiligen Lohns für den Zeitraum vom 13.03. bis zum 27.03.2020?

**Bearbeitervermerk:** Es ist auf alle aufgeworfenen Rechtsfragen – gegebenenfalls hilfsgutachterlich – einzugehen. Auf § 56 IfSG wird hingewiesen.

Fall 7
# „Der Profifußballer"

## Ausgangsfall

P ist Profifußballer. Derzeit ist er bei dem Verein Sportgemeinschaft Fußballfreunde (SG F) unter Vertrag. Die SG F hat insgesamt drei Mannschaften SG I, SG II, SG III. Die SG I spielt in der Bundesliga, die SG II in der 3. Liga und die SG III in der Regionalliga Südwest. Alle Mannschaften trainieren am gemeinsamen Standort in F. Der bis zum 30.06.2020 befristete Vertrag des P sieht vor, dass dieser für ein monatliches Brutto-gehalt von 10.000 € für die SG I trainiert und je nach Trainingsergebnis Einsätze erhält. Im Derby gegen den FC M verschießt P den entscheidenden Elfmeter. Der gegenüber P weisungsberechtigte Trainer der SG I ist stinksauer. Nach dem Spiel kommt er in die Spielerkabine und teilt dem P mit, dass dieser ab sofort und bis zum Ende seiner Vertragslaufzeit – bei gleichbleibendem Gehalt – für die SG III trainieren und spielen werde. P ist entsetzt. Der Trainer könne ihn nicht willkürlich in die 3. Mannschaft „ver-bannen". Die Leistung der 3. Mannschaft sei nicht mit der der 1. Mannschaft zu verglei-chen. Dies zeige schon die unterschiedliche Vergütung. Spieler der SG III erhalten ein Bruttomonatsgehalt von 2.000 €. Die SG F sei vertraglich verpflichtet, ihn in der ersten Mannschaft trainieren und gegebenenfalls spielen zu lassen.

## Frage 1

Ist die Versetzung des P von der 1. Mannschaft SG I in die 3. Mannschaft SG III recht-mäßig?

## Fallfortsetzung

Verbittert darüber, nun mit den „Amateuren" der SG III spielen zu müssen, will P „Dampf ablassen". Hierzu begibt er sich in einen Szeneclub in F und feiert unter reichlichem Alkoholkonsum ausgelassen. Dabei verhält er sich in alkoholisierten Zustand mutwillig unangemessen gegenüber den anderen Gästen. In der Tagespresse wird seine Party-nacht als Skandal dargestellt: „Skandal um P – Spieler der SG F lässt ‚die Sau' raus". Die SG F wird für das Auftreten des P verantwortlich gemacht. Daraufhin meldet sich der Vorstand der SG F und verlangt von diesem Zahlung von 50.000 €. Hierzu verweist der Vorstand auf § 7 des individuell mit P ausgehandelten Spielvertrags. Dieser lautet:

> *„§ 7 Vertragsstrafe*
> *Verhält sich der Spieler unangemessen und schädigt so den Ruf der SG Fußballfreunde, so ist eine Vertragsstrafe in Höhe von fünf Bruttomonatsgehältern zu zahlen."*

P ist empört. Er meint, § 7 des Spielervertrags sein unwirksam, schließlich könne man ihm das Feiern ja nicht verbieten. Jedenfalls sei ein Betrag von 50.000 € viel zu hoch.

## Frage 2

Hat die SG F einen Anspruch gegen P auf Zahlung von 50.000 €?

**Bearbeitervermerk:** Es ist auf alle aufgeworfenen Rechtsfragen – gegebenenfalls hilfsgutach-terlich – einzugehen.

Fall 8

# „Der Hochstapler"

### Ausgangsfall

Gabelstaplerfahrer G ist bei dem Bauunternehmen der B für einen üblichen Bruttomonatslohn von 3.000 € angestellt. Zur Verrichtung seiner Arbeit stellt die B dem G einen Gabelstapler zur Verfügung, der auf ebener Bahn nicht mehr als 15 km/h erreicht. Bei der Errichtung eines Rohbaus ist G damit betraut, die Zementsäcke aus dem LKW des Zulieferers Z zu entladen.

Um seine Kollegen auf der Baustelle zu beeindrucken, lädt der von B sorgfältig ausgewählte und bisher pflichtgemäß arbeitende G dabei das Dreifache des für das Modell zulässigen Ladegewichts auf die Gabel. Dem G sind das zulässige Ladegewicht und die bei einem Überladen bestehende Unfallgefahr bekannt. Als G den überladenen Gabelstapler von dem LKW des Z zurücksetzt, kippt der Gabelstapler unter der Last nach vorne und beschädigt die Ladefläche des LKW. Dabei wird auch die Gabel des Gabelstaplers verbogen.

Z verlangt nun von G Ersatz der für die Reparatur des LKW angefallenen Kosten in Höhe von 5.000 €. Der B sind für die Reparatur des Gabelstaplers Kosten in Höhe von 2.500 € angefallen, die B nun von G ersetzt verlangt. Die jeweiligen Reparaturkosten sind ihrer Höhe nach angemessen.

G hält Z entgegen, er solle sich an seine Arbeitgeberin B halten, schließlich habe er bei dem „Unfall" für diese gearbeitet. Der B hält G entgegen, dass eine Ersatzzahlung von 2.500 € viel zu hoch sei. Diesen Betrag könne G sich bei seinem Lohn nicht leisten. Dem entgegnet B, dass G, was zutrifft, haftpflichtversichert sei.

### Frage 1

Kann B von G Ersatz der Reparaturkosten in Höhe von 2.500 € verlangen?

### Frage 2

Kann G von B verlangen, den bei Z entstandenen Schaden zu übernehmen? (Zum Bearbeitungszeitpunkt hat G noch nicht an Z gezahlt)

### Abwandlung (für Fortgeschrittene)

Der Sachverhalt lautet wie im Ausgangsfall. Gehen Sie nun jedoch davon aus, dass Bauunternehmerin B und Zulieferer Z Vertragspartner sind.

### Frage 3

Nach welcher Vorschrift kann G von B verlangen, den bei Z entstandenen Schaden zu übernehmen?

Fall 9
# „Die Tücke der Mail"

### Ausgangsfall

N ist seit dem 01.01.2020 als Netztechniker bei dem Versorgerunternehmen V ange-stellt. Sein Arbeitsvertrag sieht keine Befristung vor. Am 15.01.2020 erhält N von V eine E-Mail. In dieser weist V darauf hin, dass aufgrund eines Fehlers der Personalabteilung der Vertrag des N nicht – wie sonst üblich – befristet worden sei. Daher solle N seinen Vertrag vom 01.02.2020 an als auf vier Monate befristet betrachten. Diese vier Monate sollten als Probezeit dienen. Nach Ablauf des vierten Monats wolle V darüber ent-scheiden, ob dem N ein unbefristeter Arbeitsvertrag angeboten wird. N liest die E-Mail der V, hält diese aber für unbeachtlich. Als N nach dem Pfingstmontag am 02.06.2020 auf der Arbeit erscheint, wird er von V mit der Begründung nach Hause geschickt, dass das Arbeitsverhältnis zum 31.05.2020 mit Fristablauf beendet worden sei. V verweist den N auf die E-Mail vom 15.01.2020. N meint, diese sei gegenstandlos. V müsse ihn weiter beschäftigen.

### Frage 1

Ist das Arbeitsverhältnis zwischen N und V wirksam zum 31.05.2020 beendet worden?

### Abwandlung

N wird durch Arbeitsvertrag vom 01.01.2019 als Netztechniker bei der V angestellt. Der Arbeitsvertrag enthält eine Befristung zum 31.12.2019. N war bereits von 2013 bis 2015 als Netztechniker bei V als Vertreter des Kollegen K befristet angestellt. Als N nach dem Neujahrstag am 02.01.2020 die Arbeit wieder aufnehmen will, weist ihn die V zurück. Der Vertrag sei zum 31.12.2019 beendet worden. N ist der Überzeugung der Vertrag vom 01.01.2019 hätte nicht so einfach befristet werden können.

### Frage 2

Ist das Arbeitsverhältnis zwischen N und V wirksam zum 31.12.2019 beendet worden?

Fall 10
# „Das Wandern ist des Müllers Lust"

Bäckermeister M ist für die Bäckerei-Kette der B-GmbH durch Arbeitsvertrag aus dem Jahr 2018 als Filialleiter in Bonn angestellt. Die B-GmbH betreibt Filialen im gesamten Bundesgebiet. Als im April in Köln eine neue Filiale eröffnet wird, entschließt sich der Geschäftsführer G der B-GmbH, den M dort als Filialleiter einzusetzen. Hierzu versetzt er den M in die Filiale in Köln. Der erfahrene M wird dringend zum Aufbau der dortigen Betriebsstruktur benötigt. Andere ebenso erfahrene Filialleiter stehen der B-GmbH nicht zur Verfügung. Ohne Einsatz des M droht eine Schließung der Filiale. M ist mit der Versetzung nicht einverstanden. Die B-GmbH verweist den M auf § 3 des Arbeitsvertrages. Diesen verwendet die B-GmbH für alle ihre Arbeitsverträge mit Arbeitnehmer/innen, welche die Position des/der Filialleiter/in bekleiden. § 3 lautet:

> *„§ 3 Arbeitsort/Versetzung*
> *Abs. 1 Der Arbeitsort ist Bonn.*
> *Abs. 2 Der Arbeitgeber ist berechtigt, den/die Arbeitnehmer/in auch in anderen Filialen seines Unternehmens innerhalb Deutschlands als Filialleiter zu beschäftigen. Der Vergütungsanspruch bleibt hiervon unberührt."*

M meint, § 3 des Arbeitsvertrags sei unwirksam. Eine solche Regelung sei in Arbeitsverträgen ungewöhnlich und er hätte mit dieser keinesfalls rechnen müssen. Die B-GmbH könne ihn nicht so einfach in Köln einsetzen, schließlich arbeite er schon seit Beginn seiner Tätigkeit für die B-GmbH in der Bonner Filiale. Ein solches Vorgehen sei schlichtweg unbillig. Insbesondere § 3 Abs. 2 des Arbeitsvertrages sei für den Arbeitnehmer undurchsichtig. Die B-GmbH hält dem M entgegen, dass dieser dieselbe Tätigkeit zur selben Vergütung ausüben wird. Auch verlängere sich der bisherige Arbeitsweg des M nur um ca. 20 Minuten, sodass ein Umzug oder ähnliche drastische Veränderungen der Lebensverhältnisse des M nicht erforderlich wären.

## Frage

Ist die Versetzung des M in die Kölner Filiale der B-GmbH wirksam erfolgt?

**Bearbeitervermerk:** Der Arbeitsvertrag zwischen M und der B-GmbH erfüllt die Voraussetzungen des § 2 Abs. 1-3 NachwG.

Fall 11
# „Du sollst nicht diskriminieren"

S betreibt das Szenelokal „Schon Schön" in Köln. Bisher besteht seine Belegschaft überwiegend aus Männern. Um mehr Kundschaft anzulocken möchte S vermehrt „ansehnliche" weibliche Kellnerinnen einstellen. Hierzu gibt er eine Stellenausschreibung auf. Diese lautet wie folgt:

> *Kellnerin gesucht! Das „Schon Schön" sucht weibliche Unterstützung für den Gastronomiebereich in Vollzeit. Bruttomonatsgehalt 2.000 €. Sie sind engagiert und wollen sich bei uns einbringen? Bewerben Sie sich jetzt!*

Neben der F bewirbt sich auch der M auf die ausgeschriebene Stelle. M hat bisher als Kellner gearbeitet und ist seit dem Ende der letzten Sommersaison auf Arbeitssuche. Die F wird zum Vorstellungsgespräch durch S eingeladen und kurz darauf eingestellt. Dem M erteilt der S eine Absage. Er suche eine weibliche Kellnerin, um „neuen Wind" in sein Lokal zu bringen. M fühlt sich diskriminiert und in seinem Persönlichkeitsrecht verletzt, der S müsse ihn einstellen. Jedenfalls müsse S ihm insgesamt 10.000 € bezahlen. Dieser Betrag entspreche fünf Monatsgehältern, die M entgangen sind, bis er bei dem Restaurant des R eine Anstellung als Kellner gefunden habe. Dem hält S entgegen, dass F – was zutrifft – für die Stelle besser qualifiziert sei und S die F auch, wenn er nicht ausschließlich weibliche Kellnerinnen gesucht hätte, dem M vorgezogen hätte.

**Frage**

Kann M von S Einstellung, hilfsweise Zahlung von 10.000 € verlangen?

**Bearbeitervermerk:**   Ansprüche aus dem BGB sind nicht zu prüfen.

Fall 12

# „Der renitente Kunde"

K ist Stammgast im Restaurant des R. Werkstags kehrt er immer zum „Mittagstisch" ein. Als der R den A als Kellner anstellt, missfällt dies dem K. A, der seit ca. 20 Jahren in Deutschland lebt und arbeitet ist gebürtiger Afghane sowie Angehöriger des islamischen Glaubens. A fühlt sich der Kultur seines Heimatlandes weiterhin verbunden. K will sich von A nicht bedienen lassen. Bei seinen Aufenthalten im Restaurant bezeichnet er den A regelmäßig als „afghanischen Terroristen" oder ruft „Ausländer raus!". A fühlt sich durch den K diskriminiert und verlangt von R, dass dieser K ein Hausverbot erteile. Dem entgegnet R, dass er seinen „besten" Kunden nicht so einfach „rausschmeißen" könne. Daher ermahnt er den K solche Aussagen zu unterlassen. In Zukunft werde K durch den B bedient, der zusammen mit A die Mittagsschicht übernimmt. Damit gibt sich der K jedoch bei seinen nächsten Restaurantbesuchen nicht zufrieden und ruft dem A weiter fremdenfeindliche Parolen zu. A verlangt erneut, dass dem K ein Hausverbot erteilt wird. R will jedoch keine weiteren Maßnahmen ergreifen. R meint er könne A zukünftig in die Spätschicht einteilen, sodass dieser nicht mit K in Kontakt komme. A lehnt dies ab, er müsse abends seine Kinder betreuen. Außerdem sehe er nicht ein, warum er dem K weichen sollte. Es sei die Pflicht des R dem K ein Hausverbot zu erteilen.

## Frage

Kann A von R verlangen dem K ein Hausverbot zu erteilen?

**Bearbeitervermerk:** Es sind lediglich Ansprüche aus dem Allgemeinen Gleichbehandlungsgesetz (AGG) zu prüfen.

Fall 13
# „Stille Nacht, teure Nacht"

## Ausgangsfall

Lebensmittelhersteller S beschloss in der Vorweihnachtszeit 2017 seinen Mitarbeitern etwas „Gutes" zu tun. Dazu überwies S jedem seiner Mitarbeiter zusätzlich zu dem Gehalt für Dezember 500 € als Weihnachtsgratifikation. Dies tat er auch für die Folgejahre 2018 und 2019. Im Jahr 2020 gehen durch die SARS-Cov-2-Pandemie die Umsätze des S stark zurück. S sieht sich zu Sparmaßnahmen gezwungen. Daher zahlt er im Dezember 2020 keine Weihnachtsgratifikation.

Die Belegschaft des S ist empört. A, der seit 2016 für S arbeitet verlangt Zahlung der zusätzlichen 500 € für den Monat Dezember. Er habe sich darauf verlassen, dass S auch in diesem Jahr die Gratifikation zahlen werde und daher, wie jedes Jahr diesen Betrag für Weihnachtsgeschenke ausgegeben. Mehr noch, der S habe mit den Zahlungen erklärt auch in Zukunft die Gratifikation zahlen zu wollen und sei daher vertraglich zur Zahlung verpflichtet. Auch B, der seit Anfang 2020 bei S beschäftigt ist, verlangt Zahlung der zusätzlichen 500 € für den Monat Dezember.

Den Forderungen hält S entgegen, dass er in den Jahren 2017-2019 freiwillig die 500 € gezahlt habe. Rechtlich gebunden sei er daher nicht. Jedenfalls der B könne keine 500 € verlangen, er sei schließlich erst seit Anfang 2020 für den S tätig.

## Frage 1

Haben A und B gegen S einen Anspruch auf Zahlung der Weihnachtsgratifikation für Dezember 2020?

## Fallfortsetzung

Noch im Jahr 2020 gibt S bekannt, die Belegschaft könne sich darauf einstellen im Dezember 2021 keine Gratifikation zu erhalten. Eine solche Zahlung erfolgt dementsprechend 2021 nicht. A will sich dies nicht bieten lassen. Er meint S könne sich auch für das Jahr 2021 nicht so einfach von seiner vertraglichen Verpflichtung lösen. S meint hierzu, dass nach seinem „Widerruf" im Jahr 2020 niemand mehr darauf vertrauen kann noch eine Weihnachtsgratifikation zu erlangen. Jedenfalls zeige eine Nichtzahlung für das zweite Jahr in Folge, dass es keine Gratifikation mehr gebe.

## Frage 2

Kann A von S Zahlung der Weihnachtsgratifikation für Dezember 2021 verlangen?

Fall 14

# „Versprochen ist versprochen"

D ist bereits seit 1990 Produktionsmitarbeiter in der Dieselsparte der Automobil-AG (A-AG). Wie alle Produktionsmitarbeiter hat D an seiner „Workstation" Zugriff auf das Intranet der A-AG. Durch dieses wird die Belegschaft über Neuerungen und Interna der A-AG informiert. Die Belegschaft der A-AG ruft in der Regel einmal pro Arbeitstag die Intranet-Homepage der A-AG auf. Am 01.02.2020 „postet" der Vorstand (V) der A-AG eine neue Meldung auf der Intranet-Homepage. Diese lautet wie folgt:

> *„Liebe Mitarbeiterinnen und Mitarbeiter,*
>
> *den Erfolg unseres Unternehmens haben wir Ihnen zu verdanken. Insbesondere unseren lang-jährigen Mitarbeiterinnen und Mitarbeitern gebührt unser aufrichtiger Dank. Daher hat die A-AG beschlossen allen Mitarbeiterinnen und Mitarbeitern, die zum 01.02.2020 bereits seit 25 Jahren für uns tätig sind ab dem 01.02.2020 keine ordentlichen Kündigungen auszuspre-chen. Die A-AG möchte damit weiterhin ein attraktiver Arbeitgeber bleiben.*
>
> *Der Vorstand"*

D hat am 01.02.2020 bis zum Schichtende noch nicht das Intranet der A-AG aufgeru-fen. Auf dem gemeinsamen Heimweg mit seinem Kollegen K erzählt ihm dieser von dem „Posting" des Vorstands. D ist sichtlich erfreut und verabschiedet sich in seinen Urlaub. Am 15.02.2020 entschließt der Vorstand V der A-AG die in Verruf geratene Dieselsparte mittelfristig abzubauen. Dazu kündigt V zum 31.12.2020 einigen Produk-tionsmitarbeitern und nimmt noch am selben Tag das „Posting" vom 01.02.2020 aus dem Intranet.

Als D am 27.02.2020 aus seinem Urlaub zurückkehrt, wird ihm ein entsprechendes, unterschriebenes Kündigungsschreiben durch einen ermächtigten Vertreter des V, den X übergeben. D will sich dies nicht bieten lassen und erhebt noch am selben Tag zu-lässig Kündigungsschutzklage. Im Verfahren beruft sich D auf das „Posting" des V. Die A-AG hält dem entgegen, dass das „Posting" unverbindlich sei. Auch habe D dieses nicht gelesen. Jedenfalls habe man das „Posting" bereits am 15.02.2020 gelöscht.

**Frage**

Hat die zulässige Kündigungsschutzklage des D Aussicht auf Erfolg?

Fall 15
# „Kleinvieh macht auch Mist"

Die E ist seit über 30 Jahren im Supermarkt des S als Kassiererin angestellt. Der Supermarkt bietet Kunden die Möglichkeit, Leergut an bereitstehenden Pfandautomaten abzugeben und dafür einen Leergutbon zu erhalten. Wird ein solcher Bon an der Kasse eingelöst, ist er von der Kassiererin/dem Kassierer abzuzeichnen. Wird ein Leergutbon eines Kunden gefunden, der noch nicht abgezeichnet ist, so ist dieser in eine gesonderte Kiste unterhalb der Kasse zu legen. Dies dient dem Zweck, den Leergutbon für den Fall aufzubewahren, dass sich ein Kunde meldet und Anspruch auf den Bon erhebt. Sofern sich kein Kunde meldet, wird der Leergutbon als „Fehlbon" verbucht und vernichtet. Diese Regeln, welche einen Missbrauch des Pfandsystems des S verhindern sollen, sind der E bekannt.

Am 27.03.2020 findet die E im Bereich der Pfandautomaten einen nicht abgezeichneten Leergutbon im Wert von 1,30 €. E legt den Leergutbon nicht in die dafür vorgesehene Kiste, sondern löst ihn bei ihrem Einkauf an der Kasse nach Schichtende bei dem ahnungslosen Kassierer K ein. Als S am selben Tag von dem Sachverhalt erfährt, entschließt er sich, der E fristlos zu kündigen. Hierzu übergibt er dieser am 30.03.2020 ein von ihm unterschriebenes Kündigungsschreiben. In diesem erklärt S, dass sein Vertrauen in die E erschüttert sei und er sie daher ab sofort, hilfsweise ab dem 30.04.2020, nicht weiter beschäftigen werde. S könne keine „Diebe" beschäftigen.

E ist entsetzt. Sie meint, dass eine Kündigung nach über 30 Jahren tadellosen Verhaltens wegen eines Leergutbons im Wert von 1,30 € unverhältnismäßig sei. Außerdem treffe sie die Kündigung aus heiterem Himmel. S hätte sie jedenfalls abmahnen müssen.

**Frage**

Ist das Arbeitsverhältnis der E durch das Schreiben des S vom 30.03.2020 wirksam beendet worden?

## Fall 16

# „Der ‚einfühlsame' Betreuer"

B ist seit vier Jahren als Betreuer bei der Kita „Löwenzahn" der K angestellt. Der bei den Kindern und den weiteren 15 Kolleginnen und Kollegen äußerst beliebte B wird von seiner Kollegin A beneidet. Daher entschließt sich A den guten Ruf des B zu ruinieren. Dazu verbreitet sie Anfang April 2020 unter den Eltern der betreuten Kinder das Gerücht B sei „einfühlsamer" als es den Eltern lieb sei. Er habe pädophile Neigungen und sich gegenüber den Kindern mehrfach unsittlich verhalten. Die Eltern sind entrüstet und geben ihre Kinder nicht mehr in die Kita. In einem Schreiben an die K fordern sie diese auf den B sofort zu entlassen. Ansonsten würden sie die Kita-Plätze ihrer Kinder kündigen und die Beitragszahlung einstellen. Die K weiß, dass A die unwahren Behauptungen in die Welt gesetzt hat. Dies versucht K der Elternschaft zu vermitteln und schlägt ein Mediationsverfahren vor.

Alle Vermittlungsversuche der K scheitern. Die Situation eskaliert weiter, als die Elternschaft auf einer Social-Media-Plattform einen „Shitstorm" gegen B anzettelt. Infolgedessen boykottieren auch wichtige Zulieferer die Kita. Durch den steigenden öffentlichen Druck und die beginnende wirtschaftliche Schieflage der Kita sieht sich K gezwungen den B zu kündigen. Hierzu übergibt sie dem B am 09.04.2020 ein unterschriebenes Kündigungsschreiben in dem sie darlegt, dass der B aufgrund des enormen Drucks der Öffentlichkeit für die Kita „Löwenzahn" nicht mehr tragbar sei. Daher sei er zum 31.05.2020 gekündigt. Bis dahin sei B unter Fortsetzung der Gehaltzahlung suspendiert.

B ist entsetzt. Er habe nie – was der Wahrheit entspricht – das behauptete Verhalten gezeigt oder gar pädophile Neigungen gehabt. Die K müsse B vor der „Verschwörung" gegen ihn schützen.

**Frage**

Ist das Arbeitsverhältnis des B durch die Kündigung der K vom 09.04.2020 zum 31.05.2020 wirksam beendet worden?

Fall 17
## „Der Wiederkehrer"

G ist im Management bei der Mode-GmbH (M-GmbH) angestellt. Den Hauptteil seiner Tätigkeit macht neben der Mitarbeit im Marketing-Team die Stellung als interner Gleichstellungsbeauftragter aus.

Nach der ausladenden alljährlichen Karnevalsfeier der M-GmbH am 24.02.2020 wird gegen G der Vorwurf erhoben er habe der Praktikantin P mehrfach gegen ihren Willen in den Intimbereich gefasst. Daraufhin wird durch die Staatsanwaltschaft gegen G ein Ermittlungsverfahren eingeleitet. Aufgrund hinreichenden Tatverdachts wird gemäß § 203 StPO gegen G am 16.03.2020 Anklage wegen sexuellen Übergriffs auf die P (§ 177 Abs. 1 Alt. 1 StGB) erhoben.

Als die Geschäftsführerin F der M-GmbH am selben Tag von der Anklage erfährt bestellt sie den G zu einem Gespräch ein. Dieser soll ihr „Rede und Antwort stehen". In dem Gespräch redet sich G jedoch um Kopf und Kragen, sodass F davon ausgeht G habe die Tat begangen. Noch am selben Tag überreicht die F dem G ein unterschriebenes Kündigungsschreiben der M-GmbH. In diesem wird dargelegt, dass die M-GmbH den G aufgrund dieser Umstände nicht weiter beschäftigen könne. Dem G werde hiermit fristlos gekündigt.

Von seiner Unschuld überzeugt erhebt der G unter Wahrung der Frist des § 13 Abs. 1 S. 2 i.V.m. § 4 S. 1 KSchG zulässig Kündigungsschutzklage. Diese bleibt jedoch erfolglos. Noch vor dem Abschluss des Strafverfahrens wird das die Kündigungsschutzklage ablehnende Urteil rechtskräftig. Im Rahmen der Hauptverhandlung gegen G stellt sich heraus, dass nicht G, sondern seine Kollegin K den sexuellen Übergriff auf P verübt hat. Der G wird freigesprochen.

G will seine Tätigkeit bei der M-GmbH wieder aufzunehmen. Da seine Unschuld nunmehr bewiesen sei müsse er wieder eingestellt werden. Dem hält die M-GmbH entgegen, dass sie den G rechtmäßig gekündigt habe. Dies habe auch das Arbeitsgericht durch Ablehnung der Kündigungsschutzklage rechtskräftig festgestellt.

### Frage 1
Hat das Arbeitsgericht zu Recht die Kündigungsklage des G als unbegründet abgelehnt? Prüfen Sie die Begründetheit der Kündigungsschutzklage des G!

### Frage 2
Kann G von der M-GmbH verlangen wieder eingestellt zu werden?

Fall 18
# „Zeichen der Zeit"

Der N-Konzern ist ein stark diversifizierter Konzern, der neben Gummistiefeln und Radios auch Mobiltelefone herstellt. Nach dem Aufstieg zum Weltmarktführer für Mobiltelefone verpasste N jedoch mit dem Smartphone das sogenannte „next big thing". Durch desaströse Rückgänge sah sich der Konzern gezwungen die Mobiltelefon-Sparte aufzugeben. Hierzu wurden weltweit Werke geschlossen. Auch das von einer Tochtergesellschaft der N (N-Germany-AG) betriebene N1-Werk in B mit ca. 500 Arbeitnehmern ist von den Schließungen betroffen.

Der ledige 30-jährige A ist seit zwei Jahren Angestellter der N-Germany-AG im N1-Werk. Am 06.04.2020 geht ihm folgendes Schreiben der N-Germany-AG zu:

> *Sehr geehrter Herr A,*
>
> *aufgrund des weltweiten Rückgangs der Nachfrage nach Mobiltelefonen sieht sich der N-Konzern gezwungen seine Mobiltelefonwerke zu schließen. Daher wurden wir (N-Germany-AG) angewiesen das N1-Werk in B zu schließen. Aus Ihrem Team können nur drei Arbeitnehmer für das N2-Werk übernommen werden. Hierzu zählen Sie nicht. Eine anderweitige Beschäftigung ist uns nicht möglich. Sie sind hiermit zum 30.06.2020 gekündigt. Wir bieten Ihnen jedoch eine Abfindung unter der Voraussetzung an, dass Sie die Klagefrist des § 4 S. 1 KSchG verstreichen lassen.*
>
> *in Vertretung für die N-Germany-AG der Vorstand"*

Der Betriebsrat der N-Germany-AG stimmte der Kündigung des A zu. A ist mit der Vorgehensweise der N-Germany-AG nicht einverstanden. Er erhebt zulässig und fristgerecht iSv. § 4 S. 1 KSchG Kündigungsschutzklage. Im Verfahren führt A aus, dass der 56-jährige Familienvater B und der schwerbehinderte C, welche beide aus seinem Produktionsteam stammen, in dem durch die N-Germany-AG betriebenen N2-Werk für IT-Hardware weiterbeschäftigt werden. Daneben sei der ebenfalls ledige und gleichaltrige D im N2-Werk weiterbeschäftigt worden. Auch werde das gesamte Management des N1-Werks nun das N2-Werk leiten. Auch könne es dem N-Konzern nicht so schlecht gehen, wenn dieser im ersten Quartal 2020 bereits einen Gewinn von 1,5 Milliarden USD erwirtschaftet habe. Die N-Germany-AG hält A entgegen, dass man ihm seine Kollegen vorziehen musste. Insbesondere D verfüge über besondere Kenntnisse bei der Fertigung von IT-Produkten, die A nicht aufweise. Daneben könne sich A nicht mit dem Management vergleichen. Auch sei der Konzerngewinn nicht auf die N-Germany-AG zurückzuführen. Diese habe einen Umsatzrückgang von fast 80% zu verbuchen.

## Frage 1

Hat die zulässige Kündigungsschutzklage des A Aussicht auf Erfolg?

## Frage 2

Kann A im Falle einer erfolglosen Kündigungsschutzklage eine Abfindung von der N-Germany-AG verlangen?

**Fortsetzung**

Aufgrund der SARS-CoV-2-Pandemie muss die N-Germany-AG die Arbeitnehmer des N2-Werkes in Kurzarbeit schicken. Noch während der Kurzarbeit kündigt die N-Germany-AG dem D aus betrieblichen Gründen und stützt sich auf den erheblichen Umsatzrückgang in der IT-Sparte. Eine dauerhaft gesenkte Nachfrage nach IT-Produkten ist für die Zeit nach der SARS-CoV-2-Pandemie nicht zu erwarten.

**Frage 3**

Liegen dringende betriebliche Gründe für die Kündigung des D vor?

**Bearbeitervermerk:**    Für Frage 3 ist die Erstellung eines Gutachtens nicht erforderlich.

Fall 19
# „Vor Gericht und auf hoher See"

Der in Köln wohnhafte 32-jährige Gärtner G ist seit sechs Jahren bei dem Landschafts-
baubetrieb des L angestellt. L beschäftigt insgesamt 23 Arbeitnehmer. Am 09.03.2020
erfährt L von dem Kunden K1, dass G statt die Hecke des K1 zu schneiden in dessen Gartenstuhl die Frühlingssonne genossen hat. Daraufhin mahnte L den G ab.
Am 20.03.2020 wird L von dem Kunden K2 informiert, dass G statt seinen Rasen zu
vertikutieren den Pool des K2 zum Schwimmen genutzt habe. Daraufhin erteilt der L
dem G eine letzte Abmahnung; wenn G sein Verhalten nicht ändere, werde er entlassen. Während G sich vom 21.03.-29.03.2020 im Urlaub auf Mallorca befindet, erfährt L
durch die Kundin K3 am 23.03.2020, dass G statt ihre Birke zu fällen seine Zeit damit
verbrachte, die Enten ihres Teichs zu füttern. L sieht keine andere Möglichkeit, als den
G zu entlassen. Daher versendet er am selben Tag ein unterschriebenes Kündigungsschreiben, in welchem er dem G zum 31.05.2020 kündigt. Dieses wird am Morgen des
26.03.2020 in den Briefkasten des G eingeworfen.

Zurückgekehrt aus dem Urlaub findet G am 29.03.2020 die Kündigung in seinem Briefkasten. Diese lässt er zunächst liegen. Am 17.04.2020 entscheidet sich G dann doch etwas zu unternehmen und erhebt vor dem Arbeitsgericht Köln Kündigungsschutzklage.

**Frage**
Hat die Kündigungsschutzklage des G vom 17.04.2020 Aussicht auf Erfolg?

| MÄRZ | | | | | | |
|---|---|---|---|---|---|---|
| MO | DI | MI | DO | FR | SA | SO |
|  |  |  |  |  |  | 1 |
| 2 | 3 | 4 | 5 | 6 | 7 | 8 |
| 9 | 10 | 11 | 12 | 13 | 14 | 15 |
| 16 | 17 | 18 | 19 | 20 | 21 | 22 |
| 23 | 24 | 25 | 26 | 27 | 28 | 29 |
| 30 | 31 |  |  |  |  |  |

| APRIL | | | | | | |
|---|---|---|---|---|---|---|
| MO | DI | MI | DO | FR | SA | SO |
|  |  | 1 | 2 | 3 | 4 | 5 |
| 6 | 7 | 8 | 9 | 10 | 11 | 12 |
| 13 | 14 | 15 | 16 | 17 | 18 | 19 |
| 20 | 21 | 22 | 23 | 24 | 25 | 26 |
| 27 | 28 | 29 | 30 |  |  |  |

| MAI | | | | | | |
|---|---|---|---|---|---|---|
| MO | DI | MI | DO | FR | SA | SO |
|  |  |  |  | 1 | 2 | 3 |
| 4 | 5 | 6 | 7 | 8 | 9 | 10 |
| 11 | 12 | 13 | 14 | 15 | 16 | 17 |
| 18 | 19 | 20 | 21 | 22 | 23 | 24 |
| 25 | 26 | 27 | 28 | 29 | 30 | 31 |

## Fall 20
# „Im Vertrauen gesagt"

### Ausgangsfall

Gastronom G betreibt ein erfolgreiches Restaurant in der Kölner Innenstadt. Verkaufs-schlager des Restaurants sind die „Spaghetti tradizionale", welche nach einem alten Fa-milienrezept des G zubereitet werden. G hütet das Rezept wie seinen Augapfel. Nur die Köche des Restaurants kennen das Rezept. Durch eine Vertraulichkeitserklärung mit welcher er die Köche zur Verschwiegenheit verpflichtet stellt G sicher, dass das Rezept nicht in die Hände der Konkurrenz fällt. Als der K bei G als Koch eingestellt wird, unter-schreibt er mit dem Arbeitsvertrag auch die Vertraulichkeitserklärung. Daraufhin weiht G ihn in die geheime Rezeptur ein. K will dies zu seinem Vorteil nutzen und verkauft das Rezept an einen Konkurrenten des G. Dieser bietet nun auch „Spaghetti tradizio-nale" an. Daraufhin bricht der Umsatz des G ein. Ihm entgeht ein Gewinn in Höhe von 8.500 €. Diesen will G von dem zwischenzeitlich entlassenen K ersetzt verlangen. K ist nicht bereit zu zahlen. Er meint es sei das Problem des G, wenn er sein Geheimrezept verrate. G erhebt zulässig Klage gegen K auf Zahlung von 8.500 €.

### Frage 1

Ist die zulässige Klage des G gegen K auf Zahlung von 8.500 € begründet?

### Fortsetzung

Um den verlorenen Gewinn wieder einzufahren beschließt G die Einnahmen aus dem Restaurant nicht ordnungsgemäß abzuführen. Die Steuerhinterziehung des G bleibt von den Behörden unbemerkt. Als der bei G angestellte Kellner A von den Machen-schaften des G erfährt, ist dieser entsetzt. Er traut sich jedoch nicht den G direkt darauf anzusprechen, da er – zu Recht – befürchtet entlassen oder gar tätlich von G ange-griffen zu werden. Daher meldet A die Vorgänge direkt der Staatsanwaltschaft Köln. Diese leitet ein Verfahren gegen G ein. Als G von der Anzeige des A erfährt, übergibt er diesem ein unterschriebenes Kündigungsschreiben. Diesem entnimmt A, dass er fristlos entlassen sei. G wolle keine „Verräter" beschäftigen. A meint es sei seine Pflicht gewesen die Machenschaften des G aufzudecken. Daher dürfe G ihn nicht so einfach entlassen.

### Frage 2

Ist die fristlose Kündigung des A durch G rechtmäßig?

> **Bearbeitervermerk:** Ein Anspruch aus § 626 BGB und § 823 Abs. 2 BGB ist nicht zu prüfen. Auf § 10 GeschGehG wird hingewiesen.

## Fall 21
# „Wer ‚saufen' kann, der darf nicht arbeiten"

### Ausgangsfall

K ist seit acht Jahren als Köbes im Brauhaus „Zum Bierkrug" des B angestellt. B beschäftigt neben K 25 weitere Mitarbeiter. Vor ca. zwei Jahren verfiel der K einer schweren
Alkoholsucht. Diese bestimmt nicht nur sein Privatleben, sondern hat auch Auswirkun-
gen auf seine Tätigkeit bei B. Trotz mehrerer Aufenthalte in einer Entzugsklink konnte
der K seine Sucht nicht überwinden. Während seiner Schichten ist K stets betrunken. Er
bedient sich reichlich an dem auszuschenkenden Kölsch. Auch vertauscht er häufig die
Bestellungen und verhält sich gegenüber den Gästen unangemessen. Dies führt dazu,
dass zahlreiche Gäste das Brauhaus meiden und der Umsatz des B stark zurückgeht.
Daher entschließt sich B dem K zu kündigen. Am 03.04.2020 hört er den Betriebsrat an. Dieser möchte sich über die Kündigung noch beraten. Als der Betriebsrat am
11.04.2020 sich zu der Kündigung des K noch nicht geäußert hat, übergibt B dem K ein
unterschriebenes Kündigungsschreiben. In diesem teilt B dem K mit, dass sein sucht-
bedingtes Fehlverhalten nicht mehr tragbar sei. B könne den K auch nicht anderweitig
einsetzen. K sei zum 31.07.2020 gekündigt und bis dahin suspendiert.

K meint der B könne ihn nicht so einfach wegen seiner Alkoholsucht kündigen. B hätte
ihn zumindest abmahnen müssen.

### Frage 1

Ist das Arbeitsverhältnis des K zum 31.07.2020 wirksam durch die Kündigung vom
11.04.2020 beendet worden?

### Abwandlung

Auch das Arbeitsverhältnis der L bereitet dem B Probleme. Die L ist seit drei Jahren bei
B als Köchin angestellt. Innerhalb dieser drei Jahre ist sie häufig für kürzere Zeit erkrankt.
In der Regel handelte es sich um grippale Infekte oder „normale" Erkältungen. Die Fehl-
tage der L machen ca. die Hälfte der Arbeitstage der letzten drei Jahre aus. B entschließt
sich der L zu kündigen. Der Betriebsrat stimmte der Kündigung der L zu. B übersendet
der L ein unterschriebenes Kündigungsschreiben. In diesem, der L am 14.04.2020 zugegangen Schreiben, führt B aus, dass er sich keine Arbeitskraft leisten könne (was der
Wahrheit entspricht), die ständig krank sei. Insbesondere die anstehende Sommersaison könne B nicht ohne eine voll einsatzfähige Köchin bestehen. L sei zum 31.05.2020
gekündigt. L hält dem entgegen sie sei immer nur ca. 3-4 Tage pro Krankheitsfall arbeitsunfähig gewesen. Der B könne sie daher nicht ohne weiteres kündigen. B meint, auch
wenn L nie ernsthaft erkrankt wäre, so sei sie offensichtlich besonders krankheitsanfällig. Auch bestünde für L keine Weiterbeschäftigungsmöglichkeit.

### Frage 2

Ist das Arbeitsverhältnis zwischen B und L wirksam durch die Kündigung des B vom
14.04.2020 zum 31.05.2020 beendet worden?

Fall 22
# „Der Betrieb ist ein Eimer"

A ist durch einen Arbeitsvertrag bei der Fensterfrei GmbH (F) als Fensterreiniger angestellt. Die F bietet die Reinigung von Fensterflächen von Büro- und Privatgebäuden an. Hierzu beschäftigt diese zwei voneinander unabhängig organisierte Reinigungsteams: Das Bürogebäude- und das Privatgebäude-Team. A ist im Bürogebäude-Team mit weiteren, speziell ausgebildeten Fensterreinigern eingeteilt. Dieses Reinigungsteam reinigt die Fensterflächen der P-AG, des einzigen Bürogebäude-Kunden der F. Als der Vertrag der F mit der P-AG am 06.05.2020 ausläuft, erhält nicht die F, sondern das Konkurrenzunternehmen die Klare-Sicht GmbH (K) den Auftrag, die Fenster des Gebäudes der P-AG zu reinigen. Mit dem Wegfall des einzigen Großkunden kann die F ihr Bürogebäude-Team nicht mehr unterhalten. Daher schließt sie mit der K einen Vertrag, durch den K sich verpflichtet, alle Mitarbeiter des Bürogebäude-Teams der F fortan zu beschäftigen und auch die zur Fensterreinigung benötigte Seilbühne zu übernehmen. A erhält am 07.05.2020 – wie auch alle Mitarbeiter seines Teams – ein Schreiben der F, in dem diese darauf hinweist, dass er ab dem 25.05.2020 für die K – zu gleichen Bedingungen – die Fensterscheiben des Gebäudes der P-AG reinigen werde. Dies folge daraus, dass K und nicht F durch die P-AG mit der Reinigung beauftragt worden sei. A ist damit nicht einverstanden. Am 21.05.2020 erklärt er gegenüber der K, er wolle weiter für die F arbeiten. Schließlich könne er dort auch im Privatgebäude-Team eingesetzt werden.

**Frage**

Ist A ab dem 25.05.2020 weiter für die Fensterfrei GmbH beschäftigt?

Fall 23
# „Gut gemeint ist oft der Anfang von schlecht gemacht"

W ist Werbetexter in der Agentur des A. Wie seine Kollegen, ist auch W Mitglied einer Gewerkschaft. Diese hat einen – für W gültigen – Tarifvertrag ausgehandelt, zu dessen Parteien auch A gehört. Der Tarifvertrag sieht unter anderem eine absolute Friedenspflicht vor. Als sich A dazu entschließt, die hauseigene Kantine zu schließen, ist W entrüstet. Er überzeugt seine Mitarbeiter, die Arbeit niederzulegen und sich in der Kantine zu versammeln, um gegen die Schließung zu protestieren. In der Agentur wird an diesem Tag nicht gearbeitet. Dem A entgeht daher nachweislich ein Gewinn von 2.500 €. Diesen möchte er nun von W ersetzt verlangen. W habe nicht nur gegen den Tarifvertrag verstoßen, sondern auch den Streik angezettelt. Auch habe die Gewerkschaft, in welcher W organisiert ist sich gegen den Streik ausgesprochen. W hält dem A entgegen, dass es sein „gutes Recht" sei zu streiken.

## Frage

Kann A von W Ersatz des entgangenen Gewinns in Höhe von 2.500 € verlangen?

**Bearbeitervermerk:**   Ansprüche aus § 823 Abs. 2 BGB und § 826 BGB sind nicht zu prüfen.

Fall 24
# „Keine Angst vor großen Tieren"

Die L-AG (L) ist ein großes Luftfahrtunternehmen, welches weltweit neben dem Fracht- auch Personenverkehr betreibt. Die L ist Mitglied des Arbeitgeberverbands der Luftfahrtbranche (AGVL). Dieser hat mit der Gewerkschaft der Flugbegleiter (UFO) einen Tarifvertrag abgeschlossen. Dieser Tarifvertrag trifft unter anderem Regelungen zum Tariflohn der Flugbegleiter. Noch während der Laufzeit des Tarifvertrags sieht sich die Gewerkschaft der Flugbegleiter auf Druck ihrer Mitglieder gezwungen eine Lohnerhöhung zu fordern. Der Arbeitgeberverband der Luftfahrtbranche weist diese Forderungen unter Verweis auf den Tarifvertrag zurück. Daher fasst die Gewerkschaft der Flugbegleiter Ende April 2020 einen Streikbeschluss und ruft ihre Mitglieder zu einem bundesweiten Streik für Anfang Mai 2020 auf. Die L befürchtet erhebliche Einbußen durch eine „Lahmlegung" des Personenluftverkehrs. Daher verlangt sie von der Gewerkschaft der Flugbegleiter den Streik zu unterlassen. Die Gewerkschaft der Flugbegleiter wendet ein, dass sie gegenüber L keine Verpflichtung treffe. L müsse sich an ihren Arbeitgeberverband wenden.

## Frage

Kann die L-AG von der Gewerkschaft der Flugbegleiter eine Unterlassung des angekündigten Streiks verlangen?

## Fall 25
# „Vertrag ist Vertrag"

### Ausgangsfall

Die Verkehrsgesellschaft Bus & Bahn GmbH (V) ist Mitglied des Arbeitgeberverbands der Mobilitäts- und Verkehrsdienstleister e.V. (MuV). Dieser hat mit der Gewerkschaft der Busfahrer (GdB) einen formwirksamen Verbandstarifvertrag geschlossen. Der Verbandstarifvertrag sieht unter anderem vor, dass den gewerkschaftlich organisierten Busfahrern statt der gesetzlichen 24 Urlaubstage (§ 3 Abs. 1 BurlG) 30 Urlaubstage pro Jahr zustehen. Die standardisierten Arbeitsverträge der V sehen lediglich die gesetzliche Anzahl an Urlaubstagen vor. Als die V den A noch während der Laufzeit des Verbandstarifvertrags als Busfahrer einstellt, vereinbart V mit A eine Anzahl von 26 Urlaubstagen pro Jahr. Als A von seinen gleichfalls gewerkschaftlich organisierten Kollegen erfährt, dass diesen 30 Tage Urlaub pro Jahr zustehen, ist er empört. A meint, V müsse ihm ebenso viele Urlaubstage gewähren, die tarifvertragliche Regelung gelte auch für ihn. V hält dem entgegen, dass A einer abweichenden Regelung durch die Unterschrift des Arbeitsvertrags zugestimmt habe.

### Frage 1

Hat A einen Anspruch gegen die Verkehrsgesellschaft Bus & Bahn GmbH auf Gewährung von 30 Urlaubstagen pro Jahr?

### Fallfortsetzung

Nach der Auseinandersetzung mit A möchte die V von dem Verbandstarifvertrag nichts mehr wissen. Sie tritt daher aus dem Arbeitgeberverband der Mobilitäts- und Verkehrsdienstleister e.V. (MuV) aus und hält „die Sache für damit erledigt". Der gewerkschaftlich organisierte B ist ebenfalls bei V als Busfahrer eingestellt. In diesem Jahr hat er bereits 24 Urlaubstage genutzt. Als B bei V nun beantragt, weitere sechs Tage Urlaub nehmen zu dürfen, meint V, der B habe bereits alle seine Urlaubstage verbraucht und verweist ihn auf seinen Arbeitsvertrag, der 24 Urlaubstage pro Jahr vorsieht. B meint, dass der Verbandstarifvertrag weiter für ihn gelte. V könne sich nicht so einfach von dem Verbandstarifvertrag lösen.

### Frage 2

Hat B einen Anspruch gegen die Verkehrsgesellschaft Bus & Bahn GmbH auf Gewährung von 30 Urlaubstagen pro Jahr?

**Bearbeitervermerk:**  Von der Tarifzuständigkeit des MuV und der GdB ist auszugehen.

Fünfter Abschnitt

# Lösungsvorschläge zu den Fällen

Fall 1

## „Gleiches Recht für alle"

**Schwerpunkte:** Arbeitnehmerbegriff, Entgeltfortzahlung nach § 2 EFZG
**Fundstellen im Lehrbuch:** Rn. 39 ff., Rn. 382 ff.

## Lösungsskizze

### Frage 1

Hat R gegen die P-GmbH (P) einen Anspruch auf Zahlung des Fehlbetrags gemäß § 2 Abs. 1 EFZG?

   I. R als Arbeitnehmer iSd. §§ 2 Abs. 1, 1 Abs. 2 EFZG
      1. Arbeitnehmerbegriff des § 1 Abs. 2 EFZG
      2. Arbeitnehmerbegriff – Kriterien
         a) Privatrechtlicher Vertrag
         b) Weisungsbindung
         c) Eingliederung in die betriebliche Organisation
         d) Ein oder mehrere Auftraggeber
         e) Stellung der Arbeitsmittel
         f) Eigene Hilfskräfte
         g) Tatsächliche Handhabung
         h) Zwischenergebnis zu 2.
      3. Zwischenergebnis zu I.
  II. Arbeitsausfall am 10.04. und 13.04.2020
 III. 10.04 und 13.04.2020 als Feiertag iSv. § 2 Abs. 1 EFZG
 IV. Unmittelbarer Zusammenhang zwischen Arbeitsausfall und Feiertag
  V. Ergebnis

### Frage 2

Hat R gegen die P-GmbH (P) einen Anspruch auf Zahlung seines anteiligen Lohns für den 10.04 und 13.04.2020 gemäß § 2 Abs. 1 EFZG?

# Lösungsvorschlag

## Frage 1

R könnte gegen die P einen Anspruch auf Zahlung des Fehlbetrags gemäß § 2 Abs. 1 EFZG haben. Hierzu müsste der R Arbeitnehmer der P sein. Ferner müsste die Arbeitszeit des R infolge eines gesetzlichen Feiertages iSd. EFZG ausgefallen sein.

### I.   R als Arbeitnehmer iSd. §§ 2 Abs. 1, 1 Abs. 2 EFZG

Für eine Anwendbarkeit des § 2 Abs. 1 EFZG müsste der R Arbeitnehmer sein.

### 1.   Arbeitnehmerbegriff des § 1 Abs. 2 EFZG

Gemäß § 1 Abs. 2 EFZG sind Arbeitnehmer iSd. Entgeltfortzahlungsgesetzes Arbeiter und Angestellte sowie die zu ihrer Berufsbildung Beschäftigte. Den Arbeitnehmerbegriff als solchen definiert § 1 Abs. 2 EFZG nicht.

### 2.   Arbeitnehmerbegriff – Kriterien

Damit ist eine Gesamtbetrachtung (§ 611a Abs. 1 S. 5 BGB) der durch die Rechtsprechung entwickelten und in § 611a BGB kodifizierten Kriterien für den konkreten Fall anzustellen (typologische Methode).

### a)   Privatrechtlicher Vertrag

Das Arbeitsverhältnis beruht auf einem privatrechtlichen Vertrag. Es ist von den öffentlich-rechtlichen Beschäftigungsverhältnissen abzugrenzen. Sowohl R, als auch die P sind Personen des Privatrechts und nicht mit Hoheitsrechten ausgestattet; beide Parteien treten sich in einem Gleichordnungsverhältnis gegenüber. Das zwischen R und P bestehende Vertragsverhältnis ist ein privatrechtliches.

Weiter muss die vertragliche Leistung des R gegenüber P eine Dienstleistung iSv. § 611 BGB sein. Damit ist eine Abgrenzung zum Werkvertrag, Auftrag und zur Gefälligkeit vorzunehmen. Bei einem Werkvertrag muss der Schuldner einen vertraglich vereinbarten Erfolg herbeiführen. Der Vertrag des R sieht vor, dass er alle gerichtlichen und außergerichtlichen Rechtsstreitigkeiten der P im Bereich „Personalwesen" betreut. Dieser Vereinbarung ist nicht zu entnehmen, dass R seiner Verpflichtung nur genügt, wenn er die Rechtsstreitigkeiten zugunsten der P entscheidet. Es ist lediglich sein Bemühen geschuldet. Demnach liegt kein Werkvertrag vor. Bei einem Auftrag iSd. §§ 662 ff. BGB erfolgt die Tätigkeit des Schuldners grundsätzlich unentgeltlich. Der R wird dagegen für seine Tätigkeit von der P mit einem Monatsgehalt vergütet. Damit ist R nicht Beauftragter der P iSd. §§ 662 ff. BGB. Unter einer Gefälligkeit versteht man auf sozialer Verständigung beruhende Beziehungen, bei denen eine Seite unentgeltlich Leistungen verspricht oder erbringt, ohne dass dies – im Gegensatz zum Schuldverhältnis – zu einer rechtlichen Bindung führt oder auf einer rechtlichen Verpflichtung beruht (z.B. Mithilfe in der Familie). Der zwischen R und P geschlossene Vertrag hinsichtlich der Tätigkeit des R zeigt, dass die Parteien sich rechtlich binden wollen. Eine reine Gefälligkeit des R gegenüber P besteht nicht. Mithin handelt es sich bei der Tätigkeit des R für P um eine Dienstleistung, die auf einem privatrechtlichen Vertrag beruht.

### b)  Weisungsbindung

Entscheidend für die Einordnung des R als Arbeitnehmer ist, die Abgrenzung des Arbeitsverhältnisses von der Selbstständigkeit. § 611 Abs. 1 S. 1. BGB schreibt vor, dass der Arbeitnehmer zur Leistung weisungsgebundener, fremdbestimmter Arbeit in persönlicher Abhängigkeit verpflichtet ist. Einer Weisungsbindung unterliegt gemäß § 611a Abs. 1 S. 3 BGB wer nicht im Wesentlichen frei seine Tätigkeit gestalten und seine Arbeitszeit bestimmen kann. Der für die Abgrenzung von selbständigen Handelsvertreten und angestellten (Handels-) Vertreten heranzuziehende § 84 Abs. 1 S. 2 HGB sieht entsprechend vor, dass die Tätigkeit durch den selbstständigen Vertreter im Wesentlichen frei bestimmt werden kann. Entscheidend ist also die persönliche Abhängigkeit des Arbeitnehmers, die ihren Ausdruck maßgeblich in der Weisungsbindung findet. Dabei ist stets gemäß § 611a Abs. 1 S. 4 BGB die Eigenart der konkreten Tätigkeit zu beachten.

R betreut alle gerichtlichen und außergerichtlichen Rechtsstreitigkeiten der P im Bereich „Personalwesen". Dabei ist er im Grunde unabhängig und kann seinen juristischen Kenntnissen und Fähigkeiten entsprechend handeln. Zu beachten ist jedoch, dass die P einzelne Fälle auch anderen Mitarbeitern der Rechtsabteilung zuweisen oder den R von einem Fall „abziehen" kann. Hieraus folgt, dass R seine Tätigkeit für die P nicht im Wesentlichen frei gestalten kann. R arbeitet in Gleitzeit, d.h. er kann seine Arbeitszeiten flexibler gestalten als Mitarbeiter mit festen Arbeitszeiten. Dennoch beläuft sich sein Beratungspensum auf 45 Wochenstunden. Insoweit ist der R nicht vollständig frei was die Gestaltung seiner Arbeitszeit betrifft.

Der dem R teilweise gewährte Freiraum hinsichtlich der Gestaltung seiner Tätigkeit macht die Betrachtung weiterer Merkmale erforderlich (Gesamtbetrachtung § 611a Abs. 1 S. 5 BGB), um festzustellen, ob es sich bei der Tätigkeit des R um eine arbeitsvertragliche handelt.

### c)  Eingliederung in die betriebliche Organisation

Neben dem Grad der Weisungsbindung ist für eine Fremdbestimmtheit der Tätigkeit iSv. § 611a Abs. 1 S. 1 BGB auf die Eingliederung in die betriebliche Organisation abzustellen. An diesem Merkmal kann sich die Fremdbestimmung „tatsächlich" zeigen. Hierunter fallen unter anderem die Bereitstellung eines Büros, die Integration in Vertretungs- und Urlaubspläne sowie die Nutzung von Sozialeinrichtungen. Dem R wird durch P ein Büro zu Verfügung gestellt. Auch befinden sich die Mitarbeiter seines Sekretariats vor Ort. Weiter nutzt R regelmäßig die hauseigene Kantine. Mithin ist davon auszugehen, dass R wie die anderen Mitarbeiter in die betriebliche Organisation der P eingebunden ist.

### d) Ein oder mehrere Auftraggeber

Als weiteres Differenzierungskriterium dient die Frage, ob R ein oder mehrere Auftraggeber hinsichtlich seiner Tätigkeit hat. Indiziell für die Stellung als Arbeitnehmer ist es, wenn die Tätigkeit (hauptsächlich) für einen Auftraggeber erfolgt. Selbständige sind i.d.R. für mehrere Auftraggeber tätig. R ist aufgrund seines Deputats ausgelastet und hat nur die P als Auftraggeber. R betreibt daher keine eigene Kanzlei. Diese Feststellung genügt jedoch nicht, um eine Arbeitnehmerstellung des R anzunehmen. Insbesondere Rechtsanwälte und auch Unternehmensberater können Selbstständige sein, wenn sie nur einen Mandaten beziehungsweise ein Unternehmen betreuen. Daher sind weitere Kriterien heranzuziehen.

### e) Stellung der Arbeitsmittel

Indiziell für eine Arbeitnehmerstellung ist es auch, wenn für die Tätigkeit Arbeitsmittel zur Verfügung gestellt werden. R erhält von P einen Computer und Zugang zu juristischen Datenbanken. Diese Mittel benötigt er, um die Rechtsstreitigkeiten der P zu bewältigen. R greift mithin für seine Tätigkeit auf die Infrastruktur der P zurück. Dies spricht für eine Arbeitnehmerstellung des R.

> **Hinweis:** Dieses Merkmal weist große Nähe zu der „Eingliederung in die betriebliche Organisation" auf. Sie können die Stellung der Arbeitsmittel auch dort prüfen.

### f) Eigene Hilfskräfte

Ein weiteres Indiz bietet die Beantwortung der Frage, ob die geschuldete Dienstleistung ausschließlich durch den Verpflichteten zu erbringen ist (dies spricht für eine Arbeitnehmereigenschaft) oder, ob der Vertragspartner berechtigt ist, seine geschuldete Tätigkeit auch durch Erfüllungsgehilfen erbringen zu dürfen. Dem R wir ein Sekretariat zur Verfügung gestellt. Damit geht jedoch nicht die Delegation seiner eigenen anwaltlichen Tätigkeit einher. Vielmehr soll dem R eine Organisation seiner Tätigkeit für P erleichtert werden. Dies spricht mithin für eine Arbeitnehmerstellung des R.

### g) Tatsächliche Handhabung

Abzustellen ist weiter auf die praktische Durchführung des Vertrags. Für die Einordnung einer Vertragsbeziehung ist die getroffene Bezeichnung nicht entscheidend. Es wäre mit dem Grundgedanken des Arbeitsrechts als Arbeitnehmerschutzrecht nicht zu vereinbaren, wenn der typischerweise wirtschaftlich stärkere Arbeitgeber durch eine von ihm durchgesetzte Formulierung im Vertrag die Zuordnung der betroffenen Person zum Arbeitsrecht steuern könnte. Der Vertrag des R ist als „Beratungsvertrag" überschrieben. Dies deutet auf die Tätigkeit als selbständiger Unternehmensberater hin, der extern die P zu Rechtsfragen berät. Für eine unselbständige Tätigkeit spricht jedoch, dass der R ein festes Monatsgehalt erhält, eine Wochenarbeitszeit von 45 Stunden hat und wie unter d) – f) dargestellt (s.o.) weitere Eigenschaften eines Arbeitnehmers aufweist. Folglich entspricht die tatsächliche Handhabung der eines Arbeitsverhältnisses.

**Hinweis:** Die Prüfungsreihenfolge der Merkmale b) – g) ist keinesfalls zwingend. Beispielsweise können Sie auch die Punkte e) – f) unter dem Punkt tatsächliche Handhabung prüfen. Dies liegt u.a. daran, dass die Merkmale nicht trennscharf sind und es keinen „Königsweg" gibt. Zur Vertiefung lesen Sie die Ausführungen von PREIS im Erfurter Kommentar zum Arbeitsrecht, 20. Aufl., München 2020, § 611a BGB Rn. 32-46.

### h) Zwischenergebnis zu 2.

Mithin ergibt eine Gesamtbetrachtung (§ 611a Abs. 1 S. 5 BGB) der durch die Rechtsprechung entwickelten und in § 611a BGB kodifizierten Kriterien (typologische Methode), dass R Arbeitnehmer der P ist.

### 3. Zwischenergebnis zu I.

Damit ist § 2 Abs. 1 EFZG auf R anwendbar.

### II. Arbeitsausfall am 10.04. und 13.04.2020

Arbeitet der Arbeitnehmer nicht, so sieht § 326 Abs. 1 S. 1 BGB vor, dass auch die Lohnzahlungspflicht des Arbeitgebers entfällt („kein Lohn, ohne Arbeit). Auf den Grund der Nichtleistung kommt es nicht an. Dieses Ergebnis soll § 2 Abs. 1 EFZG für solche Fälle verhindern in denen der Arbeitnehmer aufgrund des Feiertagsrechts von der Arbeitspflicht befreit ist und daher nicht arbeitet. Die Arbeit des R müsste am 10.04. und 13.04.2020 tatsächlich ausgefallen sein. R hat an beiden Tagen – wie die gesamte Belegschaft der P – nicht gearbeitet (zum Arbeitsverbot siehe § 3 des Gesetzes über die Sonn- und Feiertage des Landes NRW).

### III. 10.04 und 13.04.2020 als Feiertag iSv. § 2 Abs. 1 EFZG

Der 10.04. und der 13.04.2020 müssten gesetzliche Feiertage sein. § 2 Abs. 1 Nr. 2 und 3 des Gesetzes über die Sonn- und Feiertage des Landes NRW benennt Karfreitag und Ostermontag als (gesetzliche) Feiertage. Damit waren der 10.04. und der 13.04.2020 gesetzliche Feiertage in NRW (wie i.Ü. auch bundesweit).

### IV. Unmittelbarer Zusammenhang zwischen Arbeitsausfall und Feiertag

Schließlich müssen die Feiertage alleinige Ursache (monokausaler Zusammenhang) für den Arbeitsausfall sein. Eine andere Ursache für den Arbeitsausfall am 10.04. und 13.04.2020 als das feiertagsbedingte Fernbleiben des R ist nicht ersichtlich. Mithin besteht ein unmittelbarer Zusammenhang zwischen Arbeitsausfall und den Feiertagen.

### V. Ergebnis

R hat gegen die P-GmbH (P) einen Anspruch auf Zahlung des Fehlbetrags gemäß § 2 Abs. 1 EFZG.

## Frage 2

Als Arbeitnehmer iSd. § 1 Abs. EFZG unterfällt R nicht nur der, die Lohnzahlung erhaltenden Regel des § 2 Abs. 1 EFZG, sondern auch der Ausnahmeregel des § 2 Abs. 3 EFZG. Dieser sieht vor, dass der Anspruch aus § 2 Abs. 1 EFZG nicht besteht, wenn der Arbeitnehmer am letzten Arbeitstag vor oder am ersten Arbeitstag nach dem Feiertag unentschuldigt fehlt. R „gönnte" sich ein verlängertes Wochenende und fehlte sowohl am 09.04., als auch am 14.04.2020 unentschuldigt. Damit schließt § 2 Abs. 3 EFZG eine Lohnzahlung für den 10.04. und den 13.04.2020 aus.

R hat gegen die P-GmbH (P) daher keinen Anspruch auf Zahlung seines anteiligen Lohns für den 10.04 und 13.04.2020 gemäß § 2 Abs. 1 EFZG.

Fall 2
# „Der brave Lakai"

**Schwerpunkte:** Vergütungsvereinbarung, Nichtigkeit gemäß § 138 Abs. 2 BGB (Wucher), Verjährung des Vergütungsanspruchs
**Fundstellen im Lehrbuch:** Rn. 262 f., Rn. 300 ff., Rn. 342 ff.

## Lösungsskizze

### Frage

Kann L von F Zahlung der Differenz zwischen seinem und dem für Butler seiner Stellung und Wirtschaftsregion üblicherweise gezahlten Gehalt für die Zeit seit seiner Einstellung verlangen?

Anspruch des L gegen F gemäß § 612 Abs. 2 BGB
I. Fehlende Vergütungsvereinbarung
   1. Vergütungsvereinbarung durch Vertrag vom 01.01.2015
   2. Nichtigkeit gemäß § 134 BGB iVm. § 1 Abs. 1, Abs. 2 S. 1 MiLoG
   3. Nichtigkeit gemäß § 138 Abs. 2 BGB
      a) Objektiv: Auffälliges Missverhältnis zwischen Leistung und Gegenleistung
      b) Subjektiv: Ausbeutung einer Zwangslage
      c) Rechtsfolge Grundsatz § 139 BGB
      d) Rechtsfolge Ausnahme § 612 Abs. 2 BGB
      e) Zwischenergebnis zu 3.
   4. Zwischenergebnis I.
II. Taxmäßige Vergütung
III. Übliche Vergütung
IV. Durchsetzbarkeit – Verjährung § 214 Abs. 1 BGB
   1. Regelmäßige Verjährungsfrist § 195 BGB
   2. Beginn der Verjährungsfrist § 199 Abs. 1 BGB
   3. Keine Hemmung, Ablaufhemmung oder Neubeginn der Verjährung
   4. Ende der Verjährungsfrist
   5. Zwischenergebnis zu IV.
V. Ergebnis

## Lösungsvorschlag

L könnte gegen die F einen Anspruch auf Zahlung der Differenz zwischen seinem und dem für Butler seiner Stellung und Wirtschaftsregion üblicherweise gezahlten Gehalt für die Zeit seit seiner Einstellung gemäß § 612 Abs. 2 BGB haben.

### I.   Fehlende Vergütungsvereinbarung

Hierzu bedarf es einer fehlenden Vergütungsvereinbarung zwischen L und der F.

### 1. Vergütungsvereinbarung durch Vertrag vom 01.01.2015

F und L haben am 01.01.205 einen Arbeitsvertrag geschlossen und eine Vergütung in Höhe von 2.175 € pro Monat vereinbart. Damit liegt grundsätzlich eine Vergütungsvereinbarung vor, die den Anspruch auf Zahlung des Differenzbetrags ausschließt. Diese Vergütungsvereinbarung könnte jedoch nichtig sein.

### 2. Nichtigkeit gemäß § 134 BGB iVm. § 1 Abs. 1, 2 MiLoG

Die Vergütungsvereinbarung zwischen F und L könnte gemäß § 134 BGB i.V.m. § 1 Abs. 1, Abs. 2 S. 1 MiLoG nichtig sein. Hierzu müsste es sich bei § 1 Abs. 1, Abs. 2 S. 1 MiLoG um ein Verbotsgesetz iSv. § 134 BGB handeln. Die Eigenschaft als Verbotsgesetz ist umstritten. Eines Streitentscheids bedarf jedoch bereits dann nicht, wenn L mehr als den gesetzlichen Mindestlohn von F erhält. L verdient 12,5 € brutto die Stunde dieser liegt über dem gemäß § 1 Abs. 2 S. 1 BGB i.V.m. der Rechtsverordnung der Bundesregierung festgesetzten Mindestlohn von 9,35 € brutto pro Stunde (2015–2016 8,5 €; 2017–2018 8,84 €; 2019 9,19 €; 2020 9,35 €). Mithin besteht kein Verstoß gegen § 1 Abs. 1, 2 S. 1 MiLoG. Eine Nichtigkeit der Vergütungsvereinbarung vom 01.01.2015 gemäß § 134 BGB i.V.m. § 1 Abs. 1, Abs. 2 S. 1 MiLoG scheidet demnach aus.

### 3. Nichtigkeit gemäß § 138 Abs. 2 BGB

Die Vergütungsvereinbarung könnte gemäß § 138 Abs. 2 BGB als wucherische Vergütungsvereinbarung nichtig sein.

### a) Objektiv: Auffälliges Missverhältnis zwischen Leistung und Gegenleistung

Objektiv bedarf es hierzu eines auffälligen Missverhältnisses zwischen Leistung des L (Arbeit) und der Gegenleistung der F (Lohn). Nach der Rechtsprechung des BAG ist für das Verhältnis zwischen Arbeitsleistung und angemessener Entlohnung eine Zwei-Drittel-Grenze anzusetzen. Danach liegt ein auffälliges Missverhältnis zwischen Leistung und Gegenleistung iSv. § 138 Abs. 2 BGB vor, wenn die Arbeitsvergütung nicht einmal zwei Drittel eines in der betreffenden Branche und Wirtschaftsregion üblicherweise gezahlten Lohns erreicht, also der Wert der Arbeitsleistung den Wert der Gegenleistung um mehr als 50 % übersteigt. Maßgeblicher Zeitpunkt für die Beurteilung ist grundsätzlich der Zeitpunkt des Vertragsschlusses. Im Hinblick auf arbeitsvertragliche Vergütungsabreden ist jedoch auf den gesamten streitgegenständlichen Zeitraum, hier also auf die Zeit vom 01.01.2015 bis zum 30.04.2020 abzustellen. Der übliche Lohn eines Butlers aus der Wirtschaftsregion des L beträgt 4.350 €. Der üblicherweise gezahlte Lohn liegt damit 50% über dem des L. Unterhalb der Grenze von ca. 2.900 € Monatsbruttolohn (zwei Drittel von 4.350 €) bei einer Monatsarbeitszeit von ca. 174 Stunden liegt demnach ein auffälliges Missverhältnis zwischen Leistung und Gegenleistung vor.

**Hinweis:** Multipliziert man die Monatsarbeitszeit mit dem Bruttostundenlohn, so ermittelt man den Bruttomonatslohn. Um die Monatsarbeitszeit zu ermitteln, multipliziert man die Wochenarbeitszeit z.B. 40 Stunden mit einem Wochenfaktor z.B. 4,35. Dieser Wochenfaktor ist i.d.R. tarifvertraglich festgelegt. Fehlt eine solche Festlegung, ist die Multiplikation der Wochenarbeitszeit z.B. 40 Stunden mit 13 und Division durch 3 (entspricht der Multiplikation mit 52 Wochen und der Division durch 12 Monate) möglich. Der Wochenfaktor trägt dem Umstand Rechnung, dass ein Monat i.d.R. (außer der Monat Februar) keine vier Wochen hat.

### b) Subjektiv: Ausbeutung einer Zwangslage

Für eine Sittenwidrigkeit der Vergütungsabrede muss zu dem Missverhältnis zwischen Leistung und Gegenleistung noch ein subjektives Element hinzutreten. Der eine Vertragsteil muss sich unter Ausbeutung einer Zwangslage, der Unerfahrenheit, des Mangels an Urteilsvermögen oder der erheblichen Willensschwäche des anderen Vertragsteils für eine Leistung Vermögensvorteile versprechen oder gewähren lassen. Eine Kenntnis der Sittenwidrigkeit oder eine Schädigungsabsicht ist dabei nicht erforderlich. Jedoch muss der Handelnde die Tatsachen kennen, aus denen die Sittenwidrigkeit folgt. F könnte eine Zwangslage des L ausgebeutet haben. Für das Vorliegen einer Zwangslage ist es nicht erforderlich, dass die wirtschaftliche Existenz des Bewucherten bedroht ist. Es genügt, dass sich der Bewucherte in ernsthafter Bedrängnis befindet und daher das Wuchergeschäft als kleineres „Übel" empfindet. Daher kann auch eine zeitweise Geldverlegenheit eine Zwangslage auslösen. Der L war im Zeitpunkt des Vertragsschlusses am 01.01.2015 verschuldet und auch im April 2020 in finanziellen Schwierigkeiten, sodass er sich auf die Arbeit für F zu dem niedrigen Lohn einließ. Mithin befand sich der L in einer Zwangslage iSv. § 138 Abs. 2 BGB. Unter Ausbeutung ist das bewusste Ausnutzen der Situation des Bewucherten zu verstehen. Hierzu muss der Wucherer Kenntnis von dem auffälligen Missverhältnis und der Situation des Bewucherten haben. F wusste bei Einstellung des L, dass sie ihm einen Lohn zahlt, der lediglich 50% der üblichen Vergütung entspricht. Auch wusste F, dass der L verschuldet ist. Dennoch beschäftigte die F den L seit dem 01.01.2015 bis zum April 2020 zu diesen Bedingungen. Mithin nutzte die F die Zwangslage des L aus. Damit ist die arbeitsvertragliche Vergütungsabrede sittenwidrig.

### c) Rechtsfolge Grundsatz § 139 BGB

Als Rechtsfolge sieht § 138 Abs. 2 BGB die Nichtigkeit des Rechtsgeschäfts vor. Demnach ist jedenfalls die arbeitsvertragliche Vergütungsabrede unwirksam. Weiter ordnet § 139 BGB bei der Nichtigkeit eines Teils des Rechtsgeschäfts die Nichtigkeit des gesamten Rechtsgeschäfts an, sofern nicht angenommen werden kann, dass das Rechtsgeschäft auch ohne den nichtigen Teil geschlossen worden wäre. Davon ist in Rede der Vergütungsabrede innerhalb eines Arbeitsverhältnisses nicht auszugehen. Die Vergütung ist wesentlicher Gegenstand der Parteivereinbarung. Demnach wäre gemäß § 139 BGB der Arbeitsvertrag zwischen L und F grundsätzlich nichtig.

### d) Rechtsfolge Ausnahme § 612 Abs. 2 BGB

Im Arbeitsrecht wäre eine solch strikte Anwendung des § 139 BGB nicht mit dem Zweck des § 138 Abs. 2 BGB, den Bewucherten zu schützen, zu vereinbaren. Eine Nichtigkeit des gesamten Arbeitsvertrags ginge daher zu weit. Daher ist die Rechtsfolge der §§ 138 Abs. 2, 139 BGB dahingehend zu reduzieren, dass der Arbeitsvertrag mit dem vom Gesetz gebotenen Inhalt fortbesteht. Im Falle der Nichtigkeit der Vergütungsvereinbarung folgt dies aus § 612 Abs. 2 BGB. Mithin ist lediglich die arbeitsvertragliche Vergütungsvereinbarung nichtig, nicht jedoch der Arbeitsvertrag als solcher.

### e) Zwischenergebnis zu 3.

Die Vergütungsvereinbarung ist gemäß § 138 Abs. 2 BGB als wucherische Vergütungsvereinbarung nichtig.

### 4. Zwischenergebnis I.

Mithin fehlt eine Vergütungsvereinbarung für das Arbeitsverhältnis iSv. § 612 Abs. 2 BGB.

### II. Taxmäßige Vergütung

Für diesen Fall ordnet § 612 Abs. 2 BGB an, dass die taxmäßige Vergütung gilt. Taxen sind bundes- oder landesrechtlich zugelassene, durch staatliche Verwaltungen festgesetzte Vergütungssätze. Ein solcher Vergütungssatz besteht für die Tätigkeit des L nicht. Eine Taxe besteht nicht.

### III. Übliche Vergütung

Somit ist auf die übliche Vergütung abzustellen. Üblich ist eine Vergütung, die am gleichen Ort in ähnlichen Gewerben oder Berufen für entsprechende Arbeit gezahlt zu werden pflegt. Ein Butler in der Stellung und Wirtschaftsregion des L verdient durchschnittlich 4.350 € brutto. Damit ist ein Monatsbruttolohn von 4.350 € gemäß § 612 Abs. 2 BGB als zwischen L und F ab dem 01.01.2015 vereinbart anzusehen.

### IV. Durchsetzbarkeit – Verjährung § 214 Abs. 1 BGB

Weiter müsste der Anspruch des L auf Zahlung des Differenzbetrags für die Zeit ab dem 01.01.2015 durchsetzbar sein. Der Anspruch des L könnte gemäß § 214 Abs. 1 BGB verjährt sein.

### 1. Regelmäßige Verjährungsfrist § 195 BGB

Die mangels speziellerer Regelung auch für Lohnzahlungsansprüche geltende allgemeine Verjährungsfrist gemäß § 195 BGB beträgt drei Jahre.

### 2. Beginn der Verjährungsfrist § 199 Abs. 1 BGB

Gemäß § 199 Abs. 1 BGB beginnt die Frist mit dem Schluss des Jahres (also dem 31.12.), in dem der Anspruch entstanden ist und der Gläubiger von den anspruchsbegründenden Umständen sowie der Person des Schuldners Kenntnis erlangt. Bereits im Zeitpunkt des Vertragsschlusses waren dem L alle zur Nichtigkeit der Vergütungsabrede mit der F führenden Umstände sowie die übliche Vergütungshöhe bekannt. Demnach begann die Frist des § 195 BGB gemäß § 199 Abs. 1 BGB bereits am 31.12.2015 zu laufen.

### 3. Keine Hemmung, Ablaufhemmung oder Neubeginn der Verjährung

Eine Hemmung, Ablaufhemmung oder Neubeginn der Verjährung iSd. §§ 213 ff. BGB liegt nicht vor.

> **Hinweis:** Solche offensichtlich nicht erfüllten Prüfungspunkte können Sie im Gutachten weglassen. IV. 3. Wird hier nur der Vollständigkeit halber erwähnt.

### 4. Ende der Verjährungsfrist

Die Dreijahresfrist des § 195 BGB endet gemäß § 188 Abs. 2 BGB in Fällen des § 187 Abs. 1 BGB mit dem Ablauf des 31.12. Die am 31.12.2015 beginnende Verjährungsfrist endet demnach am 31.12.2018. Für das Jahr 2015 kann L somit keine Zahlung des Differenzbetrags verlangen (§ 214 Abs. 1 BGB). Für die Zahlungsansprüche aus dem Jahr 2016 endet die Frist des § 195 BGB gemäß § 188 Abs. 2 BGB mit Ablauf des 31.12.2019. Auch für das Jahr 2016 kann L die Zahlung des Differenzbetrags nicht verlangen (§ 214 Abs. 1 BGB). Für die Ansprüche aus dem Jahr 2017 endet die Frist des § 195 BGB gemäß § 188 Abs. BGB mit Ablauf des 31.12.2020. Demnach war der Anspruch des L auf Zahlung des Differenzbetrags für das Jahr 2017 im Zeitpunkt der Geltendmachung nicht iSv. § 214 Abs. 1 BGB verjährt. Dies gilt auch für die Folgejahre 2018 und 2019 sowie für die Monate Januar bis April 2020.

### 5. Zwischenergebnis zu IV.

Der Anspruch des L auf Zahlung des Differenzbetrags ist für die Zeit ab dem 01.01.2017 bis zum 30.04.2020 durchsetzbar.

### V. Ergebnis

L hat gegen die F einen Anspruch auf Zahlung der Differenz zwischen seinem und dem für Butler seiner Stellung und Wirtschaftsregion üblicherweise gezahlten Gehalt für die Zeit vom 01.01.2017 bis zum 30.04.2020 gemäß § 612 Abs. 2 BGB.

## Fall 3
# „Irren ist menschlich"

**Schwerpunkte:** Voraussetzungen und Wirkung der Anfechtung eines Arbeitsvertrags nach § 119 Abs. 2 BGB; Verkehrswesentlichkeit der Eigenschaft einer Person; Vorstrafen eines Arbeitnehmers; Anfechtung eines Arbeitsvertrags nach § 123 Abs. 1 Alt. 1 BGB
**Fundstellen im Lehrbuch:** Rn. 299, Rn. 317 ff., Rn. 322 ff., Rn. 337 f.

## Lösungsskizze

### Ausgangsfall

### Frage 1

Kann S von F den für den Zeitraum vom 01.03.2019 bis zum 15.03.2020 gezahlten Arbeitslohn zurückverlangen?

S gegen F aus § 812 Abs. 1 S. 1 Alt. 1 BGB
  I. Etwas erlangt
 II. Durch Leistung
III. Ohne Rechtsgrund
    1. Arbeitsvertrag
    2. Erlöschen des Arbeitsvertrags
       a) Auslegung der Erklärung des S (Anfechtung oder Kündigung?)
       b) Anfechtung wegen Irrtums über eine verkehrswesentliche Eigenschaft
          aa) Anfechtungserklärung § 143 Abs. 1 BGB
          bb) Anfechtungsgrund § 119 Abs. 2 BGB
          cc) Anfechtungsfrist § 121 Abs. 1 S. 1 BGB
          dd) Rechtsfolge
             (1) Grundsatz § 142 Abs. 1 BGB – ex-tunc-Wirkung
             (2) Ausnahme § 142 Abs. 1 BGB – ex-nunc-Wirkung
          ee) Zwischenergebnis zu b)
       c) Zwischenergebnis zu 2.
    3. Zwischenergebnis zu III.
 IV. Ergebnis zu Frage 1

### Abwandlung

### Frage 2

Ist das Arbeitsverhältnis zwischen F und S durch die Erklärung des S vom 15.03.2020 wirksam beendet worden?

  I. Auslegung der Erklärung des S vom 15.03.2020 (Anfechtung oder Kündigung?)
 II. Anfechtung wegen arglistiger Täuschung § 123 Abs. 1 Alt. 1 BGB
    1. Anfechtungserklärung § 143 Abs. 1 BGB
    2. Anfechtungsgrund § 123 Abs. 1 Alt. 1 BGB
    3. Zwischenergebnis
III. Ergebnis zu Frage 2

# Lösungsvorschlag

## Ausgangsfall

### Frage 1

S könnte gegen F einen Rückzahlungsanspruch hinsichtlich des vom 01.03.2019 bis zum 15.03.2020 gezahlten Arbeitslohns gemäß § 812 Abs. 1 S. 1 Alt. 1 BGB haben. Es bedarf einer rechtsgrundlosen Leistung des S an F.

### I. Etwas erlangt

Hierzu müsste F „etwas" iSv. § 812 Abs. 1 S. 1 Alt. 1 BGB erlangt haben. Als erlangtes Etwas kommt jedweder vermögenswerte Vorteil in Betracht. F erhielt von S den Arbeitslohn für den Zeitraum vom 01.03.2019 bis zum 15.03.2020. Mit diesem vermögenswerten Vorteil hat F somit „etwas" iSv. § 812 Abs. 1 S. 1 Alt. 1 BGB erlangt.

### II. Durch Leistung

Den Arbeitslohn müsste der F durch Leistung des S erlangt haben. Leistung ist die bewusste und zweckgerichtete Mehrung fremden Vermögens. Den Arbeitslohn zahlte der S in Erfüllung seiner Verbindlichkeit aus dem Arbeitsvertrag § 611a Abs. 2 BGB (solvendi causa). Diesen Leistungszweck verfolgte S bewusst und für F erkennbar, um damit dessen Vermögen zu mehren. Folglich liegt eine Leistung des S an F vor.

### III. Ohne Rechtsgrund

Fraglich ist, ob diese Leistung auch rechtsgrundlos erfolgte.

### 1. Arbeitsvertrag

Als Rechtsgrund kommt ein Arbeitsverhältnis (§ 611a BGB) zwischen S und F in Betracht. Dieses wurde (zunächst) wirksam am 01.03.2019 begründet und verpflichtet die Parteien zur Erbringung der vertraglich geschuldeten Leistungen (also Arbeit und Lohnzahlung). Ein Rechtsgrund liegt demnach (zunächst) vor.

### 2. Erlöschen des Arbeitsvertrags

Der Arbeitsvertrag könnte jedoch durch die Erklärung des S vom 15.03.2020 erloschen sein. Mit dem Erlöschen des Arbeitsvertrages entfällt auch der Rechtsgrund für die Lohnzahlung des S. Maßgeblich für den Zeitpunkt des Erlöschens des Arbeitsvertrages ist jedoch, ob die Erklärung des S als (grundsätzlich) ex-tunc wirkende Anfechtung oder ex-nunc wirkende Kündigung zu verstehen ist. Hierzu bedarf es einer Auslegung der Erklärung des S.

## a) Auslegung der Erklärung des S (Anfechtung oder Kündigung?)

Anfechtungsklärung und Kündigung sind als einseitige empfangsbedürftige Willenserklärung nach §§ 133, 157 BGB auszulegen. Aus der Erklärung des S geht für F erkennbar hervor, dass S sich von dem Arbeitsverhältnis mit F lösen möchte. Dabei wird die Anfechtung mit Willensmängeln vor und bei Vertragsschluss begründet, die Kündigung hingegen mit Störungen im laufenden Arbeitsverhältnis und aufgrund einer Prognoseentscheidung. S erklärt gegenüber F, dass er in Kenntnis der Vorstrafen des F diesen nicht eingestellt hätte. Dies musste F dahingehend verstehen, dass S das Erlöschen des Arbeitsverhältnisses auf Gründe stützt, die bereits bei dessen Begründung vorlagen. Für dieses Verständnis spricht auch, dass S von F den gesamten Lohn für den Zeitraum vom 01.03.2019 bis zum 15.03.2020 zurückverlangt und nicht die Zahlung erst ab dem 15.03.2020 verweigert. Demnach ist die Erklärung des S vom 15.03.2020 als Anfechtungserklärung (§ 143 Abs. 1 BGB) seiner in Bezug auf den Abschluss des Arbeitsvertrags abgegebenen Erklärung auszulegen. Folglich könnte das Arbeitsverhältnis gemäß § 142 Abs. 1 BGB ex-tunc (von Anfang an) nichtig sein.

## b) Anfechtung wegen Irrtums über eine verkehrswesentliche Eigenschaft

Hierfür müssten die Tatbestandsvoraussetzungen einer Anfechtung, insbesondere ein Anfechtungsgrund gegeben sein.

### aa) Anfechtungserklärung § 143 Abs. 1 BGB

Die gegenüber F erfolgte Erklärung des S vom 15.03.2020 ist eine Anfechtungserklärung iSv. § 143 Abs. 1 BGB.

### bb) Anfechtungsgrund § 119 Abs. 2 BGB

Es bedarf eines Anfechtungsgrundes. In Betracht kommt eine Anfechtung aufgrund des Irrtums über eine verkehrswesentliche Eigenschaft gemäß § 119 Abs. 2 BGB. § 119 Abs. 2 BGB kodifiziert einen Sonderfall des sonst unbeachtlichen Motivirrtums. Dieser kann sich auch auf die Eigenschaften von Personen beziehen. Diese sind neben körperlichen Merkmalen auch ihre tatsächlichen oder rechtlichen Beziehungen zur Umwelt, soweit diese nach der Verkehrsanschauung für die Wertschätzung und die zu leistende Arbeit von Bedeutung und nicht nur von vorübergehender Natur sind. Die Eigenschaften müssen sich auf die Eignung der Person für die Arbeit auswirken.

Sofern der Arbeitnehmer eine besondere Vertrauensposition einnimmt, kann auch dessen Vertrauenswürdigkeit eine verkehrswesentliche Eigenschaft begründen. Sofern F für die Spedition des S Fernfahrten durchführt hat er (auch im Interesse des S) in besonderem Maße auf die Verkehrsvorschriften zu achten und sich im Fall eines Verkehrsunfalls rechtskonform zu verhalten. In Erfüllung seiner Aufgaben nimmt F dabei ein besonderes Vertrauen des S in Anspruch. Demnach ist die Vertrauenswürdigkeit des F für S als Betreiber einer Spedition verkehrswesentlich.

Die Vertrauenswürdigkeit des Arbeitnehmers kann durch das Bestehen einer Vorstrafe erschüttert werden. Dies ist der Fall, wenn sie im Zusammenhang mit der Tätigkeit des Arbeitnehmers steht und zur Annahme der Nichteignung des Arbeitnehmers für die Ausübung der Tätigkeit führt. Daneben knüpft eine Verurteilung unmittelbar an die Person an. Der F wurde in den Jahren 2017 und 2018 zu zwei insgesamt neunmonatigen Bewährungstrafen wegen unerlaubten Entfernens vom Unfallort (§ 142 Abs. 1 Nr. 1 StGB) rechtskräftig verurteilt. Dies lässt auf die fehlende Eignung des F schließen verantwortungsbewusst und rechtskonform am Straßenverkehr teilzunehmen. Dies ist jedoch Grundvoraussetzung für die Tätigkeit als Fernfahrer. Damit lag die verkehrswesentliche Eigenschaft des F im Zeitpunkt der Einstellung durch den S am 01.03.2020 nicht vor. An diesem Umstand ändert das seit dem Einstellungszeitpunkt verkehrskonforme Verhalten des F nichts.

Das Bestehen von einschlägigen Vorstrafen stellt jedoch keine verkehrswesentliche Eigenschaft dar, sofern sie aus dem Bundeszentralregister gestrichen sind. Dies dient der Rehabilitation ehemaliger Straftäter. Getilgte Verurteilungen dürfen diesen im Rechtsverkehr gemäß § 51 Abs. 1 BZRG nicht mehr vorgehalten und zu ihrem Nachteil verwertet werden. F müsste sich also als iSv. § 53 Abs. 1 BZRG unbestraft bezeichnen dürfen. Dies ist der Fall, wenn die Vorstrafen aus dem Register getilgt sind oder iSv. § 53 Abs. 1 Nr. 2 BZRG zu tilgen sind. Die Vorstrafen des F stehen noch im Bundeszentralregister. Auch sind diese gemäß §§ 45 Abs. 1, 46 Abs. 1 Nr. 2 lit. b) BZRG nicht zu tilgen. F darf sich nicht als unbestraft bezeichnen. Damit liegt eine dem F vorzuhaltende, einschlägige Verurteilung und somit verkehrswesentliche Eigenschaft in der Person des F vor.

Der S müsste sich über das Vorliegen dieser verkehrswesentlichen Eigenschaft des F geirrt haben. Der S hatte bis zum 15.03.2020 keine Kenntnis von den Vorstrafen des F und der Entziehung dessen Fahrerlaubnis. Daher unterlag der S bei Abgabe seiner Willenserklärung bezüglich des Arbeitsvertrages vom 01.03.2020 einem Irrtum über eine verkehrswesentliche Eigenschaft in der Person des F. Ein Anfechtungsgrund iSv. § 119 Abs. 2 BGB liegt vor.

### cc) Anfechtungsfrist § 121 Abs. 1 S. 1 BGB

S müsste die Anfechtungsfrist des § 121 Abs. 1 BGB gewahrt haben. Hierzu müsste S unverzüglich, d.h. ohne schuldhaftes Zögern nachdem er von den Vorstrafen des F erfahren hat die Anfechtung erklärt haben. S erfuhr am 15.03.2020 von den Vorstrafen des F. Mit der Anfechtungserklärung am selben Tag hat S die Anfechtungsfrist des § 121 Abs. 1 S. 1 BGB gewahrt.

### dd) Rechtsfolge

Mit erfülltem Tatbestand der Anfechtung ist § 142 Abs. 1 BGB anzuwenden.

### (1) Grundsatz § 142 Abs. 1 BGB – ex-tunc-Wirkung

§ 142 Abs. 1 BGB ordnet die ex-tunc-Wirkung der Anfechtung an. Dies hätte zur Folge, dass das Arbeitsverhältnis zwischen S und F rückwirkend zum 01.03.2020 erloschen wäre. Fraglich ist, ob für das Arbeitsverhältnis diese Rechtsfolge ohne Modifikationen gelten kann.

### (2) Ausnahme § 142 Abs. 1 BGB – ex-nunc-Wirkung

Die grundsätzlich geltende ex-tunc-Wirkung des § 142 Abs. 1 BGB wird für das Arbeitsverhältnis als zu weitgehend empfunden. Dies zeigt sich insbesondere in Fällen der konditionsrechtlichen Rückabwicklung der erbrachten Leistungen (§§ 812 ff. BGB). Diese müssten von Beginn des Arbeitsverhältnisses an rückwirkend herausgegeben werden. Der F müsste also den erhaltenen Lohn zurückzahlen. Der S müsste hingegen die durch F erbrachten Arbeitsleistungen herausgeben. Dies ist in natura nicht möglich. Demnach müsste S dem F gemäß § 818 Abs. 2 BGB den Wert seiner erbrachten Arbeitsleistung ersetzten. Dieser entspricht nicht zwingend dem gezahlten Arbeitslohn, sodass schwer aufzulösende Streitigkeiten über den Wert der geleisteten Arbeit drohen. Daher ist der Wortlaut des § 142 Abs. 1 BGB hin zu einer ex-nunc-Wirkung einzuschränken. Hierzu wird das Instrument der teleologischen Reduktion verwendet. Dies gilt jedoch nur in Fällen des in Vollzug gesetzten Arbeitsverhältnisses. Wurden bisher noch keine vertraglichen Leistungen erbracht oder deren Aussetzung aufgehoben, so ist eine Rückabwicklung über das Kondiktionsrecht (§§ 812 ff. BGB) vorzunehmen. Der F arbeitete bis zum Zeitpunkt Anfechtungserklärung des S bereits ein Jahr für diesen. Das Arbeitsverhältnis wurde demnach in Vollzug gesetzt. Damit ist die durch § 142 Abs. 1 BGB angeordnete Rechtsfolge hin zu einer ex-nunc-Wirkung zu reduzieren.

### ee) Zwischenergebnis zu b)

Folglich hat S den Arbeitsvertrag vom 01.03.2020 aufgrund eines Irrtums über eine verkehrswesentliche Eigenschaft in der Person des F wirksam angefochten.

### c) Zwischenergebnis zu 2.

Der Arbeitsvertrag ist gemäß § 142 Abs. 1 BGB mit ex-nunc-Wirkung zum 15.03.2020 erloschen.

### 3. Zwischenergebnis zu III.

Somit bestand ab dem 15.03.2020 für die Zahlung des Arbeitslohns durch S an F kein Rechtsgrund. Für den Zeitraum vom 01.03.2019 bis zum 15.03.2020 bestand damit ein Rechtsgrund für die Leistung des S an F.

### IV. Ergebnis zu Frage 1

S kann von F den für den Zeitraum vom 01.03.2019 bis zum 15.03.2020 gezahlten Arbeitslohn nicht gemäß § 812 Abs. 1 S. 1 Alt. 1 BGB zurückverlangen.

## Abwandlung

### Frage 2

### I. Auslegung der Erklärung des S vom 15.03.2020 (Anfechtung oder Kündigung?)

Die Erklärung des S gegenüber F vom 15.03.2020 ist als Anfechtungserklärung auszulegen (s.o.).

### II. Anfechtung wegen arglistiger Täuschung § 123 Abs. 1 Alt. 1 BGB

In Betracht kommt die Anfechtung aufgrund einer arglistigen Täuschung (§ 123 Abs. 1 Alt. 1 BGB) des S durch F während des Bewerbungsgesprächs.

#### 1. Anfechtungserklärung § 143 Abs. 1 BGB

Eine Anfechtungserklärung liegt mit der Erklärung des S gegenüber F vom 15.03.2020 vor (s.o.)

#### 2. Anfechtungsgrund § 123 Abs. 1 Alt. 1 BGB

Fraglich ist, ob der F den S arglistig getäuscht hat. In Betracht kommt eine Täuschung über das Bestehen einschlägiger Vorstrafen. Eine Täuschung ist bewusstes, d.h. vorsätzliches Erregen- oder Aufrechterhaltenwollen eines Irrtums durch Vorspiegeln falscher oder Unterdrücken wahrer Tatsachen, um den Getäuschten vorsätzlich zur Abgabe einer bestimmten Willenserklärung zu veranlassen. Das Bestehen einschlägiger Straftaten stellt eine Tatsache dar (s.o.). Das Verneinen der Frage des F ist somit grundsätzlich eine Täuschung iSv. § 123 Abs. 1 Alt. 1 BGB.

Eine Täuschung wäre nicht gegeben, wenn F die Frage des S wahrheitswidrig beantworten, sich also als unbestraft bezeichnen durfte. Dies ist gemäß §§ 51, 53 BZRG der Fall, wenn die Eintragung der Vorstrafen getilgt ist. Die Vorstrafen des F sind getilgt. Damit darf der S die Tat des F gemäß § 51 BZRG nicht zu dessen Nachteil verwerten. Aus dem Verwertungsverbot folgt, dass S die Frage zwar stellen durfte, F sie jedoch wahrheitswidrig beantworten durfte. F ist zwar vorbestraft, darf sich aber als unbestraft bezeichnen. Mithin liegt keine Täuschung iSv. § 123 Abs. 1 Alt. 1 BGB vor. Ein Anfechtungsgrund ist nicht gegeben.

**Hinweis:** Diesen Problempunkt können Sie auch unter dem etwas unglücklichen Begriff des „Recht zur (auf) Lüge" besprechen. Genau genommen erfasst der Begriff Fälle in denen der Arbeitgeber dem Bewerber eine unzulässige Frage stellt. Unzulässige Fragen entbinden den Bewerber von seiner grundsätzlich bestehenden Wahrheitspflicht. Im vorliegenden Fall treffen Sie jedoch auf die besondere Situation, dass S zulässig nach einschlägigen Vorstrafen fragte, der F sich jedoch aufgrund der §§ 53, 55 BZRG als unbestraft bezeichnen durfte. Dies führt zu der auf den ersten Blick widersprüchlichen Situation, dass F zwar vorbestraft ist, im Rechtsverkehr aber als unbestraft gilt. Daher stellte S dem F keine unzulässige Frage und F antwortete wahrheitsgemäß.

## 3. Zwischenergebnis

S kann seine auf den Abschluss des Arbeitsvertrages gerichtete Willenserklärung nicht gemäß § 123 Abs. 1 Alt. 1 BGB anfechten.

## III. Ergebnis zu Frage 2

Das Arbeitsverhältnis zwischen F und S ist durch die Erklärung des S vom 15.03.2020 nicht wirksam beendet worden.

**Hinweis:** Eine Prüfung der Kündigung des F durch S mit Erklärung vom 15.03.2020 hat nach der unter I. erfolgten Auslegung der Erklärung des S zu unterbleiben. S hat seine Willenserklärung bezüglich des Arbeitsvertrags vom 01.03.2019 angefochten und nicht dem F mit Wirkung zum 15.03.2020 gekündigt. Zur Vertiefung zum Verhältnis von Kündigung und Anfechtung im Arbeitsverhältnis lesen Sie die Ausführungen von BENECKE in Münchner Handbuch des Arbeitsrechts, Bd. 1 Individualarbeitsrecht, 4. Aufl., München 2018, § 38 Rn. 23.

Fall 4

# „Urwaldtechnik"

**Schwerpunkte:** Arbeitnehmerschutz, Fürsorgepflicht des Arbeitgebers iSv. § 618 BGB, Leistungsverweigerungsrecht, Ersatzansprüche bei einem Arbeitsunfall, Gesetzliche Unfallversicherung, Haf-
tungsbeschränkung nach § 104 Abs. 1 SGB VII
**Fundstellen im Lehrbuch:**   Rn. 418 ff., Rn. 425 ff., Rn. 1165 ff., Rn. 1182


## Lösungsskizze

### Ausgangsfall

### Frage 1

Hat A gegen G einen Anspruch auf Zahlung des Gehalts für die Zeit vom 20.04.-
30.04.2020?

 I. Arbeitsvertrag
 II. Grundsatz „Kein Lohn, ohne Arbeit"
 III. Lohnfortzahlung nach § 615 S. 1 BGB
　　1. Annahmeverzug des G
　　　　a) Angebot der Leistung durch A – § 293 BGB
　　　　　　aa) Tatsächliches Angebot der Leistung iSv. § 294 BGB
　　　　　　bb) Angebot der Leistung iSv. § 295 S. 2 BGB
　　　　b) Leistungsvermögen des A
　　　　c) Leistungsbereitschaft des A
　　　　d) Nichterfüllung der Schutzpflicht durch G
　　　　e) Nichtleistung des A in Folge der Nichterfüllung des G
　　　　f) Zwischenergebnis zu 1.
　　2. Zwischenergebnis zu III.
 IV. Ergebnis Frage 1


## Fallfortsetzung

### Frage 2

Hat B gegen G einen durchsetzbaren Anspruch auf Zahlung der geltend gemachten
Beträge?

 I. Anspruch des B gegen G auf Zahlung in Höhe von 8.500 € gemäß § 280 Abs. 1 BGB
　　1. Schuldverhältnis
　　2. Pflichtverletzung – § 618 Abs. 1 BGB
　　3. Vertretenmüssen
　　4. Schaden
　　　　a) § 249 Abs. 2 S. 1 BGB – 5.000 €
　　　　b) § 253 Abs. 2 BGB – 3.500 €
　　5. Durchsetzbarkeit – § 104 SGB VII
　　6. Ergebnis zu I.

II. Anspruch des B gegen G auf Zahlung in Höhe von 8.500 € gemäß § 823 Abs. 1 BGB
  1. Objektiver Tatbestand
    a) Rechtsgutverletzung
    b) Verletzungshandlung – Verkehrssicherungspflicht
    c) Haftungsbegründende Kausalität
  2. Rechtswidrigkeit
  3. Schuld
  4. Schaden
  5. Haftungsausfüllende Kausalität
  6. Durchsetzbarkeit – § 104 SGB VII
  7. Ergebnis zu II.
III. Anspruch des B gegen G auf Zahlung in Höhe von 8.500 € gemäß § 823 Abs. 2 i.V.m. 618 Abs. 1 BGB
  1. Verletzung eines Schutzgesetzes
    a) § 618 Abs. 1 BGB als Schutzgesetz
    b) Zwischenergebnis zu 1.
  2. Ergebnis zu III.
IV. Ergebnis zu Frage 1

# Lösungsvorschlag

## Ausgangsfall

### Frage 1

A könnte gegen G einen Anspruch auf Zahlung des Gehalts für den Zeitraum vom 20.04.-30.04.2020 gemäß § 611a Abs. 2 BGB haben.

### I. Arbeitsvertrag

Hierzu müsste zwischen G und A ein Arbeitsverhältnis iSv. § 611a BGB bestehen. Laut Sachverhalt ist A Arbeitnehmer des G. Damit liegt ein Arbeitsverhältnis iSv. § 611a BGB vor. Mithin ist der Anspruch des A auf Lohnzahlung gemäß § 611a Abs. 2 BGB zunächst entstanden.

### II. Grundsatz „Kein Lohn, ohne Arbeit"

Dieser Anspruch könnte jedoch gemäß § 326 Abs. 1 S. 1 BGB erloschen sein. Hierzu müsste A die Erbringung seiner Arbeitsleistung für Zeitraum vom 20.04.-30.04.2020 unmöglich sein. A verweigerte die Erbringung der Arbeit bis G die Forderung nach einer Erneuerung der Ausrüstung erfüllt. Die Arbeitsleistung könnte für A gemäß § 275 Abs. 1 BGB unmöglich geworden sein. Hierzu dürfte die Arbeitsleistung für den Zeitraum vom 20.04.-30.04.2020 nicht nachholbar sein. Grundsätzlich ist die Nachholung einer nicht erfolgten Leistung möglich. Ausnahmsweise gilt dies nicht, wenn es sich bei der geschuldeten Leistung um eine sogenannte „absolute Fixschuld" handelt.

Dieser Begriff bezeichnet eine geschuldete Leistung, bezüglich derer es maßgeblich auf den Zeitpunkt ihrer Erbringung ankommt. Nach Ablauf dieses Zeitpunkts besteht für den Gläubiger kein Interesse an der Leistung. Bei Dauerschuldverhältnissen (so auch dem Arbeitsverhältnis) scheidet eine Nachholung insbesondere deshalb aus, weil der Schuldner am Folgetag die nächste Teilleistung zu erbringen hat. Die von A zu erbringende Arbeitsleistung war eine absolute Fixschuld. Eine Nachholung ist nicht möglich. Folglich ist die Leistung des A unmöglich (§ 275 Abs. 1 BGB) geworden. Damit entfällt auch gemäß § 326 Abs. 1 S. 1 BGB die Gegenleistungspflicht des G (Zahlung des Lohns § 611a Abs. 2 BGB).

Demnach bestünde kein Zahlungsanspruch des A gegen G gemäß § 611a Abs. 2 BGB für den Zeitraum 20.04.-30.04.2020 („kein Lohn, ohne Arbeit").

### III. Lohnfortzahlung nach §§ 611a Abs. 2, 615 S. 1 BGB

G könnte für den Zeitraum vom 20.04.-30.04.2020 zur Fortzahlung des Lohns gemäß §§ 611a Abs. 2, 615 S. 1 BGB verpflichtet sein.

### 1. Annahmeverzug des G

Hierzu müsste sich G im Zeitraum vom 20.04.-30.04.2020 im Annahmeverzug befunden haben.

### a) Angebot der Leistung durch A

Gemäß § 293 BGB befindet sich der Gläubiger in Annahmeverzug, wenn er die ihm angebotene Leistung nicht annimmt.

### aa) Tatsächliches Angebot der Leistung iSv. § 294 BGB

Grundsätzlich ist gemäß § 294 BGB ein tatsächliches Angebot der Leistung erforderlich. Dem A könnte jedoch ein Leistungsverweigerungsrecht gemäß § 273 Abs. 1 BGB zugestanden haben. Hierzu bedarf es gegenseitiger Ansprüche zwischen A und G sowie eines fälligen Anspruchs des A gegen G. Weiter müssen die Ansprüche auf demselben rechtlichen Verhältnis beruhen. In Betracht kommt das zwischen A und G bestehende Arbeitsverhältnis. Grundsätzlich hat G gegen A einen Anspruch auf Erbringung der Arbeitsleistung gemäß § 611a Abs. 1 BGB. Dem A könnte wiederum ein Anspruch auf Erfüllung der Fürsorgepflicht gemäß § 618 Abs. 1 BGB des G zustehen.

Hierzu bedarf es einer objektiven Verletzung der Schutzpflicht iSv. § 618 Abs. 1 BGB durch G. G müsste also Gerätschaften, die er zur Verrichtung der Dienste zu beschaffen hat, nicht so unterhalten haben, dass der A gegen die Gefahr für Leben und Gesundheit soweit geschützt ist, als es die Natur der Dienstleistung gestattet. Unter Gerätschaften versteht man alle Gegenstände, die für das Arbeitsergebnis benötigt werden. Hierzu zählen fraglos die durch G bereitgestellten Motorsägen und Arbeitshosen. Das Arbeiten mit Motorsägen ist eine grundsätzlich gefährliche Tätigkeit. Das Verletzungsrisiko ist durch das Tragen angemessener Schutzkleidung, wie Schnittschutzhosen zu mindern.

Auch ist Grundvoraussetzung, dass die Motorsägen einwandfrei funktionieren und keine über die diesen inhärenten Gefahren hinausgehenden Risiken bestehen. Um Geld zu sparen, hat G die Motorsägen seit mehreren Jahren nicht erneuert. Diese geraten bei dem Zerteilen der Äste oft ins Stocken und sägen ruckartig weiter, sodass sie gefahrenfrei nicht zu bedienen sind. Auch die Arbeitskleidung bietet keinen hinreichenden Schutz. Statt der erforderlichen Schnittschutzhosen stellt G seinen Arbeitnehmern Jeanshosen zur Verfügung. Damit kommt der G seiner Schutzpflicht gegenüber A nicht hinreichend nach. G gefährdet den A weit über das Maß hinaus, welches dessen Tätigkeit zu Grunde liegt. Mithin ist es dem A auch im Rahmen seiner Treupflicht gegenüber G gemäß § 241 Abs. 2 BGB unzumutbar die Arbeit fortzusetzen. Somit hat A gegen G einen Anspruch auf Erfüllung seiner Fürsorgepflicht nach § 618 Abs. 1 BGB.

Damit stehen sich die Ansprüche des G (Erbringung der Arbeitsleistung) und A (Erfüllung der Schutzpflicht) aus demselben rechtlichen Verhältnis (Arbeitsverhältnis) entgegen. Gemäß § 271 Abs. 1 BGB ist der Anspruch des A gegen G auf Erfüllung der Schutzpflicht im Zweifel sofort fällig. Mithin liegen die Tatbestandsvoraussetzungen des § 273 Abs. 1 BGB vor. Dem A steht gegenüber G ein Leistungsverweigerungsrecht zu. A musste dem G seine Arbeitsleistung nicht tatsächlich iSv. § 294 BGB anbieten.

> **Hinweis:** Das Leistungsverweigerungsrecht gemäß § 320 BGB ist nicht einschlägig. Der Nebenpflicht des Arbeitgebers gemäß § 618 BGB steht keine synallagmatische Gegenleistungspflicht des Arbeitnehmers gegenüber.

### bb) Angebot der Leistung iSv. § 295 S. 2 BGB

Gemäß § 295 S. 2 BGB genügt eine Aufforderung des Schuldners an den Gläubiger, die für die Bewirkung der Handlung des Schuldners erforderliche Handlung vorzunehmen als Angebot der Leistung. A verlangte von G die Erfüllung seiner Schutzpflicht iSv. § 618 Abs. 1 BGB. Ohne den Austausch der Motorsägen und Arbeitshosen ist es dem A nicht zumutbar seine Arbeitsleistung zu erbringen. Mithin genügte die Aufforderung des A vom 18.04.2020 gegenüber G zur Erfüllung der Schutzpflicht als Angebot der Leistung gemäß § 295 S. 2 BGB.

### b) Leistungsvermögen des A

A war während des gesamten Verzugszeitraums zur Leistung der Arbeit fähig (§ 297 BGB).

### c) Leistungsbereitschaft des A

Daneben hatte A während der gesamten Zeit des Annahmeverzugs den ernsthaften Willen seine Arbeitsleistung zu erbringen. A war leistungsbereit.

> **Hinweis:** Dieses Merkmal ist dem Wortlaut des § 297 BGB nicht zu entnehmen wird aber nach allgemeiner Auffassung in diesen hineingelesen. Den Prüfungspunkt „Leistungsbereitschaft" können Sie daher in den Punkt „Leistungsvermögen" integrieren, müssen ihn aber dennoch (leider) „auswendig" lernen.

### d) Nichterfüllung der Schutzpflicht durch G

Während des gesamten Zeitraums vom 20.04.-30.04.2020 ist G seiner Schutzpflicht gegenüber A iSv. § 618 Abs. 1 BGB nicht nachgekommen.

### e) Nichtleistung des A in Folge der Nichterfüllung des G

Für den Zeitraum vom 20.04.-30.04.2020 war A zur Verweigerung seiner Leistung aufgrund der Nichterfüllung der Schutzpflicht des G nach § 618 Abs. 1 BGB berechtigt.

### f) Zwischenergebnis zu 1.

Folglich befand sich G vom 20.04.-30.04.2020 im Annahmeverzug iSv. § 293 BGB.

### 2. Zwischenergebnis zu III.

Mithin ist G gemäß §§ 611a Abs. 2, 615 S. 1 BGB weiter zur Lohnzahlung verpflichtet.

### IV. Ergebnis Frage 1

A hat gegen G einen Anspruch auf Zahlung des Gehalts für den Zeitraum vom 20.04.-30.04.2020 gemäß § 611a Abs. 2 BGB.

## Fallfortsetzung

## Frage 2

### I. Anspruch des B gegen G auf Zahlung in Höhe von 8.500 € gemäß § 280 Abs. 1 BGB

B könnte gegen G einen Zahlungsanspruch in Höhe von 8.500 € gemäß § 280 Abs. 1 BGB haben.

### 1. Schuldverhältnis

Mit dem Arbeitsverhältnis zwischen B und G besteht ein Schuldverhältnis iSv. § 280 Abs. 1 BGB

### 2. Pflichtverletzung – § 618 Abs. 1 BGB

Es bedarf einer Pflichtverletzung des G. Durch den unterlassenen Austausch der Arbeitsmittel hat der G seine arbeitsvertragliche Schutzpflicht iSv. § 618 Abs. 1 BGB gegenüber B verletzt.

### 3. Vertretenmüssen

Gemäß § 280 Abs. 1 BGB muss der Schuldner die Pflichtverletzung zu vertreten haben. Gemäß § 276 Abs. 1 BGB hat der Schuldner Vorsatz und Fahrlässigkeit zu vertreten.

Gemäß § 280 Abs. 1 S. 2 BGB trägt der Schuldner die Beweislast. G behauptet, den Unfall des B habe er nicht voraussehen können. Auch erhielte die Belegschaft des Konkurrenten K dieselbe Ausrüstung. Dabei wusste G, dass die Ausrüstung seiner Belegschaft veraltet war und nicht die erforderliche Sicherheit bot. Dennoch tauschte er diese nicht aus, da ihm dies „viel zu teuer" sei. Mithin hat G wissentlich und willentlich gegen die Fürsorgepflicht des § 618 Abs. 1 BGB verstoßen. Auf eine Kenntnis der für B bestehenden Unfallgefahr kommt es nicht an. Eine Exkulpation wird dem G nicht gelingen. G hat die Pflichtverletzung zu vertreten.

## 4. Schaden

Der B müsste eine unfreiwillige Einbuße an rechtlich geschützten Gütern, also einen Schaden erlitten haben.

### a) § 249 Abs. 2 S. 1 BGB – 5.000 €

Gemäß § 249 Abs. 1 BGB ist B so zu stellen wie er stünde, wenn die Pflichtverletzung des G unterblieben wäre (Differenzhypothese). Hätte G den Austausch der Ausrüstung nicht unterlassen, so hätte sich B die Beinverletzung nicht aufgrund einer Fehlfunktion der Motorsäge zugezogen, beziehungsweise eine die Verletzung vermeidende Schnittschutzhose getragen. Eine Heilbehandlung wäre entbehrlich gewesen. Mithin ist G verpflichtet den Gesundheitszustand des B vor der Beinverletzung wiederherzustellen. Gemäß § 249 Abs. 2 S. 1 BGB ist es möglich statt der Herstellung des Zustands vor der Schädigung Ersatz der hierfür erforderlichen Kosten zu verlangen. Demnach kann B von G die Heilbehandlungskosten iHv. 5.000 € nach § 249 Abs. 2 S. 1 BGB ersetzt verlangen.

### b) § 253 Abs. 2 BGB – 3.500 €

Fraglich ist, ob B auch Zahlung von zusätzlichen 3.500 € iSe. Schmerzensgeldes verlangen kann. Nach der Differenzhypothese ist im Hinblick auf die erlittenen Schmerzen des B keine Vermögensminderung eingetreten. Hierbei spricht man von einem sogenannten immateriellen Schaden. Solche Schäden sind gemäß § 253 Abs. 1 BGB nur in gesetzlich vorgesehenen Fällen in Geld zu entschädigen. Für Fälle in denen wegen der Verletzung des Körpers Ersatz zu leisten ist, sieht § 253 Abs. 2 BGB auch den Ersatz von immateriellen Schäden vor. Demnach kann B eine Zahlung für die durch die Verletzung erlittenen Schmerzen verlangen. Der Betrag in Höhe von 3.500 € ist laut Sachverhalt angemessen. Demnach kann B von G auch die Zahlung in Höhe von 3.500 € nach § 253 Abs. 2 BGB verlangen.

Damit beseht ein Zahlungsanspruch des B gegen G gemäß § 280 Abs. 1 BGB in Höhe von 8.500 €

## 5. Durchsetzbarkeit – § 104 SGB VII

Fraglich ist, ob dieser auch durchsetzbar ist. Einer Durchsetzbarkeit könnte § 104 Abs. 1 SGB VII entgegenstehen. Dieser schließt die Ersatzpflicht des Unternehmers bei einem durch einen Versicherungsfall verursachten Personenschaden eines Versicherten, der für den Unternehmer tätig ist, aus, wenn der Unternehmer den Versicherungsfall nicht vorsätzlich herbeigeführt hat. Unternehmer iSd. § 104 Abs. 1 SGB VII ist nach § 136 Abs. 3 Nr. 1 SGB VII u.a. die natürliche Person, der das Ergebnis des Unternehmens unmittelbar zum Vor- oder Nachteil gereicht. Dies ist im Falle des § 618 BGB im Regelfall der Dienstberechtigte (also G). Der Begriff des Versicherten bestimmt sich nach den §§ 2 ff. SGB VII. Erfasst sind gemäß § 2 Abs. 1 Nr. 1 SGB VII vor allem Beschäftigte. Für das Unfallversicherungsrecht ist damit maßgeblich, ob ein abhängiges Beschäftigungsverhältnis vorliegt. Mangels entgegenstehender Angaben im Sachverhalt ist hiervon auszugehen. B ist Versicherter iSv. § 104 Abs. 1 SGB VII. Dem B muss durch einen Arbeitsunfall ein Personenschaden entstanden sein (§§ 1, 8 SGB VII). Bei der Beinverletzung des B durch die Motorsäge während der Baumfällarbeit für den Kunden des G handelt es sich fraglos um einen Arbeitsunfall. Die zuständige Berufsgenossenschaft hat die Verletzung des B als Arbeitsunfall anerkannt. Vorsatz bedeutet in Rede des § 104 Abs. 1 SGB VII das Wissen und Wollen des Unfalls. Es reicht demnach nicht aus, dass der G vorsätzlich seine Fürsorgepflicht iSv. § 618 BGB verletzt. Vielmehr muss er den Eintritt des Arbeitsunfalls zumindest für möglich halten und ihn billigend in Kauf nehmen. Zwar wusste G, dass die Ausrüstung veraltet ist, jedoch musste er daraus nicht auf den Eintritt eines Arbeitsunfalls schließen (a.A. gut vertretbar). G nahm die Verletzung des B nicht billigend in Kauf. Mithin ist die Durchsetzbarkeit des Anspruchs des B gegen G gemäß § 104 Abs. 1 BGB ausgeschlossen. Dies gilt sowohl für den Ersatz der 5.000 € Heilbehandlungskosten, als auch für den Schmerzensgeldanspruch in Höhe von 3.500 €

**6. Ergebnis zu I.**

B hat gegen G keinen Zahlungsanspruch in Höhe von 8.500 € gemäß § 280 Abs. 1 BGB.

**II. Anspruch des B gegen G auf Zahlung in Höhe von 8.500 € gemäß § 823 Abs. 1 BGB**

B könnte gegen G einen Zahlungsanspruch in Höhe von 8.500 € gemäß § 823 Abs. 1 BGB haben.

**1. Objektiver Tatbestand**

Der objektive Tatbestand müsste erfüllt sein.

**a) Rechtsgutverletzung**

Mit der Beinverletzung des B liegt eine Rechtsgutverletzung iSv. § 823 Abs. 1 BGB vor.

**b) Verletzungshandlung – Verkehrssicherungspflicht**

Die erforderliche Verletzungshandlung des G liegt in der Unterlassung des Austauschs der Arbeitsausrüstung. Entsprechend der Fürsorgepflicht des G gemäß § 618 BGB bestand für diesen eine entsprechende Verkehrssicherungspflicht.

### c) Haftungsbegründende Kausalität

Die Vornahme der gebotenen Handlung durch G (also der Austausch der Ausrüstung) hätte die konkrete Verletzung des B verhindert. Das Unterlassen des G war ursächlich für die Verletzung des B.

### 2. Rechtswidrigkeit

Mit dem Verstoß gegen die Verkehrssicherungspflicht des § 618 Abs. 1 BGB handelte G auch rechtswidrig iSd. Lehre vom Handlungsunrecht.

### 3. Schuld

G unterließ vorsätzlich den Austausch der Arbeitsausrüstung (s.o.). Somit handelte G schuldhaft.

### 4. Schaden

Dem B ist ein Schaden in Höhe von 8.500 € entstanden (s.o.).

### 5. Haftungsausfüllende Kausalität

Ohne die Beinverletzung des B wäre eine Heilbehandlung entbehrlich gewesen und dessen Schmerzen ausgeblieben (s.o.). Folglich ist auch die Rechtsgutverletzung ursächlich für den entstandenen Schaden.

### 6. Durchsetzbarkeit – § 104 SGB VII

Der entstandene Anspruch des B gegen G gemäß § 823 Abs. 1 BGB auf Zahlung von 8.500 € ist gemäß § 104 Abs. 1 SGB VII nicht durchsetzbar.

### 7. Ergebnis zu II.

B hat gegen G keinen Zahlungsanspruch in Höhe von 8.500 € gemäß § 823 Abs. 1 BGB.

> **Hinweis:** Wie Sie die Prüfung eines Tatbestands aufbauen bleibt grundsätzlich Ihnen überlassen. Eine Orientierung an einem der zahlreichen „Schemata" ist für den ersten Zugang hilfreich. Das „eine" oder „richtige" Schema gibt es dabei nicht. Beispielsweise wird im Lösungsvorschlag zum Fall „Der Hochstapler" ein anderer Aufbau der Prüfung des § 823 Abs. 1 BGB gewählt.

### III. Anspruch des B gegen G auf Zahlung in Höhe von 8.500 € gemäß § 823 Abs. 2 iVm. 618 Abs. 1 BGB

B könnte gegen G einen Zahlungsanspruch in Höhe von 8.500 € gemäß § 823 Abs. 2 i.V.m. 618 Abs. 1 BGB haben.

### 1. Verletzung eines Schutzgesetzes

Hierzu bedarf es der Verletzung eines Schutzgesetztes iSv. § 823 Abs. 2 BGB.

### a)  § 618 Abs. 1 BGB als Schutzgesetz

Zwar ist § 618 BGB eine Rechtsnorm iSv. Art. 2 EGBG, jedoch spricht gegen die Schutzgesetzeigenschaft des § 618 BGB neben der Anknüpfung an vertragliche Verhaltenspflichten insbesondere der sonst überflüssige Verweis des § 618 Abs. 3 BGB auf die §§ 842-846 BGB. Mithin fehlt es bereits an einem Schutzgesetz iSv. § 823 Abs. 2 BGB. Öffentlich-rechtliche Vorschriften sind laut Bearbeitervermerk nicht zu prüfen.

### b)  Zwischenergebnis zu 1.

Es liegt keine Schutzgesetzverletzung vor.

### 2.  Ergebnis zu III.

B hat gegen G keinen Zahlungsanspruch in Höhe von 8.500 € gemäß § 823 Abs. 2 i.V.m. 618 Abs. 1 BGB.

### IV.  Ergebnis zu Frage 1

B hat gegen G keinen durchsetzbaren Anspruch auf Zahlung der geltend gemachten Beträge.

Fall 5
# „Wo ein Wille ist, ist auch ein Weg?"

**Schwerpunkte:** Anspruch auf Lohnzahlung, Kein Lohn, ohne Arbeit, Wegrisiko, Wirtschaftsrisiko, Betriebsrisiko
**Fundstellen im Lehrbuch:** Rn. 342 ff., Rn. 368 ff., Rn. 392 ff.

## Lösungsskizze

### Frage

Kann A von F den gesamten Lohn für April verlangen?

- I. Lohn für den Zeitraum 01.04.2020-05.04.2020
  - 1. Arbeitsvertrag
  - 2. Grundsatz „Kein Lohn, ohne Arbeit"
  - 3. Wegerisiko
  - 4. Ergebnis zu I.
- II. Lohn für den Zeitraum 06.04.2020-19.04.2020
  - 1. Arbeitsvertrag
  - 2. Grundsatz „Kein Lohn, ohne Arbeit"
  - 3. Wirtschaftsrisiko – § 615 S. 1 BGB
    - a) Annahmeverzug der F
      - aa) Leistungsberechtigung der A
      - bb) Angebot der Leistung durch A
      - cc) Leistungsvermögen der A
      - dd) Leistungsbereitschaft der A
      - ee) Nichtannahme der Leistung durch F
      - ff) Zwischenergebnis zu a)
    - b) Nichtleistung der A in Folge des Verzugs der F
    - c) Zwischenergebnis zu 3.
  - 4. Ergebnis zu II.
- III. Lohn für den Zeitraum 20.04.2020-30.04.2020
  - 1. Arbeitsvertrag
  - 2. Grundsatz „Kein Lohn, ohne Arbeit"
  - 3. Betriebsrisiko – § 615 S. 3 BGB
    - a) Rechtsgrund oder Rechtsfolgenverweis?
    - b) Annahmeverzug der F
      - aa) Leistungsberechtigung, Leistungsvermögen und Leistungsbereitschaft der A
      - bb) Nichtannahme der Leistung durch F
      - cc) Zwischenergebnis zu b)
    - c) Zwischenergebnis zu 3.
  - 4. Ergebnis zu III.
- IV. Ergebnis

# Lösungsvorschlag

Für die Beantwortung der Frage, ob die A den Lohn für den gesamten Monat April von der F verlangen kann ist nach drei Zeiträumen und damit einhergehend drei verschiedenen Ursachen für die Nichtleistung der A zu differenzieren: 01.04.2020-05.04.2020 („Marderschaden"), 06.04.2020-19.04.2020 (kein Popcorn), 20.04.2020-30.04.2020 (Sturmtief „Egon").

## I.   Lohn für den Zeitraum 01.04.2020-05.04.2020

Die A könnte gegen F einen Anspruch auf Lohnzahlung für den Zeitraum 01.04.2020-05.04.2020 gemäß § 611a Abs. 2 BGB haben.

### 1.   Arbeitsvertrag

Hierzu müsste ein wirksamer Arbeitsvertrag iSv. § 611a BGB zwischen A und F bestehen. Ein solcher wurde laut Sachverhalt geschlossen. Damit hat A grundsätzlich einen Lohnzahlungsanspruch gemäß § 611a Abs. 2 BGB für den besagten Zeitraum.

### 2.   Grundsatz „Kein Lohn, ohne Arbeit"

Dieser Anspruch könnte jedoch gemäß § 326 Abs. 1 S. 1 BGB erloschen sein. Hierzu müsste der A die Erbringung ihrer Arbeitsleistung für diesen Zeitraum unmöglich sein. Die A konnte aufgrund des defekten PKW bis einschließlich zum 05.04.2020 nicht auf der Arbeit erscheinen. Die Arbeitsleistung könnte für A gemäß § 275 Abs. 1 BGB unmöglich geworden sein. Hierzu dürfte die Arbeitsleistung für den Zeitraum bis zum 05.04.2020 nicht nachholbar sein. Grundsätzlich ist die Nachholung einer nicht erfolgten Leistung möglich. Ausnahmsweise gilt dies nicht, wenn es sich bei der geschuldeten Leistung um eine sogenannte „absolute Fixschuld" handelt. Dieser Begriff bezeichnet eine geschuldete Leistung bezüglich derer es maßgeblich auf den Zeitpunkt ihrer Erbringung ankommt. Nach Ablauf dieses Zeitpunkts besteht für den Gläubiger kein Interesse an der Leistung. Bei Dauerschuldverhältnissen (so auch dem Arbeitsverhältnis) scheidet eine Nachholung insbesondere deshalb aus, weil der Schuldner am Folgetag die nächste Teilleistung zu erbringen hat. Die von A zu erbringende Arbeitsleistung war eine absolute Fixschuld. Eine Nachholung ist nicht möglich. Folglich ist die Leistung der A unmöglich (§ 275 Abs. 1 BGB) geworden. Damit entfällt auch gemäß § 326 Abs. 1 S. 1 BGB die Gegenleistungspflicht der F (Zahlung des Lohns § 611a Abs. 2 BGB).

Demnach bestünde kein Zahlungsanspruch der A gegen F gemäß § 611a Abs. 2 BGB für den Zeitraum 01.04.2020-05.04.2020 („kein Lohn, ohne Arbeit").

### 3.   Wegerisiko

Fraglich ist, ob sich aus dem Umstand, dass A zwar arbeiten wollte, dies aber aufgrund des „Marderschadens" nicht konnte auf die durch § 326 Abs. 1 S. 1 BGB getroffene Risikoverteilung auswirkt. A hält der F entgegen sie treffe an dem „Marderschaden" keine Schuld. Auch standen der A keine öffentlichen Nahverkehrsmittel zur Verfügung, um zur Arbeit zu gelangen. § 326 Abs. 1 S. 1 BGB knüpft die Rechtsfolge des Wegfalls der Gegenleistung nur an die Unmöglichkeit der Leistung iSv. § 275 Abs. 1-3 BGB. Ein Verschulden des Schuldners bezüglich des Leistungsausfalls ist somit nicht erforderlich. Objektive Leistungshindernisse, die den Arbeitnehmer daran hindern an seinen Arbeitsplatz zu gelangen fallen nicht in die Risikosphäre des Arbeitgebers, sondern sind als allgemeines Wegrisiko vom Arbeitnehmer zu tragen. Damit trägt der Arbeitnehmer auch das Arbeitsentgeltrisiko (§ 297 BGB). Folglich trägt die A und nicht die F das Risiko aufgrund eines „Marderschadens" den Arbeitsplatz nicht erreichen zu können. Die Pflicht zur Gegenleistung der F ist gemäß § 326 Abs. 1 S. 1 BGB entfallen.

### 4. Ergebnis zu I.

Mithin hat die A gegen F gemäß § 611a Abs. 2 BGB für den Zeitraum 01.04.2020-05.04.2020 keinen Lohnzahlungsanspruch.

### II. Lohn für den Zeitraum 06.04.2020-19.04.2020

Die A könnte gegen F einen Anspruch auf Lohnzahlung für den Zeitraum 06.04.2020-19.04.2020 gemäß § 611a Abs. 2 BGB haben.

### 1. Arbeitsvertrag

Zwischen A und F besteht ein Arbeitsvertrag. Ein Anspruch der A gegen F gemäß § 611a Abs. 2 BGB ist zunächst entstanden.

### 2. Grundsatz „Kein Lohn, ohne Arbeit"

Auch für den Zeitraum 06.04.2020-19.04.2020 entfällt aufgrund der Nichtleistung der A gemäß § 326 Abs. 1 S. 1 BGB die Gegenleistungspflicht der F (§ 611a Abs. 2 BGB).

### 3. Wirtschaftsrisiko – § 615 S. 1 BGB

Jedoch könnte für den Zeitraum 06.04.2020-19.04.2020 der anspruchserhaltende § 615 S. 1 BGB greifen. Dieser erhält den Anspruch auf Lohnzahlung in Fällen des Annahmeverzugs (auch Gläubigerverzug genannt) des Arbeitgebers. Damit erweitert § 615 S. 1 BGB die Rechtsfolgen des Annahmeverzugs iSv. §§ 293 ff. BGB und enthält eine Ausnahme zum Grundsatz „kein Lohn, ohne Arbeit" (§ 326 Abs. 1 S. 1 BGB). Der Verweis des § 615 S. 1 BGB auf die §§ 293 ff. BGB zeigt, dass es sich um Fälle des Verwertungsrisikos handelt. Die durch den Arbeitnehmer angebotene Leistung wird durch den Arbeitgeber aus betrieblichen Gründen, welche dieser zu vertreten hat nicht angenommen. Die Frage nach der Verwendungsmöglichkeit der Arbeitsleistung für den Arbeitgeber ist also keine Frage der Leistungsstörung, sondern des sogenannten Wirtschaftsrisikos Dieses ist dem Arbeitgeber zuzuordnen.

### a)  Annahmeverzug der F

Damit müsste sich die F – für eine Anwendbarkeit der Rechtsfolge des § 615 S. 1 BGB – im Annahmeverzug iSd. §§ 293 ff. BGB befinden.

### aa) Leistungsberechtigung der A

Zwischen A und F besteht ein wirksamer Arbeitsvertrag. Mithin ist die A zur Erbringung ihrer Arbeitsleistung gegenüber F berechtigt.

### bb) Angebot der Leistung durch A

Es bedarf eines Leistungsangebots der A gegenüber F. Die A hat durch Erscheinen am 06.04.2020 in arbeitsfähigen und –bereiten Zustand der F ihre Arbeitsleistung tatsächlich iSv. § 294 BGB angeboten. Daneben wäre ein Angebot der A im Übrigen wohl gemäß § 296 S. 1 BGB entbehrlich gewesen. Die kalendarisch bestimmte Handlung des Arbeitgebers (F) besteht nämlich in dem Bereitstellen eines funktionsfähigen Arbeitsplatzes und der Zuweisung von Arbeit. Dies ist durch die F am 06.04.2020 nicht erfolgt. Die A hat der F ihre Leistung in verzugsbegründender Weise angeboten.

### cc)  Leistungsvermögen der A

A müsste während des gesamten Verzugszeitraums zur Leistung ihrer Arbeit fähig iSv. § 297 BGB gewesen sein. Leistungsfähigkeit setzt voraus, dass der Arbeitnehmer tatsächlich und rechtlich zur geschuldeten Arbeitsleistung in der Lage ist. Die A war während des gesamten Zeitraums 06.04.2020-19.04.2020 in der Lage ihre Arbeitsleistung zu erbringen und damit leistungsfähig.

### dd) Leistungsbereitschaft der A

Daneben hatte die A während der gesamten Zeit des Annahmeverzugs den ernsthaften Willen ihre Arbeitsleistung zu erbringen. Die A war leistungsbereit.

> **Hinweis:** Dieses Merkmal ist dem Wortlaut des § 297 BGB nicht zu entnehmen wird aber nach allgemeiner Auffassung in diesen hineingelesen. Den Prüfungspunkt „Leistungsbereitschaft" können Sie daher in den Punkt „Leistungsvermögen" integrieren, müssen ihn aber dennoch (leider) „auswendig" lernen.

### ee) Nichtannahme der Leistung durch F

F dürfte das Angebot der A auf Erbringung der Arbeitsleistung nicht angenommen haben. Unter Nichtannahme ist jedes Verhalten zu verstehen, dass den Eintritt der Erfüllung (§ 362 BGB) verhindert. Die F schickte die A nach Hause und verhinderte so, dass A ihre Leistung erbringt. Auch war der F die Annahme nach § 242 BGB nicht unzumutbar. Der Umstand, dass kein Popcorn vorhanden ist, welches die A verkaufen soll, folgt aus der fehlenden Einigung der F mit P. Folglich liegt eine Nichtannahme der Leistung durch F vor.

### ff) Zwischenergebnis zu a)

F befindet sich in dem Zeitraum 06.04.2020-19.04.2020 im Annahmeverzug iSv. §§ 293 ff. BGB.

### b) Nichtleistung der A in Folge des Verzugs der F

Die F schickte A für den Zeitraum 06.04.2020-19.04.2020 nach Hause. Damit beruht die Nichtleistung der A auf dem Annahmeverzug der F.

### c) Zwischenergebnis zu 3.

Mithin liegt in der fehlenden Belieferung der F mit Popcorn ein von dieser zu tragendes Wirtschaftsrisiko. Gemäß § 615 S. 1 BGB besteht der Lohnanspruch der A für den Zeitraum 06.04.2020-19.04.2020 fort.

### 4. Ergebnis zu II.

A hat gegen F einen Anspruch auf Lohnzahlung für den Zeitraum 06.04.2020-19.04.2020 gemäß § 611a Abs. 2 BGB.

### III. Lohn für den Zeitraum 20.04.2020-30.04.2020

Die A könnte gegen F einen Anspruch auf Lohnzahlung für den Zeitraum 20.04.2020-30.04.2020 gemäß § 611a Abs. 2 BGB haben.

### 1. Arbeitsvertrag

Zwischen A und F besteht ein Arbeitsvertrag. Ein Anspruch der A gegen F gemäß § 611a Abs. 2 BGB ist zunächst entstanden.

### 2. Grundsatz „Kein Lohn, ohne Arbeit"

Auch für den Zeitraum 20.04.2020-30.04.2020 entfällt aufgrund der Nichtleistung der A gemäß § 326 Abs. 1 S. 1 BGB zunächst die Gegenleistungspflicht der F (§ 611a Abs. 2 BGB).

### 3. Betriebsrisiko – § 615 S. 3 BGB

Jedoch könnte für den Zeitraum 20.04.2020-30.04.2020 die anspruchserhaltende Norm des § 615 S. 3 BGB i.V.m. § 615 S. 1 BGB greifen. Diese Norm kodifiziert die durch die Rechtsprechung entwickelte Betriebsrisikolehre. Diese erfasst Fälle, in denen eine Leistungsstörung vorlag. Die Arbeitsleistung also aus betriebstechnischen Gründen unmöglich ist, die weder Arbeitnehmer noch Arbeitgeber nach zivilrechtlichen Grundsätzen zu vertreten haben. Solche Gründe sind etwa Naturkatastrophen oder witterungsbedingte Arbeitsausfälle. In solchen Fällen ist das Risiko den Betrieb nicht aufrechterhalten zu können dem Arbeitgeber zuzuordnen.

### a) Rechtsgrund oder Rechtsfolgenverweis?

Fraglich ist jedoch wie der Verweis des § 615 S. 3 BGB auf eine entsprechende (= analoge) Anwendung des § 615 S. 1 und 2 BGB zu verstehen ist. Zum einen kann man § 615 S. 3 BGB als Rechtsfolgenverweisung verstehen. D.h., dass die Rechtsfolge des § 615 S. 1 BGB in Fällen des Betriebsrisikos angewandt wird und „automatisch" eine Anspruchserhaltung stattfindet. Zum anderen kann man § 615 S. 1 BGB als (eingeschränkten, da ein Angebot des Arbeitnehmers bei Verwirklichung des Betriebsrisikos zwecklos ist) Rechtsgrundverweis verstehen. D.h., dass die Voraussetzungen des § 615 S. 1 BGB zu prüfen sind. Ein Streit ist jedenfalls dann entbehrlich, wenn die Voraussetzungen des § 615 S. 1 BGB erfüllt sind.

> **Hinweis:** Dieser dogmatische Streit wird in einer Klausur kaum in der gebotenen Kürze darzustellen sein. Es dürfte daher für die Klausurbearbeitung (v.a. im Nebenfach) genügen das Betriebsrisiko zu erläutern und mit dem Verweis aus § 615 S. 3 BGB auf § 615 S. 1 BGB festzustellen, dass der Lohnanspruch weiterhin besteht.

### b) Annahmeverzug der F

F müsste sich für den Zeitraum 20.04.2020-30.04.2020 im Annahmeverzug iSd. §§ 293 ff. BGB befunden haben.

### aa) Leistungsberechtigung, Leistungsvermögen und Leistungsbereitschaft der A

Die A war für den Zeitraum 20.04.2020-30.04.2020 aufgrund ihres Arbeitsvertrages mit F berechtigt ihre Arbeitsleistung zu erbringen. Weiter war der A die Erbringung ihrer Leistung (Verkauf von Popcorn) iSv. § 297 BGB weiterhin möglich (lediglich der Freizeitpark der F war geschlossen). Auch war A über den gesamten Zeitraum ernsthaft gewillt ihre Arbeitsleitung zu erbringen.

### bb) Nichtannahme der Leistung durch F

Die F hat die Leistung der A nicht angenommen.

### cc) Zwischenergebnis zu b)

Folglich befand sich die F für den Zeitraum 20.04.2020-30.04.2020 im Annahmeverzug iSd. §§ 293 ff. BGB. Ein Streitentscheid ist somit nicht erforderlich.

### c) Zwischenergebnis zu 3.

Hinsichtlich der Schließung des Freizeitparks für den Zeitraum 20.04.2020-30.04.2020 trifft die F das Betriebsrisiko. Der Anspruch der A gemäß § 611a Abs. 2 BGB bleibt nach § 615 S. 3 BGB i.V.m. § 615 S. 1 BGB (analog) bestehen.

### 4. Ergebnis zu III.

A hat gegen F einen Anspruch auf Lohnzahlung für den Zeitraum 20.04.2020-30.04.2020 gemäß § 611a Abs. 2 BGB.

## IV. Ergebnis

A hat gegen F einen Anspruch auf Lohnzahlung für die Zeiträume 06.04.2020-19.04.2020 und 20.04.2020-30.04.2020 gemäß § 611a Abs. 2 BGB. Ein Anspruch auf Lohnzahlung für den gesamten Monat April besteht somit nicht

Fall 6
# „Corona und die Folgen"

**Schwerpunkte:** „Kein Lohn, ohne Arbeit", Lohnfortzahlungsanspruch, § 3 EFZG, § 616 BGB, § 56 IfSG
**Fundstellen im Lehrbuch:** Rn. 368 ff., Rn. 376 ff., Rn. 394 ff.

## Lösungsskizze

### Frage

Hat A gegen S einen Anspruch auf Zahlung des anteiligen Lohns für den Zeitraum vom 13.03. bis zum 27.03.2020?

  I. Grundsatz „Kein Lohn, ohne Arbeit"
 II. Ausnahme – Vorliegen einer vergütungserhaltenden Norm
    1. Anspruch des A gegen S aus § 3 Abs. 1 S. 1 EFZG
      a) Arbeitsverhältnis
      b) Hinreichende Dauer des Arbeitsverhältnisses – § 3 Abs. 3 EFZG
      c) Arbeitsverhinderung infolge auf Krankheit beruhender Arbeitsunfähigkeit
      d) Zwischenergebnis zu 1.
    2. Anspruch des A gegen S aus § 616 S. 1 BGB
      a) Subsidiarität des § 616 BGB
      b) Verhinderung von der Erbringung der Arbeitsleistung
      c) In der Person des A liegender Grund
      d) Kausalzusammenhang zwischen der Arbeitsverhinderung und dem in der Person des A liegenden Grund
      e) Kein Verschulden des A
      f) Verhältnismäßig nicht erhebliche Zeit
      g) Zwischenergebnis zu 2.
    3. Anspruch des A gegen S aus § 56 Abs. 1 S. 2 IfSG
      a) A als Ansteckungsverdächtiger iSv. § 56 Abs. 1 S. 2 IfSG
      b) Absonderung des A iSv. §§ 56 Abs. 1 S. 2, 30 Abs. 1 S. 2 IfSG (Quarantäne)
      c) Verdienstausfall des A aufgrund der Quarantäne
      d) Zwischenergebnis zu 3.
      d) Zwischenergebnis zu II.
III. Ergebnis

# Lösungsvorschlag

A könnte gegen S einen Anspruch auf Zahlung des anteiligen Lohns für den Zeitraum vom 13.03. bis zum 27.03.2020 gemäß § 611a Abs. 2 BGB haben.

## I. Grundsatz „Kein Lohn, ohne Arbeit"

Hierzu bedarf es zunächst eines Arbeitsverhältnisses zwischen A und S iSv. § 611a BGB. A ist seit dem 01.01.2020 durch einen Arbeitsvertrag mit S für diesen als Wachmann eingestellt. Folglich besteht zwischen A und S ein Arbeitsverhältnis iSv. § 611a BGB. Ferner müsste der A seine gemäß § 611a Abs. 1 BGB geschuldete Arbeitsleistung erbracht haben. A hat in der Zeit vom 13.03. bis zum 27.03.2020 nicht gearbeitet. Bei der Arbeitsleistung handelt es sich um eine sogenannte absolute Fixschuld, welche durch den Arbeitnehmer nicht nachholbar ist (rechtliche Unmöglichkeit gemäß § 275 Abs. 1 BGB). Mit dem Wegfall der Arbeitsleistung (§ 275 Abs. 1 BGB) entfällt auch die Gegenleistung gemäß § 326 Abs. 1 S. 1 BGB („Kein Lohn, ohne Arbeit"). Mithin ist der Anspruch des A gegen den S auf Zahlung des anteiligen Lohns für die Zeit vom 13.03. bis zum 27.03.2020 gemäß § 326 Abs. 1 S. 1 BGB zunächst erloschen.

## II. Ausnahme – Vorliegen einer vergütungserhaltenden Norm

Fraglich ist, ob zugunsten des A eine anspruchserhaltende Norm greift.

### 1. Anspruch des A gegen S aus § 3 Abs. 1 S. 1 EFZG

A könnte gegen S einen Lohnfortzahlungsanspruch gemäß § 3 Abs. 1 S. 1 EFZG für den Zeitraum vom 13.03. bis zum 27.03.2020 haben.

### a) Arbeitsverhältnis

Zwischen A und S besteht ein Arbeitsverhältnis iSv. § 611a BGB (s.o.).

### b) Hinreichende Dauer des Arbeitsverhältnisses – § 3 Abs. 3 EFZG

A ist bereits seit dem 01.01.2020 für S angestellt. Eine Unterbrechung der Tätigkeit ist dem Sachverhalt nicht zu entnehmen. Folglich ist die Entstehung des Anspruchs nicht nach § 3 Abs. 3 EFZG gehindert.

### c) Arbeitsverhinderung infolge auf Krankheit beruhender Arbeitsunfähigkeit

Ferner müsste A infolge von Krankheit an der Ausübung seiner Tätigkeit verhindert gewesen sein. Eine Krankheit im medizinischen Sinn und damit iSd. EFZG ist anzunehmen, wenn ein regelwidriger Körper- und Geisteszustand vorliegt. Es bestand der Verdacht, dass der A sich mit dem „Corona-Virus" infiziert hat. Zwar stellt eine solche Infektion fraglos einen regelwidrigen Körperzustand dar, jedoch hatte sich A nicht infiziert. Auch blieb A aufgrund der angeordneten Quarantäne und nicht aufgrund einer anderweitigen Krankheit von der Arbeit fern. Damit beruhte die Arbeitsverhinderung nicht auf einer Krankheit des A.

### d)  Zwischenergebnis zu 1.

A hat gegen S keinen Lohnfortzahlungsanspruch gemäß § 3 Abs. 1 S. 1 EFZG für den Zeitraum vom 13.03. bis zum 27.03.2020.

### 2.  Anspruch des A gegen S aus § 616 S. 1 BGB

A könnte gegen S einen Lohnfortzahlungsanspruch gemäß § 616 S. 1 BGB für den Zeitraum vom 13.03. bis zum 27.03.2020 haben.

> **Hinweis:**  Vorliegend handelt es sich nicht um einen Fall des Betriebsrisikos (§ 615 S. 3 BGB). Bei der angeordneten Quarantäne handelt es sich um ein in der Person des Arbeitnehmers liegendes Hindernis.

### a)  Subsidiarität des § 616 BGB

In Rede von Arbeitnehmern (im Gegensatz zu Dienstnehmern) ist § 616 S. 1 BGB gegenüber dem Lohnfortzahlungsanspruch des § 3 Abs. 1 EFZG subsidiär. A war nicht aufgrund einer Krankheit an der Verrichtung der Arbeit verhindert. Ein Anspruch aus § 3 Abs. 1 EFZG besteht nicht (s.o.). Demnach ist § 616 S. 1 BGB im konkreten Fall anwendbar.

### b)  Verhinderung von der Erbringung der Arbeitsleistung

Zunächst müsste ein Leistungshindernis vorliegen, welches zur Befreiung von der Arbeitspflicht führt. A könnte gemäß § 275 Abs. 1 BGB von seiner Leistungspflicht durch Anordnung der Quarantäne (§ 30 Abs. 1 S. 2 IfSG) befreit worden sein. Die Anordnung einer Quarantäne nach § 30 Abs. 1 S. 2 IfSG hat zur Folge, dass der Betroffene abzusondern ist. Dies hat in geeigneter Weise zu geschehen. Dies kann sowohl durch Aufenthalt in einem Krankenhaus, als auch im eigenen Haushalt geschehen. Die Absonderung verhindert, dass der Betroffene mit Dritten in Kontakt kommt und kann auch durch zwangsweise Unterbringung durchgesetzt werden (§ 30 Abs. 2 IfSG). A ist es aufgrund seiner Tätigkeit als Wachmann nicht möglich aus dem „Homeoffice" zu arbeiten. Demnach war dem A die Wahrnehmung seiner Tätigkeit nach Anordnung der Quarantäne durch die zuständige Behörde rechtlich unmöglich (§ 275 Abs. 1 BGB). Der A war gemäß § 275 Abs. 1 BGB von seiner Leistungspflicht befreit.

### c)  In der Person des A liegender Grund

Der Hinderungsgrund muss in der Person des Arbeitnehmers bestehen. Dafür genügt es, wenn sie allgemein in seinen persönlichen Lebensumständen gründet und sich nicht auf einen größeren Kreis von Arbeitnehmern bezieht. Die angeordnete Quarantäne – selbst, wenn sie auf einem Verdacht beruht – knüpft unmittelbar an die Person des Betroffenen an. Folglich besteht mit der angeordneten Quarantäne ein in der Person des A liegender Grund.

### d) Kausalzusammenhang zwischen der Arbeitsverhinderung und dem in der Person des A liegenden Grund

Ferner muss der in der Person des A liegende Grund der alleinige für die Arbeitsverhinderung vom 13.03. bis zum 27.03.2020 sein (sogenannte Monokausalität). Ohne die Anordnung der Quarantäne wäre es dem A möglich gewesen seine Arbeit zu verrichten. Auch war A in dieser Zeit nicht aufgrund von Krankheit (s.o.) oder anderen Umständen arbeitsunfähig oder befand sich im Urlaub. Demnach beruht die Arbeitsverhinderung des A allein auf der angeordneten Quarantäne, also einem in der Person des A liegenden Grund.

### e) Kein Verschulden des A

Den A trifft hinsichtlich des Vorliegens eines in seiner Person bestehenden Hinderungsgrundes kein Verschulden (§ 276 Abs. 1 BGB). Die Anordnung der Quarantäne erfolgt als Vorsichtsmaßnahme infolge des Kontakts des A mit einem Infizierten.

### f) Verhältnismäßig nicht erhebliche Zeit

Fraglich ist, ob die Arbeitsverhinderung vom 13.03. bis zum 27.03.2020 eine verhältnismäßig nicht erhebliche Zeit darstellt (§ 616 S. 1 BGB). Dauert die Verhinderung länger als diese verhältnismäßig nicht erhebliche Zeit an, so entfällt der Anspruch auf Lohnfortzahlung vollständig. Für eine Konkretisierung dieses unbestimmten Rechtsbegriffs sind die konkreten Umstände des Einzelfalls zu berücksichtigen. Als Orientierungshilfe kann das Verhältnis der Dauer des Arbeitsverhältnisses zu der Verhinderungszeit herangezogen werden. Eine Auslegung des § 616 S. 1 BGB im Zusammenhang mit anderen anspruchserhaltenen Normen ergibt, dass dieser nur Minimalzeiträume von wenigen Tagen erfasst. § 2 Abs. 1 PflegeZG und § 45 Abs. 2 SGB V sehen eine Fortzahlung für maximal zehn Tage vor. § 3 Abs. 1 S. 1 EFZG gewährt eine Fortzahlung von sechs Wochen. Dies gilt jedoch nur im Krankheitsfall des Arbeitnehmers. Der von § 616 S. 1 BGB erfasste Zeitraum muss also unter diesen Zeiträumen liegen. Auch, wenn personengebunden Tätigkeiten regelmäßig das Risiko eines Ausfalls innewohnt und § 616 BGB die Existenzgrundlage des Arbeitnehmers schützen will, dürfen die Interessen des Arbeitgebers nicht vollständig zurücktreten. Es müssen die Interessen des Arbeitgebers an der Erträglichkeit des Dienstausfalls und diejenigen des Arbeitnehmers an der Anerkennung der Verhinderung gegeneinander abgewogen werden. Die pandemiebedingten Einschränkungen des Wirtschaftslebens treffen auch den S. Dieser muss zur Wahrung seiner vertraglichen Pflichten die Schichten des A mit anderen Arbeitnehmern füllen. Dies führt bei bestehender Lohnfortzahlung für A zu einer finanziellen Doppelbelastung. Auch besteht das Interesse des A an dem langfristigen Fortbestand seiner Arbeitsstelle. Dies setzt voraus, dass der S die „Corona-Krise" wirtschaftlich übersteht. Demnach ist dem S eine Lohnfortzahlung für die Dauer von zwei Wochen nicht zumutbar. Folglich ist die Verhinderung des A vom 13.03. bis zum 27.03.2020 verhältnismäßig erheblich.

**Hinweis:** Eine andere Auffassung ist an dieser Stelle gut vertretbar.

### g)  Zwischenergebnis zu 2.

A hat gegen S keinen Lohnfortzahlungsanspruch gemäß § 616 S. 1 BGB für den Zeitraum vom 13.03. bis zum 27.03.2020.

### 3.  Anspruch des A gegen S aus § 56 Abs. 1 S. 2 IfSG

A könnte gegen S einen Lohnfortzahlungsanspruch gemäß § 56 Abs. 1 S. 2 IfSG für den Zeitraum vom 13.03. bis zum 27.03.2020 haben. Diese Entschädigung für den Verdienstausfall ist gemäß § 56 Abs. 5 S. 1 IfSG für längstens sechs Wochen vom Arbeitgeber zu zahlen, wobei dieser den Betrag gemäß § 56 Abs. 5 S. 2 IfSG von der zuständigen Behörde erstatten lassen kann. Es müssten die Voraussetzungen des § 56 Abs. 1 S. 2 IfSG vorliegen.

### a)  A als Ansteckungsverdächtiger iSv. § 56 Abs. 1 S. 2 IfSG

Dafür müsste A Ansteckungsverdächtiger iSv. § 56 Abs. 1 S. 2 IfSG sein. A stand mit einem Infizierten in Kontakt. Damit ist A gemäß §§ 2 Nr. 7, 30 Abs. 1 S. 2 IfSG sonstiger Ansteckungsverdächtiger.

### b)  Absonderung des A iSv. §§ 56 Abs. 1 S. 2, 30 Abs. 1 S. 2 IfSG (Quarantäne)

Als sonstiger Ansteckungsverdächtiger iSd. § 30 Abs. 1 S. 2 IfSG ist A abzusondern (d.h. unter Quarantäne zu stellen). Mithin liegen die Anspruchsvoraussetzungen des § 56 Abs. 1 S. 2 IfSG vor.

### c)  Verdienstausfall des A aufgrund der Quarantäne

Der Anspruch besteht jedoch nur, wenn A den Verdienstausfall allein aufgrund der Quarantäne erlitten hat. § 56 Abs. 1 S. 2 IfSG greift nicht, sofern der Arbeitgeber aus anderen Vorschriften zur Lohnfortzahlung verpflichtet ist (Subsidiarität). S ist dem A weder aus § 3 Abs. 1 S. 1 EFZG, noch aus § 616 S. 1 BGB zur Lohnfortzahlung verpflichtet. Der Verdienstausfall des A beruht alleine auf der angeordneten Quarantäne.

### d)  Zwischenergebnis zu 3.

A hat gegen S einen Lohnfortzahlungsanspruch gemäß § 56 Abs. 1 S. 2 IfSG für den Zeitraum vom 13.03. bis zum 27.03.2020.

### d)  Zwischenergebnis zu II.

Mit bestehendem Entschädigungsanspruch des A gegen S gemäß § 56 Abs. 1 S. 2 IfSG bleibt dessen Vergütungsanspruch erhalten.

### III.  Ergebnis

A hat gegen S einen Anspruch auf Zahlung des anteiligen Lohns für den Zeitraum vom 13.03. bis zum 27.03.2020 gemäß § 611a Abs. 2 BGB (i.V.m. § 56 Abs. 1 S. 2 IfSG).

Fall 7

# „Der Profifußballer"

**Schwerpunkte:** Weisungsrecht des Arbeitgebers, Rechtmäßigkeit einer Vertragsstrafe, Besonderheiten des Profifußballs
**Fundstellen im Lehrbuch:** Rn. 114, Rn. 283 f., Rn. 399 f., Rn. 404 ff.

## Lösungsskizze

## Ausgangsfall

### Frage 1

Ist die Versetzung des P von der 1. Mannschaft SG I in die 3. Mannschaft SG III rechtmäßig?

   I. Arbeitsvertrag
  II. Rechtmäßigkeit der Weisung
     1. Konkretisierung der Arbeitspflicht
     2. Billiges Ermessen iSv. § 106 S. 1 GewO
     3. Zwischenergebnis zu II.
 III. Ergebnis zu Frage 1

## Fallfortsetzung

### Frage 2

Hat die SG F einen Anspruch gegen P auf Zahlung von 50.000 €?

   I. Arbeitsvertrag
  II. Einordnung § 7 des Arbeitsvertrags – Abgrenzung Vertragsstrafe/Betriebsbuße/
     pauschalierter Schadensersatz
 III. Vertragsstrafe
     1. Zulässigkeit der Vertragsstrafe
     2. Hauptverbindlichkeit
     3. Verwirkung der Vertragsstrafe
       a) Nicht gehörige Erfüllung
       b) Verschulden des P
     4. Angemessenheit der Vertragsstrafe
       a) Bestimmtheit
       b) Berechtigtes Interesse des Arbeitgebers an der Strafe
       c) Angemessenheit der Strafhöhe
       d) Zwischenergebnis zu 4.
     5. Zwischenergebnis zu III.
 IV. Ergebnis zu Frage 2

# Lösungsvorschlag

## Frage 1

Für die Rechtmäßigkeit der Versetzung des P in die 3. Mannschaft SG III müssten die Bedingungen des Arbeitsverhältnisses zwischen P und der SG F dahingehend wirksam konkretisiert worden sein.

### I. Arbeitsvertrag

Es bedarf eines zwischen P und der SG F bestehenden Arbeitsverhältnisses. P ist bei der SG F angestellt. Er trainiert und spielt für die SG I. Nach der Rechtsprechung des BAG unterfallen auch Fußballprofis dem Arbeitnehmerbegriff. Der zwischen P und der SG F bestehende Vertrag ist folglich ein Arbeitsvertrag iSv. § 611a BGB. Damit besteht ein Arbeitsverhältnis zwischen P und der SG F.

### II. Rechtmäßigkeit der Weisung

Fraglich ist, ob die Weisung gegenüber P rechtmäßig erfolgt ist. Das Weisungsrecht folgt aus dem Arbeitsvertrag selbst und findet seine Grenze in der Bestimmung des § 106 S. 1 GewO. Es dient dazu die rahmenmäßig umschriebene Tätigkeit des Arbeitnehmers näher zu bestimmen. Als Leistungsbestimmungsrecht iSd. § 315 BGB ist das Weisungsrecht ein Gestaltungsrecht. Es wird durch den Arbeitgeber oder von durch diesen hierzu ermächtigte Personen ausgeübt. Der weisungsberechtigte T erteilte dem P gegenüber die Weisung. Die Prüfung Rechtmäßigkeit einer Weisung erfolgt zweistufig. Zunächst ist zu prüfen, ob die Weisung die Arbeitspflicht des Arbeitnehmers konkretisiert oder unzulässig einseitig verändert. Anschließend ist zu prüfen, ob die Konkretisierung nach billigem Ermessen erfolgt ist.

#### 1. Konkretisierung der Arbeitspflicht

Folglich müsste die Versetzung des P in die 3. Mannschaft SG III eine Konkretisierung der Arbeitspflicht des P gegenüber der SG F darstellen. Dies ist der Fall, wenn die Tätigkeit des Arbeitnehmers nur rahmenmäßig umschrieben ist. Eine bereits eingetretene Konkretisierung des Arbeitsverhältnisses beschränkt den Umfang des Weisungsrechts des Arbeitgebers. Sind besondere Umstände eingetreten, aufgrund derer der Arbeitnehmer annehmen kann und darauf vertrauen darf nicht anderweitig eingesetzt zu werden, so ist das Weisungsrecht diesbezüglich eingeschränkt. Der P ist vertraglich für die 1. Mannschaft SG I angestellt. P trainiert mit der 1. Mannschaft und bestreitet nur für diese Pflichtspiele. Der Arbeitsvertrag sieht nicht vor, dass P auch für die anderen Mannschaften der SG F eingesetzt wird. Demnach ist die Arbeitspflicht des P auf die 1. Mannschaft SG I konkretisiert. Das Weisungsrecht der SG F ist demnach eingeschränkt. Die Versetzung des P in 3. Mannschaft SG III der Regionalliga Südwest stellt demnach eine einseitige Änderung der Arbeitspflicht des P dar. Mithin ist die Weisung aufgrund bestehender arbeitsvertraglicher Konkretisierung der Tätigkeit des P rechtswidrig.

**Hinweis:** Streng genommen könnten Sie die Prüfung an dieser Stelle beenden. Der Bearbeitervermerk verweist Sie jedoch darauf alle aufgeworfenen Rechtsfragen gegebenenfalls hilfsgutachterlich zu prüfen. Daher erfolgen die weiteren Überlegungen zur Rechtmäßigkeit der Weisung hilfsweise für den Fall, dass von einer zulässigen Konkretisierung der Arbeitspflicht des P durch die Weisung des Trainers auszugehen ist.

## 2. Billiges Ermessen iSv. § 106 S. 1 GewO

Der weisungsberechtigte Trainer müsste das Weisungsrecht bei Versetzung des P in die 3. Mannschaft SG III nach billigem Ermessen iSv. § 106 S. 1 GewO ausgeübt haben. Dafür müssten die wechselseitigen berechtigten Interessen angemessen berücksichtigt und wesentliche Umstände abgewogen worden sein. Abzuwägen sind konkret das Interesse des Arbeitnehmers an der dauerhaften Aufgabenwahrnehmung und das Interesse des Arbeitgebers an einem flexiblen Personaleinsatz. Dabei umfasst das Weisungsrecht des Arbeitgebers nicht die Befugnis den Arbeitnehmer – auch bei gleichbleibender Bezahlung – auf einen Arbeitsplatz mit geringwertiger Entlohnung zu versetzen. Der Arbeitgeber darf dem Arbeitnehmer damit grundsätzlich keine geringere Tätigkeit als die vertraglich vereinbarte Tätigkeit zuweisen. Die Spieler der 3. Mannschaft SG III erhalten 8.000 € weniger Bruttomonatsgehalt als die Spieler der SG III. Auch unterscheidet sich das Leistungsniveau des Trainings- und Spielbetriebs in der Regionalliga Südwest grundlegend von dem der Bundesliga. Durch die Versetzung des P in die SG III wird diesem eine geringere Tätigkeit zugewiesen. Dabei ist dem Sachverhalt nicht zu entnehmen, dass die Mannschaft des SG III dringend Spieler benötigt und ein Einsatz des P daher erforderlich sei. Das Interesse der SG F an einer Versetzung des P ist damit besonders gering. Vielmehr handelt es sich bei der „Verbannung" des P in die 3. Mannschaft um eine Sanktion für das Verschießen des Elfmeters im Spiel gegen den FC M. Hinsichtlich des Interesses des P an der dauerhaften Tätigkeit für die SG I ist den besonderen Umständen des Profifußballs Rechnung zu tragen. Profifußballer müssen auf ihrem Leistungsniveau trainieren. Steigerung und Erhalt der Leistungsstärke des Spielers sind maßgeblich für dessen berufliches Fortkommen und dessen Marktwert. Daher besteht zwar keine Einsatzpflicht für Pflichtspiele, jedoch muss der Spieler zum Trainingsbetrieb auf seinem Leistungsniveau eingesetzt werden. Für einen Leistungsverfall des P, der den Einsatz in einer weniger leistungsstarken Mannschaft der SG F rechtfertigt, bestehen keine Anhaltspunkte. Eine Versetzung in die SG III stellt damit keine vertragsgemäße Beschäftigung des P dar. Das Interesse des P an einer Weiterbeschäftigung für die SG I überwiegt das Interesse der SG F an einem flexiblen Personaleinsatz. Die Weisung war mithin unbillig.

## 3. Zwischenergebnis zu II.

Somit erfolgte die Weisung insgesamt nicht nach billigem Ermessen iSv. § 106 S. 1 GewO. Die Weisung des Trainers der SG F gegenüber P war rechtswidrig.

### III. Ergebnis zu Frage 1

Die Versetzung des P aus der SG I in die SG III stellt keine wirksame Konkretisierung der Arbeitspflicht des zwischen P und der SG F bestehenden Arbeitsvertrages dar. Die Versetzung des P in die SG III war rechtswidrig.

### Frage 2

Die SG F könnte gegen P einen Anspruch auf Zahlung von 50.000 € gemäß § 311 Abs. 1 BGB iVm. § 7 des Arbeitsvertrags haben.

### I. Arbeitsvertrag

Zunächst müsste zwischen P und der SG F ein wirksamer Vertrag bestehen. Zwischen P und der SG F besteht ein Arbeitsvertrag iSv. § 611a BGB (s.o.).

### II. Einordnung § 7 des Arbeitsvertrags – Abgrenzung Vertragsstrafe/ Betriebsbuße/pauschalierter Schadensersatz

Weiter müsste § 7 des Arbeitsvertrags einen Zahlungsanspruch der SG F enthalten. Fraglich ist, wie die vertragliche Bestimmung einzuordnen ist. Dies ist durch Auslegung der Bestimmung zu ermitteln (§§ 133, 157 BGB). Der Spielervertrag zwischen P und der SG F ist individuell ausgehandelt. Somit handelt es sich bei § 7 des Arbeitsvertrags nicht um AGB iSd. §§ 305 ff. BGB. In Betracht kommt eine Einordnung der Bestimmung als Vertragsstrafe, pauschalierter Schadensersatz oder Betriebsbuße. Diese Abgrenzung ist aufgrund der verschiedenen Voraussetzungen und Rechtsfolgen der Rechtsfiguren erforderlich. Unter einer Betriebsbuße versteht man Maßnahmen des Arbeitgebers zur Ahndung von Verstößen gegen die kollektive Ordnung des Betriebs. Auch wenn die Pflichten von Fußballprofis auf ein mannschaftsdienliches Verhalten gerichtet sind und damit einen kollektiven Bezug haben, wertet die Rechtsprechung sie dennoch als einzelvertragliche Pflichten. § 7 des Arbeitsvertrags sanktioniert überwiegend privates Verhalten des Spielers. Dies ist keine Ahndung eines Verstoßes gegen den ungestörten Betriebsablauf, sondern dient der Durchsetzung von Verhaltensregeln, die das Verhältnis zwischen der SG F und P betreffen. § 7 des Arbeitsvertrags ist mangels kollektiven Bezugs nicht als Betriebsbuße zu verstehen. Der pauschalierte Schadensersatz knüpft (anders als die Vertragsstrafe) an einen dem Grunde nach bestehenden Ersatzanspruch an. Zur Abgrenzung der Instrumente ist darauf abzustellen, ob die vereinbarte Zahlung eines Pauschalbetrags im Fall einer Pflichtverletzung nach dem Parteiwillen in erster Linie die ordnungsgemäße Erfüllung der geschuldeten Leistung sichern und auf den Vertragspartner einen entsprechenden Druck ausüben (Vertragsstrafe) oder lediglich der vereinfachenden Durchsetzung eines als bestehend vorausgesetzten Schadensersatzanspruchs (pauschalierter Schadensersatz) dienen soll. § 7 des Arbeitsvertrages dient nicht dem Zweck die Durchsetzung eines Ersatzanspruchs gegen den P zu erleichtern, sondern den P zu disziplinieren. Es soll ein „Anreiz" für P geschaffen werden, sich vertragskonform zu verhalten. Demnach ist § 7 des Arbeitsvertrags als (akzessorische) Vertragsstrafe zu verstehen, die es dem P auferlegt, keine den Verein schädigende Handlungen vorzunehmen.

### III. Vertragsstrafe

Die in § 7 des Arbeitsvertrags enthaltene Vertragsstrafe müsste grundsätzlich zulässig, verwirkt und insgesamt angemessen sein.

### 1. Zulässigkeit der Vertragsstrafe

Die Vereinbarung einer Vertragsstrafe in einem Arbeitsvertrag müsste zulässig sein. Die Zulässigkeit einer Vertragsstrafe ergibt sich bereits aus einem Umkehrschluss zu § 12 Abs. 2 Nr. 2 BBiG. Aus dem spezifischen Verbot der Vereinbarung von Vertragsstrafen für Berufsausbildungsverträge kann auf die allgemeine Zulässigkeit in Arbeitsverträgen geschlossen werden. Insbesondere das Vollstreckungsverbot des § 888 Abs. 3 ZPO macht es erforderlich die Leistung des Arbeitnehmers anderweitig sicher zu stellen. Mithin ist die Vereinbarung einer Vertragsstrafe in einem Arbeitsvertrag grundsätzlich zulässig.

### 2. Hauptverbindlichkeit

Aufgrund der Akzessorietät der Vertragsstrafe muss zunächst eine wirksame Hauptverbindlichkeit bestehen („seine Verbindlichkeit" § 339 BGB). Mit der sich aus dem Arbeitsvertrag ergebenden Arbeitspflicht des P liegt eine solche Verbindlichkeit vor. § 7 des Arbeitsvertrags knüpft an diese Pflicht an.

### 3. Verwirkung der Vertragsstrafe

P müsste die Vertragsstrafe verwirkt haben. Hierzu bedarf es der schuldhaften Verletzung der Hauptverbindlichkeit oder einer diese sichernde Nebenpflicht, an welche die Vertragsstrafe knüpft.

### a) Nicht gehörige Erfüllung

Die Arbeitspflicht des P umfasst die Teilnahme an dem Training und gegebenenfalls Pflichtspielen der SG I. § 7 des Arbeitsvertrags erweitert die Arbeitspflicht um eine Nebenpflicht dahingehend, dass neben die Leistung auch eine angemessene Repräsentation der SG F durch P nach außen tritt. Schädigt P den Ruf der SG F durch sein öffentliches Verhalten, so erfüllt er die vertragliche Pflicht nicht gehörig iSv. §§ 339 S. 1, 341 Abs. 1 BGB. Das alkoholisierte und unangemessene Auftreten des P in einem Szeneclub in F sorgte für negative Schlagzeilen: „Skandal um P – Spieler der SG Fußballfreunde lässt ‚die Sau' raus". Diese schaden neben dem Ruf des P auch dem der SG F, welche öffentlich für das Auftreten des P verantwortlich gemacht wird. Mithin hat P durch sein Verhalten seine arbeitsvertragliche Nebenpflicht nicht gehörig erfüllt.

## b)  Verschulden des P

Daneben muss den P hinsichtlich der Pflichtverletzung ein Verschulden (§ 276 BGB) treffen. Der P begab sich in den Szeneclub in F um „Dampf" abzulassen. Dabei betrank er sich vorsätzlich und verhielt sich mutwillig unangemessen. Mithin verletzte P schuldhaft gemäß § 276 Abs. 1 S. 1 BGB seine vertragliche Nebenpflicht gegenüber der SG F. Damit hat P die Vertragsstrafe iSd. § 7 des Arbeitsvertrags verwirkt.

## 4.  Angemessenheit der Vertragsstrafe

Schließlich muss die Vertragsstrafe des § 2 des Arbeitsvertrags angemessen sein.

## a)  Bestimmtheit

Hierzu müsste sie hinreichend bestimmt sein. D.h. der Grund für die Vertragsstrafe (die sie auslösende Pflichtverletzung) müsste im Arbeitsvertrag klar benannt sein. Dem P musste es möglich sein, sein Verhalten entsprechend auszurichten. Verstöße gegen arbeitsvertragliche Nebenpflichten müssen konkret benannt sein. § 7 des Arbeitsvertrags untersagte es dem P sich unangemessen zu verhalten und dadurch den Ruf der SG F zu schädigen. Dabei ist unklar, welches Verhalten konkret „unangemessen" iSd. § 7 ist. Ist dem P das „Feiern" grundsätzlich untersagt, oder erstreckt sich das Verbot auf konkrete Verhaltensweisen? Auch ist keine für P erkennbare Grenze der Rufschädigung gezogen. Es ist nicht erkennbar, ob die konkreten Schlagzeilen nach der Partynacht bereits eine hinreichende Rufschädigung zu Ungunsten der SG Fußballfreunde darstellen. Daher war es dem P nicht möglich sein Verhalten derart anzupassen, dass eine Verletzung der vertraglichen Nebenpflicht ausbleibt. Mithin ist § 7 des Arbeitsvertrags unbestimmt.

## b)  Berechtigtes Interesse des Arbeitgebers an der Strafe

Auch müsste ein berechtigtes Interesse der SG F an der Verhängung der Strafe bestehen. Dies ist der Fall, wenn durch die Verletzung der Pflicht dem Arbeitgeber ein nicht unerheblicher Schaden droht. Mit § 7 des Vertrags bezweckt die SG F eine Disziplinierung des P. Ein Schaden dürfte nur dort drohen, wo auch ein Zusammenhang zwischen dem Verhalten des P und seiner Leistungsfähigkeit besteht. Schließlich schuldet P dem Verein die Erbringung seiner fußballerischen Leistung. Ein Schaden droht jedoch nicht bereits bei jeglicher Pflichtverletzung. Dem Sachverhalt ist nicht zu entnehmen, dass aus der Rufschädigung ein konkreter Schaden der SG F entstanden wäre. Demnach verfolgt die SG F mit § 7 des Vertrags das unangemessene Interesse zusätzlichen Druck auf P auszuüben, seine Vertragspflicht zu erfüllen. Ein berechtigtes Interesse der SG F an der Verhängung der Strafe besteht nicht.

## c)  Angemessenheit der Strafhöhe

Daneben muss auch die Strafhöhe angemessen sein. Die Rechtsprechung geht von der Angemessenheit von einem Bruttomonatsgehalt aus. § 7 des Arbeitsvertrags verhängt eine Strafe in Höhe von fünf Bruttomonatsgehältern. Eine solche Höhe kann durch das

Disziplinierungsinteresse der SG F nicht gerechtfertigt werden. Mithin ist die Strafhöhe nicht angemessen.

### d) Zwischenergebnis zu 4.

Die in § 7 des Arbeitsvertrags vorgesehene Vertragsstrafe ist insgesamt unangemessen.

### 5. Zwischenergebnis zu III.

P hat die Vertragsstrafe des § 7 des Arbeitsvertrags nicht verwirkt.

### IV. Ergebnis zu Frage 2

Demnach hat die SG F gegen P keinen Zahlungsanspruch gemäß § 311 Abs. 1 BGB i.V.m. § 7 des Arbeitsvertrags in Höhe von 50.000 €.

Fall 8
# „Der Hochstapler"

**Schwerpunkte:** Innerbetrieblicher Schadensausgleich (beschränkte Arbeitnehmerhaftung), Fahrlässigkeitsbegriffe, Freistellungsanspruch des Arbeitnehmers
**Fundstellen im Lehrbuch:**   Rn. 168 ff., Rn. 464 ff., Rn. 467.

## Lösungsskizze

## Ausgangsfall

### Frage 1

Kann B von G Ersatz der Reparaturkosten in Höhe von 2.500 € verlangen?

A.  B gegen G aus § 280 Abs. 1 BGB
    I.  Schuldverhältnis
   II.  Pflichtverletzung
      1.  Hauptleistungspflichtverletzung
      2.  Rücksichtnahmepflichtverletzung – Rechtsgut Eigentum der B
  III.  Verschulden
      1.  Fahrlässigkeitsbegriffe
      2.  Zwischenergebnis – grobe Fahrlässigkeit
  IV.  Schaden
      1.  Vorliegen eines Schadens/ Kausalität
      2.  Schadensumfang
         a)  Differenzhypothese
         b)  Mitverschulden der B – § 254 BGB
         c)  Grundsätze des innerbetrieblichen Schadensausgleichs
            aa)  Herleitung
            bb)  Erfasster Personenkreis
            cc)  Betrieblich veranlasste Tätigkeit
            dd)  Fahrlässigkeitsbegriffe
            ee)  Zwischenergebnis
         d)  Haftungsbegrenzung
      3.  Zwischenergebnis
   V.  Ergebnis zu A.
B.  B gegen G aus § 823 Abs. 1 BGB
    I.  Rechtsgutverletzung Eigentum
   II.  Verletzungshandlung
  III.  Haftungsbegründende Kausalität
  IV.  Rechtswidrigkeit
   V.  Verschulden
  VI.  Schaden
 VII.  Haftungsausfüllende Kausalität
VIII.  Haftungsumfang – Grundsätze des innerbetrieblichen Schadensausgleichs
  IX.  Ergebnis zu B

C. B gegen G aus § 823 Abs. 2 BGB i.V.m. § 303 Abs. 1 StGB
   I.  Verletzung eines Schutzgesetzes
   II. Ergebnis zu B
D. Gesamtergebnis zu Frage 1

## Frage 2

Kann G von B verlangen den bei Z entstandenen Schaden zu übernehmen? (Zum Bearbeitungszeitpunkt hat G noch nicht an Z gezahlt)

A. Freistellungsanspruch des G gegen B nach § 670 BGB analog i.V.m. § 275 S. 1 BGB
   I.  Herleitung/ Rechtsgrundlage – Analogie zu § 670 BGB
   II. Haftung des G im Außenverhältnis (gegenüber Z)
      1. § 823 Abs. 1 BGB
         a) Rechtsgutverletzung Eigentum des Z
         b) Verletzungshandlung
         c) Haftungsbegründende Kausalität
         d) Rechtswidrigkeit
         e) Verschulden
         f) Schaden
         g) Haftungsausfüllende Kausalität
         h) Haftungsumfang – § 254 BGB analog; Grundsätze des innerbetrieblichen Schadensausgleichs
         i) Zwischenergebnis – Haftung nach § 823 Abs. 1 BGB
      2. § 823 Abs. 2 BGB i.V.m. § 303 Abs. 1 StGB
      3. § 18 Abs. 1 StVG
      4. Zwischenergebnis
   III. Haftungsprivilegierung des G im Innenverhältnis G-B
B. Ergebnis zu Frage 2

## Abwandlung (für Fortgeschrittene)

## Frage 3

Nach welcher Vorschrift kann G von B verlangen den bei Z entstandenen Schaden zu übernehmen?

# Lösungsvorschlag

## Ausgangsfall

### Frage 1

### A. Anspruch der B gegen G auf Schadensersatz gemäß § 280 Abs. 1 BGB

B könnte gegen B einen Anspruch auf Schadensersatz gemäß § 280 Abs. 1 BGB in Höhe von 2.500 € haben.

### I. Schuldverhältnis

Hierzu müsste zunächst ein Schuldverhältnis zwischen B und G bestehen. Zwischen B und G besteht ein Arbeitsverhältnis iSv. § 611a BGB. Mithin liegt ein Schuldverhältnis iSv. § 241 BGB vor.

### II. Pflichtverletzung

Es bedarf der Verletzung einer Pflicht aus dem Schuldverhältnis. Hinsichtlich des Arbeitsverhältnisses zwischen G und B kommt die Verletzung einer Leistungs- und einer Rücksichtnahmepflicht in Betracht.

#### 1. Leistungspflichtverletzung

G hat gegenüber B, wenn auch schlecht, seine Leistungspflicht bestehend in seiner Arbeitsleistung erbracht. Die Verletzung einer Leistungspflicht des G besteht somit nicht.

#### 2. Rücksichtnahmepflichtverletzung – Rechtsgut Eigentum der B

§ 241 Abs. 2 BGB stellt klar, dass auch Rücksichtnahmepflichten Gegenstand eines Schuldverhältnisses sein können. Dies gilt auch für das zwischen B und G bestehende Arbeitsverhältnis iSv. § 611a BGB. Dieses verpflichtet beide Parteien zur Rücksichtnahme auf das Eigentum der jeweils anderen Partei. Der Gabelstapler stand im Eigentum der B. Durch das Verbiegen der Gabel des Gabelstaplers hat der G das Eigentum der B beschädigt. Damit ist G seiner arbeitsvertraglichen Rücksichtnahmeverpflichtung iSv. § 241 Abs. 2 BGB nicht nachgekommen. Eine Rücksichtnahmepflichtverletzung liegt vor.

### III. Vertretenmüssen

Weiter müsste G die Pflichtverletzung zu vertreten haben, d.h. schuldhaft iSv. § 276 BGB gehandelt haben. Gemäß § 280 Abs. 1 S. 2 BGB wird das Verschulden widerleglich vermutet. Diese Beweislastumkehr greift jedoch zum Schutz des Arbeitnehmers gemäß § 619a BGB nicht durch. Folglich ist ein Verschulden des G positiv festzustellen. Eine wissentliche und willentliche (= Vorsatz) Verletzung der Rücksichtnahmepflicht durch G scheidet aus. G wollte durch das Überladen des Gabelstaplers prahlen, jedoch nicht dabei das Eigentum der B beschädigen.

## 1. Fahrlässigkeitsbegriffe

In Betracht kommt jedoch fahrlässiges Verhalten des G iSv. § 276 Abs. 1, 2 BGB. Gemäß § 276 Abs. 2 BGB handelt fahrlässig, wer die im Verkehr erforderliche Sorgfalt außer Acht lässt. Dabei kann der Schuldner die Sorgfalt in unterschiedlichem Maß außer Acht lassen. Als Regelform der Zurechnung gilt gemäß § 276 Abs. 2 BGB die einfache oder auch „normale/ mittlere" Fahrlässigkeit. Diese liegt vor sofern dem Schuldner der rechtlich missbilligte Erfolg mit Anwendung der gebotenen Sorgfalt vorhersehbar und vermeidbar war. Von dieser „mittleren" Regelform abweichend lässt sich die Fahrlässigkeit zudem in leichteste Fahrlässigkeit auf der einen und grobe Fahrlässigkeit auf der anderen Seite einteilen. Grob fahrlässig handelt, wer die im Verkehr erforderliche Sorgfalt nach den gesamten Umständen in ungewöhnlich hohem Maße verletzt und unbeachtet lässt, was im gegebenen Fall jedem hätte einleuchten müssen. Im Gegensatz dazu liegt leichteste Fahrlässigkeit dann vor, wenn der Sorgfaltspflichtverstoß sich als ein am Rande des Verschuldens liegendes Versehen darstellt.

## 2. Zwischenergebnis – grobe Fahrlässigkeit

Für den Verkehrskreis ist objektiviert auf den des Schuldners abzustellen. G ist Führer eines Bau-/Industriefahrzeugs. Personen, die mit einem solchen Fahrzeug umgehen, müssen die für die Bedienung erforderlichen Voraussetzungen kennen und beachten. Dies gilt insbesondere für Sicherheitsvorschriften wie zulässige Betriebsgeschwindigkeit oder zulässiges Ladegewicht. G kannte das zulässige Ladegewicht des Gabelstaplers. Dennoch überschritt er dieses beim Beladen um das Dreifache. Auch waren G die damit einhergehenden Gefahren bekannt. Das Verbiegen der Gabel des Gabelstaplers war für G folglich ohne weiteres voraussehbar und durch entsprechendes Beladen auch vermeidbar. Darüber hinaus musste es sich dem G geradezu aufdrängen, dass das Überschreiten des zulässigen Ladegewichts um das Dreifache einen Schaden am Gabelstapler hervorrufen würde. G handelte somit grob fahrlässig. Ein Verschulden des G liegt demnach vor.

> **Hinweis:** Es genügt, wenn Sie an dieser Stelle mit der Definition der einfachen Fahrlässigkeit arbeiten. Eine Differenzierung zwischen leichtester, einfacher und grober Fahrlässigkeit ist an dieser Stelle (noch) nicht zwingend erforderlich. Sie können die Ausführungen auch erst „unten" im Gutachten unter dem Punkt des innerbetrieblichen Schadensausgleichs machen.

## IV. Schaden

Der B müsste ein Schaden entstanden sein.

## 1. Vorliegen eines Schadens/ Kausalität

Ein Schaden ist jede unfreiwillige Einbuße an einem rechtlich geschützten Gut. Für diese unfreiwillige Einbuße muss die Pflichtverletzung ursächlich sein. Dies ist der Fall, wenn die Einbuße ohne die Pflichtverletzung ausgeblieben wäre. Ohne das sorgfaltspflichtwidrige Beladen des Gabelstaplers durch G wäre dieser nicht auf die Ladefläche des LKW gekippt und folglich schadlos geblieben. Ein kausal durch G verursachter Schaden liegt demnach vor.

## 2. Schadensumfang

Fraglich ist, in welchem Umfang dieser Schaden besteht.

### a) Differenzhypothese

Für die Ermittlung des Schadensumfangs iSv. § 249 Abs. 1 BGB ist die sogenannte Differenzhypothese zu bemühen. Nach dieser ist der Gläubiger (hier die B) so zu stellen wie er stünde, wenn das schädigende Ereignis ausgeblieben wäre. Ohne die Pflichtverletzung durch den G wäre der Gabelstapler nicht reparaturbedürftig geworden und B hätte für diese keine 2.500 € bezahlen müssen. Die Reparaturkosten waren insgesamt angemessen. Folglich besteht ein Schaden der B in Höhe von 2.500 €. Diesen hat G gemäß § 249 Abs. 2 BGB zu ersetzen. Fraglich ist jedoch, ob G diesen Schaden in voller Höhe zu ersetzen hat. In Betracht kommt eine Beschränkung des Haftungsumfangs aufgrund Mitverschuldens der B (b) oder nach den Grundsätzen des innerbetrieblichen Schadensausgleichs (c).

### b) Mitverschulden der B – § 254 BGB

Für eine Beschränkung des Haftungsumfangs des G nach § 254 Abs. 1 BGB bedarf es eines Mitverschuldens der B. Der G handelte bei dem Überladen des Gabelstaplers aus eigener Motivation. Er wollte seinen Kollegen imponieren. Für ein Mitverschulden der B bietet der Sachverhalt keine Anhaltspunkte. Damit scheidet, jedenfalls in direkter Anwendung des § 254 Abs. 1 BGB eine Begrenzung des Haftungsumfangs des G aus.

### c) Grundsätze des innerbetrieblichen Schadensausgleichs

Eine Begrenzung des Haftungsumfangs des G gegenüber B könnte sich jedoch aus den Grundsätzen des innerbetrieblichen Schadensausgleichs (beschränkte Arbeitnehmerhaftung) ergeben.

### aa) Herleitung

**Hinweis:** Die folgenden Ausführungen können in dieser Tiefe von Ihnen in einer Klausur nicht erwartet werden. Es genügt, wenn Sie darauf hinweisen, dass die Grundsätze des innerbetrieblichen Schadensausgleichs von der Rechtsprechung entwickelt wurden, um den Arbeitnehmer vor unzumutbaren Härten der Risikoverteilung im Arbeitsverhältnis zu schützen. Dann sollten Sie kurz auf die Ansichten zur Rechtsgrundlage der Grundsätze des innerbetrieblichen Schadensausgleichs verweisen. Einen Meinungsstreit müssen Sie jedoch nicht führen, da alle Ansichten zu einer Anwendbarkeit der Grundsätze gelangen und lediglich unterschiedliche Begründungsansätze anführen. Dies können Sie auch zu Beginn Ihrer Ausführungen klarstellen.

Diese Grundsätze sind nicht kodifiziert. Vielmehr werden sie in ständiger Rechtsprechung herausgearbeitet und konkretisiert (richterliche Rechtsfortbildung). Den Grundsätzen liegen zwei wesentliche Überlegungen zu Grunde: Zum einen soll das Risikopotential, welches mit dem Betrieb des Arbeitgebers einhergeht nicht einseitig auf den Arbeitnehmer abgewälzt werden, zum anderen soll dem Sozialschutz des Arbeitnehmers Rechnung getragen werden. Integriert der Arbeitgeber den Arbeitnehmer in die betrieblichen Arbeitsprozesse so setzt er ihn dem Risiko aus bei dieser Tätigkeit Schäden zu verursachen. Gleichzeitig profitiert der Arbeitgeber wirtschaftlich von dem Einsatz des Arbeitnehmers. Würde der Arbeitgeber die jeweilige Tätigkeit selbst vornehmen und käme es dabei zu einem Schaden, so müsste der Arbeitgeber diesen Tragen. Daher leuchtet es ein, dass der Arbeitgeber an durch den Arbeitnehmer verursachten Schäden zu beteiligen ist. Ferner besteht in den meisten Arbeitsverhältnissen ein (relatives) Missverhältnis zwischen Entlohnung und Haftungsrisiko, welches für den Arbeitnehmer existenzvernichtende Züge annehmen kann. Daher ist auch die Beschränkung der Haftung des Arbeitnehmers bei betrieblich veranlassten, fremdnützigen Tätigkeiten weitgehend anerkannt. Hinsichtlich der Rechtsgrundlage der Haftungsbegrenzung besteht jedoch Uneinigkeit. Einer Auffassung nach dient § 276 Abs. 1 BGB als Rechtsgrundlage. Die mildere Haftung ergebe sich nach der Schuldrechtsreform aus dem Schuldverhältnis selbst. Daher wird nach dieser Ansicht die Haftungsbegrenzung auch im Vertretenmüssen verortet. Überzeugender ist es jedoch nicht beim Haftungsgrund, sondern bei den Haftungsfolgen anzusetzen. Dementsprechend wendet die Rechtsprechung § 254 Abs. 1 BGB analog an. Die planwidrige Regelungslücke folgt aus der mangelnden Berücksichtigung der Besonderheiten der Arbeitnehmerhaftung durch den Gesetzgeber. Eine vergleichbare Interessenlage ergibt sich aus dem Umstand, dass die Organisation des Betriebes und die Gestaltung der Arbeitsbedingungen durch den Arbeitgeber einen verschuldensunabhängigen Zurechnungsfaktor darstellen, welcher eine entsprechende Anwendung des § 254 Abs. 1 BGB rechtfertigt. Da beide Ansätze zu demselben Ergebnis führen kann ein Streitentscheid über die Anwendbarkeit der Grundsätze des innerbetrieblichen Schadensausgleichs ausbleiben. Nunmehr sind die Voraussetzungen für eine Haftungsbegrenzung zu prüfen.

### bb) Erfasster Personenkreis

G müsste zum erfassten Personenkreis der Arbeitnehmer gehören. G ist durch einen Arbeitsvertrag bei B angestellt und somit Arbeitnehmer. G gehört zum erfassten Personenkreis

### cc) Betrieblich veranlasste Tätigkeit

Bei der Tätigkeit des G müsste es sich um eine betrieblich veranlasste Tätigkeit gehandelt haben. Eine solche liegt vor, wenn die Tätigkeit dem Arbeitnehmer arbeitsvertraglich übertragen wurde oder im Interesse des Arbeitgebers für den Betrieb ausgeführt wurde. G ist bei B als Gabelstaplerfahrer eingestellt. Das Verladen der Zementsäcke wurde ihm durch den Arbeitsvertrag mit B, konkretisiert durch Weisung der B (§ 105 S. 1 GewO) übertragen. Bei dem Verladen handelte es sich um eine betrieblich veranlasste Tätigkeit.

### dd) Fahrlässigkeitsbegriffe

**Hinweis:** Sofern Sie nicht bereits oben im Prüfungspunkt Vertretenmüssen auf die verschiedenen Fahrlässigkeitsbegriffe eingegangen sind, so müssen Sie dies nun den folgenden Ausführungen voranstellen.

Ob sich das Verschulden nur auf die Pflichtverletzung oder auch auf den Schaden beziehen muss kann hier dahinstehen. Dem G war es ohne weiteres erkennbar, dass ein Überladen zu einem Schaden an dem Gabelstapler führen würde.

Für eine Haftungsbegrenzung wird durch die Rechtsprechung nach den verschiedenen Graden des Verschuldens differenziert: Bei einfacher Fahrlässigkeit soll der Schaden geteilt („gequotelt") werden. Welche Quote zu wählen ist, richtet sich dabei nach den Umständen des konkreten Einzelfalles. Liegt leichteste Fahrlässigkeit vor, so soll der Arbeitnehmer von der Haftung freigestellt werden. Bei grober Fahrlässigkeit soll der Arbeitnehmer i.d.R. kein Haftungsprivileg genießen. Handelt der Arbeitnehmer vorsätzlich, so scheidet eine Haftungsbegrenzung aus. Vorliegend handelte G grob fahrlässig (s.o.).

### ee) Zwischenergebnis

Für den grob fahrlässig handelnden G scheidet eine Haftungsbegrenzung nach den Grundsätzen des innerbetrieblichen Schadensausgleichs aus.

### d) Haftungsbegrenzung

Eine Haftungsbegrenzung zugunsten des G könnte sich jedoch aus dem Persönlichkeitsrecht (Art. 2 Abs. 1 GG i.V.m. Art. 1 Abs. 1 GG) des G und dem vom Arbeitgeber zu tragenden Betriebsrisiko ergeben. Die Rechtsprechung erkennt eine Haftungsbegrenzung an, wenn der Verdienst des Arbeitnehmers in einem deutlichen Missverhältnis zu dem Schadensrisiko der Tätigkeit steht. Als Richtschnur ist von einer Verhältnismäßigkeit bei einem Schadensumfang von ca. drei Bruttomonatsgehältern auszugehen. G verdient 3.000 € Brutto. Der Schaden beträgt 2.500 €. Folglich steht der Schaden nicht außer Verhältnis zu dem Bruttomonatslohn des G. Daneben ist mangels anderweitiger Angaben im Sachverhalt davon auszugehen, dass auch kein Missverhältnis zwischen dem Verdienst des G und dem Schadensrisiko seiner vertraglichen Tätigkeit besteht. Demnach greift eine Haftungsbegrenzung nicht.

### 3. Zwischenergebnis

Der von G zu ersetzende Schaden beträgt 2.500 €.

### V. Ergebnis zu A.

B kann von G die Reparaturkosten gemäß § 280 Abs. 1 BGB in Höhe von 2.500 € ersetzt verlangen.

## B. B gegen G aus § 823 Abs. 1 BGB

B könnte gegen G einen Anspruch aus § 823 Abs. 1 BGB in Höhe von 2.500 € haben.

### I. Rechtsgutverletzung Eigentum

Es bedarf der Verletzung eines durch § 823 Abs. 1 BGB geschützten Rechts. Das Eigentum gehört zu den absolut durch § 823 Abs. 1 BGB geschützten Rechtsgütern. Mit der Beschädigung des Gabelstaplers der B liegt eine Rechtsgutverletzung iSv. § 823 Abs. 1 BGB vor.

### II. Verletzungshandlung

Das Überladen des Gabelstaplers stellt eine Verletzungshandlung durch positives Tun dar.

### III. Haftungsbegründende Kausalität

Daneben müsste die Verletzungshandlung ursächlich für die Rechtsgutverletzung sein. Ohne das Überladen durch G wäre der Gabelstapler nicht beschädigt worden. Weiter war das Verbiegen der Gabel des Gabelstaplers ohne weiteres vorherzusehen und lag damit auch nicht außerhalb jedweder Lebenswahrscheinlichkeit. Folglich war die Verletzungshandlung ursächlich für die Rechtsgutverletzung.

### IV. Rechtswidrigkeit

Nach der Lehre vom Erfolgsunrecht indiziert die Rechtsgutverletzung die Rechtswidrigkeit, sofern keine Rechtfertigungsgründe gegeben sind. Nach der Lehre vom Handlungsunrecht ist die Rechtswidrigkeit durch das Vorliegen der Verkehrspflichtwidrigkeit (=Sorgfaltspflichtverletzung) positiv festzustellen. G verhielt sich durch das Überladen des Gabelstaplers verkehrspflichtwidrig (s.o.), womit mangels bestehender Rechtfertigungsgründe die Rechtswidrigkeit auch nach der Lehre vom Handlungsunrecht gegeben ist.

### V. Verschulden

G handelte grob fahrlässig (s.o.). Ein Verschulden des G liegt vor.

### VI. Schaden

Der B ist ein Schaden in Höhe von 2.500 € entstanden (s.o.).

### VII. Haftungsausfüllende Kausalität

Ohne die Rechtsgutverletzung (Beschädigung des Eigentums der B) wären dieser keine insgesamt angemessenen Reparaturkosten in Höhe von 2.500 € angefallen. Ein derartiger Schaden liegt zudem nicht außerhalb jedweder Lebenswahrscheinlichkeit. Folglich war die Rechtsgutverletzung des G ursächlich für den Schaden der B.

### VIII. Haftungsumfang – Grundsätze des innerbetrieblichen Schadensausgleichs

Aufgrund des grob fahrlässigen Verhaltens des G (s.o.) scheidet eine Haftungsbegrenzung nach den Grundsätzen des innerbetrieblichen Schadensausgleichs aus. Ferner kommt eine Haftungsbegrenzung mangels eines Missverhältnisses zwischen Lohn des G und Schadensrisiko seiner Tätigkeit nicht in Betracht.

### IX. Ergebnis zu B.

B kann von G die Reparaturkosten gemäß § 823 Abs. 1 BGB in Höhe von 2.500 € ersetzt verlangen.

### C.  B gegen G aus § 823 Abs. 2 BGB i.V.m. § 303 Abs. 1 StGB

B könnte gegen G einen Anspruch auf Ersatz der Reparaturkosten gemäß § 823 Abs. 2 BGB i.V.m. § 303 Abs. 1 StGB in Höhe von 2.500 € haben.

### I.   Verletzung eines Schutzgesetzes

Unabhängig davon, ob § 303 Abs. 1 StGB Schutzgesetzqualität zukommt (diese ist gegeben), mangelt es bereits aufgrund fehlenden Vorsatzes des G bezüglich der Verletzung des Eigentums der B an der Verwirklichung des Tatbestands des § 303 Abs. 1 StGB. Eine Schutzgesetzverletzung liegt nicht vor.

### II.  Ergebnis zu B

B kann von G die Reparaturkosten gemäß § 823 Abs. 2 BGB i.V.m. § 303 Abs. 1 StGB in Höhe von 2.500 € nicht ersetzt verlangen.

### D.  Gesamtergebnis zu Frage 1

B kann von G die Reparaturkosten in Höhe von 2.500 € gemäß § 280 Abs. 1 BGB und gemäß § 823 Abs. 1 BGB ersetzt verlangen.

## Frage 2

### A.  Freistellungsanspruch des G gegen B nach § 670 BGB analog i.V.m. § 275 Abs. 1 BGB

G könnte gegen B einen Freistellungsanspruch hinsichtlich des Ersatzverlangens in Höhe von 5.000 € seitens Z nach § 670 BGB analog i.V.m. § 275 BGB haben.

## I. Herleitung/ Rechtsgrundlage – Analogie zu § 670 BGB

Ein im Innenverhältnis zwischen Arbeitgeber und Arbeitnehmer bestehender Freistellungsanspruch ist ebenso wenig kodifiziert wie die Grundsätze des innerbetrieblichen Schadensausgleichs. Der Freistellungsanspruch dient dazu den Arbeitnehmer in dem Verhältnis von der Haftung im Außenverhältnis zu befreien, in dem der Arbeitnehmer befreit wäre, haftete er gegenüber dem Arbeitgeber als Geschädigten. Der Freistellungsanspruch ist als eine konsequente Fortsetzung der durch die mit den Grundsätzen des innerbetrieblichen Schadensausgleichs verfolgten Zwecke (s.o.)

Als Anspruchsgrundlage kommt eine analoge Anwendung des § 670 BGB i.V.m. § 257 S. 1 BGB in Betracht. Die planwidrige Regelungslücke folgt aus der mangelnden Berücksichtigung der Besonderheiten der Arbeitnehmerhaftung durch den Gesetzgeber. Die vergleichbare Interessenlage ergibt sich aus der auch im Arbeitsverhältnis bestehenden Pflicht des Arbeitgebers den Arbeitnehmer von Belastungen freizustellen, die dieser im Innenverhältnis nicht zu tragen braucht. Folglich ist eine analoge Anwendung des § 670 BGB i.V.m. § 257 S. 1 BGB als Rechtsgrundlage eines Freistellungsanspruchs gerechtfertigt.

## II. Haftung des G im Außenverhältnis (gegenüber Z)

G müsste gegenüber Z im Außenverhältnis auf Ersatz von 5.000 € haften.

### 1. § 823 Abs. 1 BGB

Eine solche Ersatzpflicht könnte sich aus § 823 Abs. 1 BGB ergeben.

### a) Rechtsgutverletzung Eigentum des Z

Es bedarf der Verletzung eines durch § 823 Abs. 1 BGB geschützten Rechtsguts des Z. Zu den absolut geschützten Rechtsgütern des § 823 Abs. 1 BGB zählt das Eigentum. Der LKW stand im Eigentum des Z. Dessen Beschädigung stellt eine Verletzung des Rechtsguts Eigentum dar. Eine Rechtsgutverletzung ist gegeben.

### b) Verletzungshandlung

Das Überladen des Gabelstaplers durch G stellt eine Verletzungshandlung dar (s.o.)

### c) Haftungsbegründende Kausalität

Ohne das Überladen seitens G wäre der Gabelstapler nicht auf die Ladefläche gekippt und diese wäre nicht beschädigt worden. Die Verletzungshandlung des G war ursächlich für die Rechtsgutverletzung. Die haftungsbegründende Kausalität liegt vor.

### d) Rechtswidrigkeit

Durch sein sorgfaltspflichtwidriges Verhalten handelte G sowohl nach der Lehre vom Erfolgs- als auch nach der Lehre vom Handlungsunrecht mangels gegebener Rechtfertigungsgründe rechtswidrig.

### e) Verschulden

G handelte grob fahrlässig und somit schuldhaft.

### f) Schaden

Ohne das Überladen seitens G wäre der LKW des Z nicht beschädigt worden und eine Reparatur ausgeblieben. Mithin ist Z so zu stellen, als hätte G den Gabelstapler nicht überladen. Z sind die Reparaturkosten gemäß § 249 Abs. 2 BGB zu ersetzen.

### g) Haftungsausfüllende Kausalität

Ohne die Rechtsgutverletzung (Beschädigung des Eigentums des Z) wären diesem keine insgesamt angemessenen Reparaturkosten in Höhe von 5.000 € angefallen. Ein derartiger Schaden liegt zudem nicht außerhalb jedweder Lebenswahrscheinlichkeit. Folglich war die Rechtsgutverletzung des G ursächlich für den Schaden des Z.

### h) Haftungsumfang – § 254 BGB analog/Grundsätze des innerbetrieblichen Schadensausgleichs

G haftet dem Z in voller Höhe auf Ersatz der Reparaturkosten (§ 249 Abs. 2 BGB). Eine Haftungsbegrenzung unter Anwendung der Grundsätze des innerbetrieblichen Schadensausgleichs ist im Außenverhältnis (also gegenüber Dritten) nicht zu rechtfertigen. Eine analoge Anwendung des § 254 Abs. 1 BGB scheidet in diesen Fällen aus.

### i) Zwischenergebnis – Haftung nach § 823 Abs. 1 BGB

G ist Z zum Ersatz der Reparaturkosten in Höhe von 5.000 € gemäß § 823 Abs. 1 BGB verpflichtet.

### 2. § 823 Abs. 2 BGB i.V.m. § 303 Abs. 1 StGB

Eine Ersatzpflicht des G gegenüber Z gemäß § 823 Abs. 2 BGB i.V.m. § 303 Abs. 1 StGB scheidet wiederum mangels Verwirklichung des Tatbestands des § 303 Abs. 1 StGB aus.

### 3. § 18 Abs. 1 StVG

Eine in Betracht zu ziehende Haftung des G gegenüber Z in Höhe von 5.000 € gemäß § 18 Abs. 1 StVG scheitert jedoch an dem Ausschluss des § 8 Nr. 1 StVG. Der Gabelstapler erreicht auf ebener Bahn maximal 15 km/h und unterfällt somit der Privilegierung des § 8 Nr. 1 StVG.

## 4. Zwischenergebnis

G ist dem Z gemäß § 823 Abs. 1 BGB in Höhe von 5.000 € ersatzpflichtig.

### III. Haftungsprivilegierung des G im Innenverhältnis G-B

Für einen Freistellungsanspruch des G gegenüber B hinsichtlich des Ersatzverlangens in Höhe von 5.000 € seitens Z nach § 670 BGB analog i.V.m. § 275 BGB bedarf es jedoch einer Privilegierung des G im Innenverhältnis (G-B). Aufgrund des grob fahrlässigen Verhaltens des G besteht eine solche nach den Grundsätzen des innerbetrieblichen Schadensausgleichs nicht (s.o.).

## B. Ergebnis zu Frage 2

G hat gegen B keinen Freistellungsanspruch hinsichtlich des Ersatzverlangens in Höhe von 5.000 € seitens Z nach § 670 BGB analog i.V.m. § 275 BGB.

## Abwandlung

## Frage 3

> **Hinweis:** Die Fallfrage zielt nicht zwingend auf eine gutachterliche Beantwortung ab. Diese würde auch den Rahmen dieses Fallbuchs sprengen. Die im Folgenden geschilderte Konstellation ist durchaus schwierig zu erfassen und sollte daher Fortgeschrittenen dazu dienen ihr Systemverständnis für die Verortung des Problems des Freistellungsanspruchs im Zusammenhang von Innen- und Außenverhältnis zu festigen.

Sind B und Z Vertragspartner, so haftet B gegenüber Z gemäß §§ 280 Abs. 1, 241 Abs. 2 BGB in Höhe von 5.000 € wegen Verletzung einer vertraglichen Rücksichtnahmepflicht. B muss sich das Verschulden des G gemäß § 278 S. 1 BGB zurechnen lassen. Die B hatte den G sorgfältig ausgewählt. Daneben arbeitete G bisher immer pflichtgemäß. Eine Haftung der B aufgrund eines Auswahlverschuldens gemäß § 831 Abs. 1 S. 1 BGB scheidet demnach aufgrund der einschlägigen Exkulpationsmöglichkeit des § 831 Abs. 1 S. 2 BGB aus. Damit haftet B gegenüber Z gemäß §§ 280 Abs. 1, 241 Abs. 2 BGB. G hingegen haftet gegenüber Z gemäß § 823 Abs. 1 BGB (s.o.). Z kann sowohl von B, als auch von G Ersatz in voller Höhe von 5.000 € verlangen. G und B haften Z auf die Befriedigung desselben Leistungsinteresses. Mit Zahlung durch einen der beiden Schuldner erlischt der jeweilige Anspruch des Z (§ 362 Abs. 1 BGB). Z kann die Leistung mithin nur einmal fordern. Daneben haften G und B gegenüber Z gleichstufig. Mithin liegen die Voraussetzungen einer Gesamtschuld iSd. § 421 BGB vor.

Für eine Begründung des Freistellungsanspruchs des G gegen B nach § 670 BGB analog i.V.m. § 275 BGB besteht somit angesichts der Regelung des § 426 BGB kein Raum (= keine planwidrige Regelungslücke).

Dennoch ist daran zu denken, dass die von § 426 Abs. 1 S. 1 BGB angeordnete hälftige Haftung im Innenverhältnis nur gilt „soweit nicht ein anderes bestimmt ist". Eine solche

Bestimmung ergibt sich aus den Grundsätzen des innerbetrieblichen Schadensausgleichs. Sofern also im Innenverhältnis zwischen Arbeitgeber und Arbeitnehmer eine andere Aufteilung der Haftung besteht, gilt diese auch im Rahmen des § 426 BGB. Vorliegend genießt der G aufgrund seines grob fahrlässigen Verhaltens jedoch keine Haftungsprivilegierung. Damit besteht auch für G kein Freistellungsanspruch gegen B gemäß § 426 BGB hinsichtlich der Haftung gegenüber Z in Höhe von 5.000 €.

Fall 9
# „Die Tücke der Mail"

**Schwerpunkte:** Befristung iSe. „Probezeit", Formerfordernis des § 14 Abs. 4 TzBfG, Sachgrundlose Befristung nach Vorbeschäftigung § 14 Abs. 2 S. 2 TzBfG
**Fundstellen im Lehrbuch:** Rn. 481 ff., Rn. 492 ff., Rn. 503 f.

## Lösungsskizze

### Ausgangsfall

### Frage 1

Ist das Arbeitsverhältnis zwischen N und V wirksam zum 31.05.2020 beendet worden?

  I. Arbeitsverhältnis zwischen N und V
 II. Beendigung durch Fristablauf gemäß § 15 Abs. 1 TzBfG
    1. Kalendermäßige Befristung
    2. Wirksamkeit der Befristung
       a) Nachträgliche Befristung eines unbefristeten Vertrags
       b) Sachlicher Grund iSv. § 14 Abs. 1 S. 2 Nr. 5 TzBfG
       c) Zulässige Dauer
       d) Schriftform iSv. § 14 Abs. 4 TzBfG
       e) Zwischenergebnis zu 2.
    3. Zwischenergebnis zu II.
III. Ergebnis zu Frage 1

### Abwandlung

### Frage 2

Ist das Arbeitsverhältnis zwischen N und V wirksam zum 31.12.2019 beendet worden?

  I. Arbeitsverhältnis zwischen N und V
 II. Beendigung durch Fristablauf gemäß § 15 Abs. 1 TzBfG
    1. Kalendermäßige Befristung
    2. Wirksamkeit der Befristung
       a) Ohne Sachgrund – § 14 Abs. 2 S. 1 TzBfG
       b) Unzulässigkeit nach § 14 Abs. 2 S. 2 TzBfG
       c) Zwischenergebnis zu 2.
    3. Zwischenergebnis zu II.
III. Ergebnis zu Frage 2

# Lösungsvorschlag

## Ausgangsfall

Das Arbeitsverhältnis zwischen N und V könnte gemäß § 15 Abs. 1 TzBfG zum 31.05.2020 wirksam beendet worden sein. Hierzu bedarf es eines bestehenden Arbeitsverhältnisses zwischen N und V, welches wirksam zum 31.05.2020 befristet ist.

### I.  Arbeitsverhältnis zwischen N und V

Seit dem 01.01.2020 besteht mit dem Arbeitsvertrag ein Arbeitsverhältnis zwischen N und V (§ 611a BGB).

### II.  Beendigung durch Fristablauf gemäß § 15 Abs. 1 TzBfG

Fraglich ist, ob dieses zum Ablauf des 31.05.2020 wirksam kalendermäßig befristet war.

### 1.  Kalendermäßige Befristung

Diese Art der Befristung bedeutet, dass das Ende der Befristung nach dem Kalender bestimmt oder bestimmbar ist (§ 3 Abs. 1 S. 2, 1. Alt. TzBfG). Vorliegend soll die Befristung mit dem Ablauf des Monats Mai 2020, also dem 31.05.2020 enden. Folglich liegt eine kalendermäßige Befristung vor.

### 2.  Wirksamkeit der Befristung

Diese Befristung müsste wirksam gewesen sein.

### a)  Nachträgliche Befristung eines unbefristeten Vertrags

Der Arbeitsvertrag des N vom 01.01.2020 enthält keine Befristung. Fraglich ist, ob die nachträgliche Befristung eines unbefristeten Vertrags überhaupt möglich ist. § 14 Abs. 1 S. 1 TzBfG spricht lediglich von der Befristung eines Arbeitsvertrags. Mit diesem Wortlaut wollte der Gesetzgeber der bisherigen Rechtsprechung des BAG nicht widersprechen. Auch zunächst unbefristete Arbeits-„verhältnisse" können nachträglich mit einem Sachgrund befristet werden. Die Befristung unterliegt denselben Anforderungen wie ein von Anfang an befristeter Arbeitsvertrag.

### b)  Sachlicher Grund iSv. § 14 Abs. 1 S. 2 Nr. 5 TzBfG

In Betracht kommt eine Befristung aufgrund eines Sachgrunds iSv. § 14 Abs. 1 S 1 TzBfG. § 14 Abs. 1 S. 2 TzBfG zählt mögliche Sachgründe nicht-abschließend auf. Ein solcher Sachgrund ist die Befristung zur Erprobung gemäß § 14 Abs. 1 S. 2 Nr. 5 TzBfG. V will den Vertrag des N auf vier Monate befristen. Diese Zeit soll als „Probezeit" dienen. Damit liegt mit der Erprobung des N ein sachlicher Grund iSv. § 14 Abs. 1 S 1 TzBfG vor.

### c) Zulässige Dauer

Fraglich ist, ob auch die Dauer von vier Monaten eine zulässige Befristungsdauer darstellt. Eine Höchstfrist nennt § 14 Abs. 1 S. 2 Nr. 5 TzBfG nicht. Die Zulässigkeit einer dauerhaften Befristung kann aber nicht gewollt sein. Steht die vereinbarte Dauer der Erprobungszeit in keinem angemessenen Verhältnis zu der in Aussicht genommenen Tätigkeit, trägt der Sachgrund der Erprobung nicht. In Anlehnung an § 1 Abs. 1 KSchG und § 622 Abs. 3 BGB wird man wohl eine Dauer von maximal sechs Monaten zur Erprobung als ausreichend erachten müssen. Damit ist die viermonatige Probezeit zulässig.

### d) Schriftform iSv. § 14 Abs. 4 TzBfG

Die demnach grundsätzlich zulässige Befristung des Arbeitsverhältnisses des N zum 31.05.2020 bedarf zu ihrer Wirksamkeit der Schriftform gemäß § 14 Abs. 4 TzBfG. Da das TzBfG keine eigene Regelung hinsichtlich der Ausgestaltung der Schriftform trifft, ist auf die allgemeine Regelung des § 126 Abs. 1 BGB zurückzugreifen. Dieser verlangt, dass die Urkunde (also in der Regel ein Blatt Papier) von dem Aussteller eigenhändig durch Namensunterschrift oder mittels notariell beglaubigten Handzeichens unterzeichnet wird. Dies ist vorliegend nicht geschehen. Die V übersandte dem N am 15.01.2020 lediglich eine E-Mail.

Dies wäre unschädlich, wenn die Mail der elektronischen Form des § 126a BGB entspricht. Im Gegensatz zu § 623 BGB ist diese Form nicht durch § 14 Abs. 4 TzBfG ausgeschlossen. Unabhängig davon, dass die E-Mail der V mangels elektronischer Signatur nicht der elektronischen Form entspricht, fehlt es bereits an der schriftlichen Mitteilung der Dauer der Befristung durch die V iSv. § 2 Abs. 1 S. 2 Nr. 3 NachwG. Damit ist die Schriftform des § 14 Abs. 4 TzBfG nicht gewahrt. Rechtsfolge des Formverstoßes ist gemäß § 125 S. 1 BGB die Nichtigkeit der Befristung und nicht etwa des gesamten Arbeitsvertrags. Dieser gilt unbefristet fort (§ 16 S. 1 TzBfG).

### e) Zwischenergebnis zu 2.

Die Befristung ist formunwirksam.

### 3. Zwischenergebnis zu II.

Die kalendermäßige Befristung zum Ablauf des 31.05.2020 war demnach insgesamt unwirksam.

### III. Ergebnis zu Frage 1

Das Arbeitsverhältnis zwischen N und V ist nicht gemäß § 15 Abs. 1 TzBfG wirksam zum 31.05.2020 beendet worden.

## Abwandlung

Das Arbeitsverhältnis zwischen N und V könnte gemäß § 15 Abs. 1 TzBfG zum 31.12. 2019 wirksam beendet worden sein. Hierzu bedarf es eines bestehenden Arbeitsverhältnisses zwischen N und V, welches wirksam zum 31.12.2019 befristet ist.

### I.   Arbeitsverhältnis zwischen N und V

Seit dem 01.01.2019 besteht mit dem Arbeitsvertrag ein Arbeitsverhältnis zwischen N und V (§ 611a BGB).

### II.   Beendigung durch Fristablauf gemäß § 15 Abs. 1 TzBfG

Fraglich ist, ob dieses zum Ablauf des 31.12.2019 wirksam kalendermäßig befristet war.

### 1.   Kalendermäßige Befristung

Die Befristung soll mit dem Ablauf des Dezember 2019, also dem 31.12.2019 enden. Eine kalendermäßige Befristung liegt vor.

### 2.   Wirksamkeit der Befristung

Diese Befristung müsste wirksam gewesen sein.

### a)   Ohne Sachgrund – § 14 Abs. 2 S. 1 TzBfG

Der am 01.01.2019 geschlossene Arbeitsvertrag des N mit V sieht eine solche Befristung vor, gibt hierzu jedoch keinen Sachgrund an. Sachgrundlose Befristungen sind gemäß § 14 Abs. 2 S. 1 TzBfG grundsätzlich möglich. Dies gilt für eine Gesamtdauer von zwei Jahren. Der Vertrag des N ist ab dem 01.01.2019 bis zum 31.12.2019 und damit ein Jahr befristet. Die sachgrundlose Befristung wahrt die Höchstdauer (ohne abweichende tarifvertragliche Vereinbarung § 14 Abs. 2 S. 3 TzBfG) des § 14 Abs. 2 S. 1 TzBfG. Die Befristung des Arbeitsverhältnisses des N ist zunächst rechtmäßig vereinbart worden.

### b)   Unzulässigkeit nach § 14 Abs. 2 S. 2 TzBfG

Die Befristung könnte jedoch gemäß § 14 Abs. 2 S. 2 TzBfG unwirksam sein. Danach ist eine Befristung nach § 14 Abs. 1 S 1 TzBfG ist nicht zulässig, wenn mit demselben Arbeitgeber bereits zuvor ein befristetes oder unbefristetes Arbeitsverhältnis bestanden hat. Diese Regelung soll Befristungsketten unter Wechsel von Befristungen mit und ohne Sachgrund unterbinden. N war bereits von 2013 bis 2015 als Netztechniker für V – befristet – in Vertretung für seinen Kollegen B (§ 14 Abs. 1 S. 2 Nr. 3 TzBfG) beschäftigt. Demnach greift grundsätzlich die Regelung des § 14 Abs. 2 S. 2 TzBfG und eine sachgrundlose Befristung des N wäre unwirksam.

Dieses Ergebnis wurde lange Zeit (auch durch die Rechtsprechung des BAG) als für den Arbeitgeber unbillig empfunden. Sofern eine vormalige Beschäftigung über drei Jahre zurücklag, sollte bereits dem Zweck des § 14 Abs. 2 S. 2 TzBfG, Kettenbefristungen zu vermeiden, übermäßig Rechnung getragen werden. Der (zeitliche) Anwendungsbereich des § 14 Abs. 2 S. 2 TzBfG wurde als zu weit empfunden. Mithilfe einer teleologischen Reduktion wurde § 14 Abs. 2 S. 2 TzBfG auf über drei Jahre zurückliegende Arbeitsverhältnisse nicht angewandt, da es hierbei nichtmehr um die Vermeidung von Kettenbefristungen gehe. Das BVerfG sah diese Rechtsprechungspraxis als verfassungswidrig an und interpretierte § 14 Abs. 2 S. 2 TzBfG dahingehend, dass jedes irgendwann in der Vergangenheit liegende Arbeitsverhältnis ein „bereits-zuvor-Arbeitsverhältnis" iSv. § 14 Abs. 2 S. 2 TzBfG sein kann. Durch verfassungskonforme Auslegung seien jedoch hiervon Ausnahmetatbestände zu bestimmen. Das Verbot des § 14 Abs. 2 S. 2 TzBfG gilt nicht absolut. Frühere Arbeitsverhältnisse müssen unberücksichtigt bleiben, wenn sie sehr lang zurückliegen oder ganz anders ausgestaltet oder von sehr kurzer Dauer waren. Diese Ausnahmen treffen auf das vier Jahre zurückliegende Arbeitsverhältnis des N mit V nicht zu. Auch arbeitete N schon damals als Netztechniker für V. Die sachgrundlose Befristung des N ist damit gemäß § 14 Abs. 2 S. 2 TzBfG unzulässig.

> **Hinweis:** Lesen Sie hierzu die Entscheidung des Bundesverfassungsgerichts BVerfG (Erster Senat), Beschl. v. 6.6.2018 – 1 BvL 7/14 und 1 BvR 1375/14 = NZA, 2018, 774, 781.

### c) Zwischenergebnis zu 2.

Die Befristung ist unwirksam.

### 3. Zwischenergebnis zu II.

Die kalendermäßige Befristung des Arbeitsverhältnisses zwischen N und V zum Ablauf des 31.12.2019 ist damit insgesamt unwirksam.

### III. Ergebnis zu Frage 2

Das Arbeitsverhältnis zwischen N und V ist nicht gemäß § 15 Abs. 1 TzBfG zum 31.12.2019 wirksam beendet worden.

Fall 10
# „Das Wandern ist des Müllers Lust"

**Schwerpunkte:** Rechtmäßigkeit einer Versetzungsklausel, AGB-Kontrolle, Weisungsrecht des Arbeitgebers
**Fundstellen im Lehrbuch:** Rn. 103 f., Rn. 114, Rn. 399, Rn. 409.

## Lösungsskizze

### Frage

Ist die Versetzung des M in die Kölner Filiale der B-GmbH wirksam erfolgt?

I. Arbeitsvertrag
II. Versetzungsklausel
    1. § 3 Abs. 2 des Arbeitsvertrags
    2. AGB-Kontrolle
        a) Anwendbarkeit der §§ 305 ff. BGB
        b) Vorliegen von AGB § 305 Abs. 1 BGB
        c) Einbeziehungskontrolle
            aa) Ausnahme § 310 Abs. 4 S. 2 Hs. 2 BGB
            bb) Überraschende Klausel § 305c BGB
            cc) Zwischenergebnis zu c)
        d) Inhaltskontrolle §§ 307 ff. BGB
            aa) Anwendbarkeit der § 307 Abs. 1 und 2 BGB nach § 307 Abs. 3 BGB
            bb) Keine Angemessenheitskontrolle gemäß § 307 Abs. 1 S. 1 BGB
            cc) Transparenzkontrolle gemäß § 307 Abs. 1 S. 2 i.V.m. Abs. 1 S. 1 BGB
            dd) Zwischenergebnis zu d)
        e) Zwischenergebnis zu 2.
    3. Zwischenergebnis zu II.
III. Ausübungskontrolle nach § 106 S. 1 GewO
IV. Ergebnis

## Lösungsvorschlag

### I. Arbeitsvertrag

Für eine wirksame Versetzung des M in die Kölner Filiale müsste zunächst ein Arbeitsvertrag iSv. § 611a BGB zwischen M und der B-GmbH bestehen. M und die B-GmbH schlossen im Jahr 2018 einen Arbeitsvertrag.

### II. Versetzungsklausel

Die rechtmäßige Versetzung des M könnte sich bereits aus einer arbeitsvertraglichen Versetzungsklausel ergeben.

## 1. § 3 Abs. 2 des Arbeitsvertrags

§ 3 Abs. 1 des Arbeitsvertrags legt zunächst fest, dass Bonn der Arbeitsort des M ist. Fraglich ist, ob dennoch eine Versetzung nach Köln möglich ist. Eine derartige Versetzungsmöglichkeit des M ergibt sich aus § 3 Abs. 2 des Arbeitsvertrags. Für eine Rechtmäßigkeit der Versetzung gemäß § 3 Abs. 2 des Arbeitsvertrages müsste die Klausel wirksam sein.

## 2. AGB-Kontrolle

Fraglich ist, ob § 3 Abs. 2 des Arbeitsvertrags einer AGB-Kontrolle iSd. §§ 305 ff. BGB standhält.

### a) Anwendbarkeit der §§ 305 ff. BGB

Hierzu müssten die §§ 305 ff. BGB anwendbar sein. Die Anwendbarkeit der §§ 305 ff. BGB ist gemäß § 310 Abs. 4 S. 1 BGB für Verträge auf dem Gebiet des Erb-, Familien- und Gesellschaftsrechts sowie für Tarifverträge, Betriebs- und Dienstvereinbarungen ausgeschlossen. Mithin sind die §§ 305 ff. BGB auf Arbeitsverträge grundsätzlich anwendbar. Nach § 310 Abs. 4 S. 2 Hs. 1 BGB sind jedoch die Besonderheiten des Arbeitsverhältnisses angemessen zu berücksichtigen.

### b) Vorliegen von AGB § 305 Abs. 1 BGB

Zunächst müsste es sich bei § 3 Abs. 2 des Arbeitsvertrags um AGB iSd. § 305 Abs. 1 BGB handeln. Es müsste sich also um eine von der B-GmbH gestellte, für eine Vielzahl von Verträgen vorformulierte Vertragsbedingung handeln. Eine Vertragsbedingung ist eine Bestimmung, die Vertragsinhalt werden soll. Inhalt der Arbeitsverträge der B-GmbH mit ihren Filialleiter/innen soll sein, dass diese auch bundesweit in anderen Filialen eingesetzt werden können. Bei § 3 Abs. 2 des Arbeitsvertrags handelt es sich um eine Vertragsbedingung. Für eine Vielzahl von Verträgen vorformuliert ist diese Bestimmung, wenn der Verwender beabsichtigt diese mindestens dreimal zu verwenden. Die B-GmbH verwendet § 3 des Arbeitsvertrags für alle Arbeitsverträge mit Filialleiter/innen. Mithin ist die Bestimmung auch für eine Vielzahl von Verträgen vorformuliert. Weiter müsste die Vertragsbedingung vom Verwender (B-GmbH) gestellt, also einseitig auferlegt sein. Daran fehlt es, wenn diese von den Vertragsparteien im Einzelnen ausgehandelt wurde (§ 305 Abs. 1 S. 3 BGB). Ein Aushandeln liegt dann vor, wenn der Verwender den Inhalt der Klausel ernsthaft zur Disposition stellt und die Möglichkeit des anderen Teils besteht, auf die inhaltliche Ausgestaltung Einfluss zu nehmen. Mangels entgegenstehender Angaben im Sachverhalt haben M und die B-GmbH nicht über § 3 des Arbeitsvertrags verhandelt. Folglich wurde die Vertragsbedingung durch die B-GmbH gestellt. Damit ist § 3 Abs. 2 des Arbeitsvertrags AGB iSv. § 305 Abs. 1 BGB.

### c) Einbeziehungskontrolle

Weiter müsste § 3 Abs. 2 des Arbeitsvertrags wirksam in den Arbeitsvertrag zwischen M und der B-GmbH einbezogen worden sein. Eine Einbeziehungskontrolle erfolgt gemäß § 305 Abs. 2 und 3 BGB. Daneben darf die Klausel nicht überraschend iSv. § 305c Abs. 1 BGB sein.

### aa) Ausnahme § 310 Abs. 4 S. 2 Hs. 2 BGB

Vom Grundsatz der Einbeziehungskontrolle nach § 305 Abs. 2 und 3 BGB macht § 310 Abs. 4 S. 2 Hs. 2 BGB für Arbeitsverhältnisse eine Ausnahme. Eine Einbeziehungskontrolle findet demnach nicht statt. Die B-GmbH müsste dem M lediglich eine Niederschrift iSv. § 2 Abs. 1 S. 1 NachwG ausgehändigt haben. Der Arbeitsvertrag zwischen M und der B-GmbH entspricht den Vorgaben des § 2 Abs. 1-3 NachwG, mithin ist die Aushändigung einer Niederschrift iSv. § 2 Abs. 1 S. 1 NachwG gemäß § 2 Abs. 4 NachwG entbehrlich.

### bb) Überraschende Klausel § 305c BGB

Die Klausel dürfte nicht überraschend iSv. § 305c Abs. 1 BGB sein. AGB können sowohl formell, als auch materiell überraschend sein. Formell überraschend sind Klauseln, wenn der Vertragspartner eine solche Klausel „nicht dort" im Vertrag erwarten musste. Klauseln, die im Vertrag „versteckt" sind werden nicht Inhalt des Vertrags. Materiell überraschend sind solche Klauseln mit denen der Vertragspartner inhaltlich nicht rechnen musste. § 3 des Arbeitsvertrags ist mit Arbeitsort/Versetzung überschrieben. Auch ist die Klausel mangels entgegenstehender Angaben nicht im Arbeitsvertrag „versteckt". Daneben sind sogenannte Versetzungsklauseln in Arbeitsverträgen üblich. Diese dienen dem berechtigten Interesse des Arbeitgebers auf veränderte Arbeitsbedingungen flexibel reagieren zu können (§ 310 Abs. 4 S. 1 Hs. 2 BGB). Mithin ist § 3 des Arbeitsvertrags weder formell, noch materiell überraschend iSv. § 305c Abs. 1 BGB.

### cc) Zwischenergebnis zu c)

Folglich wurde § 3 Abs. 2 des Arbeitsvertrags wirksam in den Vertrag einbezogen.

### d) Inhaltskontrolle §§ 307 ff. BGB

§ 3 Abs. 2 des Arbeitsvertrags müsste einer Inhaltskontrolle iSd. §§ 307 ff. BGB standhalten.

### aa) Anwendbarkeit der § 307 Abs. 1 und 2 BGB nach § 307 Abs. 3 BGB

Hierzu müssten die §§ 307 ff. BGB gemäß § 307 Abs. 3 BGB anwendbar sein. Dafür müsste § 3 Abs. 2 des Arbeitsvertrags gemäß § 307 Abs. 3 S. 1 BGB von Rechtsvorschriften abweichende oder diese ergänzende Regelungen vereinbaren. Eine Kontrolle der vereinbarten vertraglichen Hauptleistungen findet somit nicht statt. Bei der Festlegung der Arbeitsleistung in § 3 Abs. 2 handelt es sich um eine solche Hauptleistungspflicht. Ferner ist die Festlegung des Arbeitsorts vom Weisungsrecht (auch Direktionsrecht) des Arbeitgebers gemäß § 106 S. 1 GewO erfasst. § 3 regelt die konkrete Tätigkeit und den konkreten Arbeitsort des M. Zugleich wird geregelt, dass der M auch an anderen Orten beschäftigt werden kann. Mit der vertraglichen Festlegung wird zunächst das Weisungsrecht eingeschränkt, zugleich durch die Vertragsbestimmung, dass der Arbeitgeber den Arbeitnehmer auch anderweitig einsetzen dürfe, wieder erweitert. Im Ergebnis führt eine solche Vertragsgestaltung dazu, dass nichts anderes gilt, als wenn der Arbeitsvertrag keinerlei konkretisierende Vereinbarungen zum Ort der Arbeitsleistung enthielte. Damit gilt das weite Weisungsrecht des Arbeitgebers gemäß § 106 S. 1 GewO. Mithin liegt keine von Rechtsvorschriften abweichende oder diese ergänzende Regelungen hinsichtlich § 3 Abs. 2 des Arbeitsvertrags vor. Eine Anwendbarkeit der §§ 307 ff. BGB folgt nicht aus § 307 Abs. 3 S. 1 BGB. Sofern eine Anwendbarkeit gemäß § 307 Abs. 3 S. 1 BGB ausscheidet, beschränkt sich die Inhaltskontrolle gemäß § 307 Abs. 3 S. 2 BGB auf eine Transparenzkontrolle iSv. § 307 Abs. 1 S. 2 BGB.

### bb) Keine Angemessenheitskontrolle gemäß § 307 Abs. 1 S. 1 BGB

Eine Angemessenheitskontrolle iSv. § 307 Abs. 1 S. 1 BGB findet mangels Eröffnung des Anwendungsbereichs gemäß § 307 Abs. 3 S. 1 BGB nicht statt.

### cc) Transparenzkontrolle gemäß § 307 Abs. 1 S. 2 iVm. Abs. 1 S. 1 BGB

§ 3 Abs. 2 des Arbeitsvertrags müsste einer Transparenzkontrolle gemäß § 307 Abs. 1 S. 2 i.V.m. Abs. 1 S. 1 BGB standhalten. Gemäß § 307 Abs. 1 S. 2 BGB ist der Verwender Allgemeiner Geschäftsbedingungen entsprechend den Grundsätzen von Treu und Glauben verpflichtet, Rechte und Pflichten seines Vertragspartners möglichst klar und durchschaubar darzustellen. Hinsichtlich eines Versetzungsvorbehalts muss aus diesem, oder aus dem Zusammenhang der Regelung deutlich hervorgehen, dass die Zuweisung geringwertiger Tätigkeiten durch den Arbeitgeber nicht vorbehalten ist. M soll weiter als Filialleiter bei gleichbleibender Vergütung eingesetzt werden. Folglich ist § 3 Abs. 2 des Arbeitsvertrags hinsichtlich der Tätigkeit des M nicht intransparent. Das Transparenzgebot des § 307 Abs. 1 S. 2 i.V.m. Abs. 1 S. 1 BGB fordert dagegen nicht, dass die Klausel Hinweise auf den Anlass der Ausübung des Weisungsrechts enthält. Die Grenzen des Weisungsrechts folgen unmittelbar aus § 106 S. 1 GewO. Eine Zuweisung der Tätigkeit und des Arbeitsorts durch vorformulierten Versetzungsvorbehalt, die nicht über den Umfang des Weisungsrechts hinausgeht kann nicht mit dem Grundgedanken der gesetzlichen Regelung über das Weisungsrecht in Widerstreit stehen (§ 307 Abs. 1 S. 2 i.V.m. Abs. 1 S. 1 BGB). Ist im Vertrag ein konkreter Ort der Tätigkeit genannt und weiterhin bestimmt, dass der Arbeitnehmer im gesamten Unternehmen bundesweit eingesetzt werden kann, wird hierdurch regelmäßig die vertragliche Beschränkung auf den im Vertrag genannten Ort der Arbeitsleistung verhindert. Mithin ist der Versetzungsvorbehalt in Bezug auf alle Filialen der B-GmbH hinreichend transparent. Ob die konkrete Versetzung rechtmäßig war, ist eine Frage des Umfangs des Weisungsrechts der B-GmbH gegenüber M gemäß § 106 S. 1 GewO. § 3 Abs. 2 des Arbeitsvertrags hält einer Transparenzkontrolle iSv. § 307 Abs. 1 S. 2 i.V.m. Abs. 1 S. 1 BGB stand.

### dd) Zwischenergebnis zu d)

Damit hält § 3 Abs. 2 des Arbeitsvertrags einer Inhaltskontrolle iSd. § 307 Abs. 1 S. 2 i.V.m. Abs. 1 S. 1 BGB stand.

### e)  Zwischenergebnis zu 2.

§ 3 Abs. 2 des Arbeitsvertrags hält einer AGB-Kontrolle iSd. §§ 305 ff. BGB stand.

### 3.  Zwischenergebnis zu II.

Die Möglichkeit der Versetzung des M ergibt sich aus der Versetzungsklausel des § 3 Abs. 2 des Arbeitsvertrags. Dieser ist wirksam Teil des Arbeitsvertrags zwischen M und der B-GmbH geworden. § 3 Abs. 2 des Arbeitsvertrags ermöglicht es der B-GmbH durch Weisung einen von § 3 Abs. 1 des Arbeitsvertrags abweichenden Arbeitsort zu bestimmen. Die Rechtmäßigkeit der Versetzung ist demnach anhand des Umfangs des Weisungsrechts zu beurteilen. Folglich ergibt sich die Wirksamkeit der Versetzung des M nicht bereits allein aus § 3 Abs. 2 des Arbeitsvertrags.

### III.  Ausübungskontrolle nach § 106 S. 1 GewO

Die Versetzung des M nach Köln könnte jedoch vom Weisungsrecht der B-GmbH iSv. § 106 S. 1 GewO erfasst sein. § 3 des Arbeitsvertrags legte zunächst Bonn als Arbeitsort fest, beließ der B-GmbH im Übrigen die Möglichkeit durch Weisung den Ort der Arbeitsleistung näher zu bestimmen. Für die B-GmbH übte der G als Vertreter (§ 164 Abs. 1 BGB i.V.m. § 35 Abs. 1 S. 1 GmbHG) das Weisungsrecht aus.

Die Prüfung der Rechtmäßigkeit der Weisung erfolgt in zwei Schritten (Ausübungskontrolle): Zunächst ist festzustellen, ob die Weisung eine zulässige Konkretisierung oder eine unzulässige einseitige Veränderung der Arbeitsbedingungen darstellt. Die mehrjährige Durchführung eines Arbeitsverhältnisses nach Maßgabe einer in der Vergangenheit erteilten Arbeitsanweisung hindert den Arbeitgeber nicht, die darin enthaltenen Weisungen mit Wirkung für die Zukunft zu ändern. Mit der Festlegung des Arbeitsorts in § 3 Abs. 1 des Arbeitsvertrags hat die B-GmbH erstmalig ihr Weisungsrecht ausgeübt (s.o.). Es macht keinen Unterschied, ob im Arbeitsvertrag der Arbeitsort nicht festgelegt wird und der Arbeitgeber eine Festlegung nach § 106 S. 1 GewO treffen kann oder, ob der Arbeitsort bestimmt, aber die Möglichkeit der Zuweisung eines anderen Orts vereinbart wird. Damit eröffnete § 3 Abs. 2 des Arbeitsvertrags der B-GmbH die Möglichkeit den Arbeitsort nachträglich zu konkretisieren. Es liegt demnach keine unzulässige einseitige Veränderung der Arbeitsbedingungen vor.

Auf der zweiten Stufe ist zu prüfen, ob der Arbeitgeber sein Weisungsrecht gegenüber dem Arbeitnehmer nach billigem Ermessen iSv. § 106 S. 1 GewO ausgeübt hat. Hierzu ist eine Abwägung der jeweiligen berechtigten Parteiinteressen vorzunehmen. Einer unternehmerischen Entscheidung des Arbeitgebers kommt im Rahmen der Abwägung besonderes Gewicht zu. Die B-GmbH benötigt dringend für den Aufbau der Betriebsstruktur der Kölner Filiale einen erfahrenen Betriebsleiter. Andere ebenso erfahrene Filialleiter wie M stehen der B-GmbH nicht zur Verfügung. Bei der Versetzung des M handelt es sich um eine unternehmerische Entscheidung. Das Interesse der B-GmbH an der Durchsetzung der Organisationsentscheidung müsste also die Weisung gegenüber M rechtfertigen. Dafür müsste diese Weisung die dem M entstehenden Nachteile beachten und nicht willkürlich oder missbräuchlich sein. Zum einen wird dem M keine geringwertigere oder geringer vergütete Tätigkeit zugewiesen. Er arbeitet weiter als Filialleiter. Zum anderen tritt keine erhebliche Veränderung der Lebensverhältnisse des M ein. Dessen Arbeitsweg verlängert sich um ca. 20 Minuten, sodass ein Umzug nicht erforderlich ist. M kann in seinem sozialen Umfeld verbleiben. Die mit Wechsel des Arbeitsorts verbundenen Nachteile sind für M gering. Gewichtiger ist das Interesse der B-GmbH die Kölner Filiale vor einer Schließung zu bewahren. Folglich überwiegt das Interesse der B-GmbH an einer Versetzung des M. Die Weisung der B-GmbH gegenüber M ist demnach nicht willkürlich oder missbräuchlich. Mithin erfolgte die Weisung nach billigem Ermessen gemäß § 106 S. 1 GewO. Die Weisung hält einer Ausübungskontrolle nach § 106 S. 1 GewO stand.

## IV. Ergebnis

Die Versetzung des M in die Kölner Filiale der B-GmbH wirksam erfolgt.

Fall 11
# „Du sollst nicht diskriminieren"

**Schwerpunkte:** Ersatzansprüche nach § 15 Abs. 1 und Abs. 2 AGG, Diskriminierung aufgrund des Geschlechts, Rechtfertigung durch berufliche Anforderungen
**Fundstellen im Lehrbuch:** Rn. 168-271

## Lösungsskizze

### Frage

Kann M von S Einstellung, hilfsweise Zahlung von 10.000 € verlangen?

A. Anspruch des M gegen S gemäß § 15 Abs. 1 AGG
   I. Anwendbarkeit des AGG
     1. Sachliche Anwendbarkeit des AGG – § 2 AGG
     2. Persönliche Anwendbarkeit des AGG – § 6 AGG
     3. Zwischenergebnis zu I.
   II. Verstoß gegen ein Benachteiligungsverbot – § 7 Abs. 1 AGG
     1. Wegen des Geschlechts – § 1 AGG
     2. Art der Benachteiligung – § 3 AGG
     3. Zwischenergebnis zu II.
   III. Keine Rechtfertigung – § 8 Abs. 1 AGG
   IV. Vertretenmüssen des S
   V. Einhaltung der Frist des § 15 Abs. 4 AGG
   VI. Art und Umfang des Anspruchs
     1. Grundsatz – § 249 Abs. 1 BGB Naturalrestitution
     2. Ausnahme – § 15 Abs. 6 AGG
     3. Ersatz des entgangenen Gewinns durch Nichteinstellung – § 252 BGB
     4. Zwischenergebnis zu VI.
   VII. Ergebnis zu A.

B. Anspruch des M gegen S gemäß § 15 Abs. 2 BGB
   I. Anwendbarkeit des AGG
     1. Sachliche Anwendbarkeit des AGG – § 2 AGG
     2. Persönliche Anwendbarkeit des AGG – § 6 AGG
     3. Zwischenergebnis zu I.
   II. Verstoß gegen ein Benachteiligungsverbot – § 7 Abs. 1 AGG
     1. Wegen des Geschlechts – § 1 AGG
     2. Art der Benachteiligung – § 3 AGG
     3. Zwischenergebnis zu II.
   III. Keine Rechtfertigung – § 8 Abs. 1 AGG
   IV. Einhaltung der Frist des § 15 Abs. 4 AGG
   V. Art und Umfang des Anspruchs
     1. Immaterieller Schaden
     2. Anspruchsumfang

3. Zwischenergebnis zu V.
4. Rechtsmissbrauch
VI. Ergebnis zu B.

# Lösungsvorschlag

## A. Anspruch des M gegen S gemäß § 15 Abs. 1 AGG

M könnte gegen S einen Anspruch auf Einstellung, hilfsweise auf Zahlung von 10.000 € gemäß § 15 Abs. 1 AGG haben.

### I. Anwendbarkeit des AGG

Hierzu müsste das AGG anwendbar sein.

#### 1. Sachliche Anwendbarkeit des AGG – § 2 AGG

Das AGG könnte gemäß § 2 Abs. 1 Nr. 1 AGG sachlich anwendbar sein. Dafür müsste sich die Benachteiligung aus einem in § 1 AGG genannten Grund auf eine der in Abs. 1 Nr. 1 genannten Bedingungen beziehen. Vorliegend geht es um die Nichteinstellung des M durch S. S suchte explizit weibliche Kellnerinnen, wonach möglicherweise diskriminierende Auswahlkriterien angewandt wurden. Der sachliche Anwendungsbereich des AGG ist mithin gemäß § 2 Abs. 1 Nr. 1 AGG eröffnet.

#### 2. Persönliche Anwendbarkeit des AGG – § 6 AGG

Auch der persönliche Anwendungsbereich des AGG müsste eröffnet sein. § 15 Abs. 1 AGG sanktioniert den Verstoß gegen das Benachteiligungsverbot des § 7 AGG. Dieser gilt wiederum für Beschäftigte iSv. § 6 AGG. Gemäß § 6 Abs. 1 S. 2 AGG gelten auch Bewerber als Beschäftigte iSv. § 7 AGG. Demnach ist das AGG auf M als Bewerber persönlich anwendbar.

#### 3. Zwischenergebnis zu I.

Das AGG ist anwendbar.

### II. Verstoß gegen ein Benachteiligungsverbot – § 7 Abs. 1 AGG

Weiter bedarf es eines Verstoßes gegen das Benachteiligungsverbot § 7 Abs. 1 AGG. Hierzu bedarf es einer Benachteiligung wegen eines in § 1 AGG genannten Grundes, die entweder unmittelbar iSv. § 3 Abs. 1 AGG oder mittelbar iSv. § 3 Abs. 2 AGG erfolgt.

#### 1. Wegen des Geschlechts – § 1 AGG

M könnte wegen seines Geschlechts gemäß § 1 AGG benachteiligt worden sein. Der Begriff des Geschlechts meint die biologische Zuordnung zu einer Geschlechtsgruppe (männlich, weiblich, zwischengeschlechtlich), nicht die sexuelle Ausrichtung der Betroffenen. Diese wird durch § 1 AGG als selbständiges Merkmal geschützt. Die Ausschreibung (§ 11 AGG) knüpfte bereits an das Geschlecht der potentiellen Bewerber an. Nach der Intention des S sollten sich nur weibliche Kellnerinnen bewerben. S lud den M nicht zum Bewerbungsgespräch ein, da er ein Mann ist. Mithin wurde M wegen seines Geschlechts iSv. § 1 AGG durch S benachteiligt.

**2.  Art der Benachteiligung – § 3 AGG**

In Betracht kommt eine unmittelbare Benachteiligung des M gemäß § 3 Abs. 1 S. 1 AGG. Für eine solche müsste M eine weniger günstige Behandlung erfahren haben, als eine andere Person in einer vergleichbaren Situation erfährt, erfahren hat oder erfahren würde. Die F wurde als weibliche Bewerberin im Gegensatz zu M zum Bewerbungsgespräch geladen und infolgedessen eingestellt. Demnach liegt eine unmittelbare Benachteiligung des M durch S iSv. § 3 Abs. 1 S. 1 AGG vor.

**3.  Zwischenergebnis zu II.**

Ein Verstoß gegen das Benachteiligungsverbot des § 7 Abs. 1 BGB ist durch die Nichteinladung des M als männlichen Bewerber durch S gegeben.

**III.  Keine Rechtfertigung – § 8 Abs. 1 AGG**

Für die Benachteiligung des M durch S dürften keine Rechtfertigungsgründe vorliegen. Fraglich ist, ob die Eigenschaft als weibliche Kellnerin eine wesentliche berufliche Anforderung iSv. § 8 Abs. 1 AGG darstellt. Das weibliche Geschlecht müsste objektiv für die Ausübung der übertragenen Arbeiten notwendig, also tatsächlich oder rechtlich Voraussetzung dieser Tätigkeit sein. Dabei genügt es, wenn die übertragenen Aufgaben ohne das geforderte Merkmal nur schlechter erfüllt werden können. Ausnahmsweise kann auch ein unternehmerisches Konzept eine wesentliche berufliche Anforderung schaffen. Dafür muss die Anforderung aber für die Verwirklichung des Unternehmenskonzepts ausweislich erforderlich sein. Die Vorstellung darüber mit welchem Personal das Unternehmen konkret geführt werden soll, stellt nicht schon als solche eine berufliche Anforderung dar. Ein Unternehmenskonzept kann auch darin liegen die Vorlieben einer bestimmten Kundschaft zu bedienen (z.B. sportliche Männer für den Verkauf von Bademoden einzusetzen). Eine berufliche Anforderung ergibt sich daraus jedoch nicht. Anderenfalls liefe das Benachteiligungsverbot stets leer, wenn auf einen Kundenkreis verwiesen werden könnte, der bestimmte Vorlieben hat. Das Auswahlkriterium muss einen hinreichend engen Tätigkeitsbezug aufweisen, der nachweislich den Erfolg der Tätigkeit wesentlich bestimmt. S will durch den Einsatz „ansehnlicher" weiblicher Kellnerinnen den Umsatz steigern. Er verspricht sich damit mehr Kunden anzulocken. Für die Tätigkeit als KellnerIn ist es dagegen ohne Bedeutung, ob sie von einem Mann, einer Frau oder einer transsexuellen Person ausgeführt wird. Folglich handelt es sich bei der Zugehörigkeit zum weiblichen Geschlecht nicht um eine berufliche Anforderung iSv. § 8 Abs. 1 AGG.

## IV. Vertretenmüssen des S

§ 15 Abs. 1 AGG setzt dem Willen des Gesetzgebers nach ein Vertretenmüssen des Benachteiligenden voraus. Ein Schuldner hat nach § 276 Abs. 1 BGB Vorsatz und Fahrlässigkeit zu vertreten. S lud den M wissentlich und willentlich (d.h. vorsätzlich) aufgrund dessen Geschlecht nicht zum Bewerbungsgespräch ein. Damit hat der S die Benachteiligung des M iSv. § 7 Abs. 1 AGG zu vertreten (§ 276 BGB).

> **Hinweis:** Die Voraussetzung ist nicht unumstritten und wird teilweise für europarechtswidrig gehalten. Ein Streitentscheid würde jedoch den Rahmen der Falllösung sprengen. Zur Vertiefung Münchener Kommentar zum BGB Band 1, 8. Auflage München, 2018/ *Thüsing*, AGG § 15 AGG Rn. 24 f.

## V.   Einhaltung der Frist des § 15 Abs. 4 AGG

M hat unmittelbar nach der Ablehnung durch S einen Anspruch nach § 15 Abs. 1 AGG gegenüber diesem geltend gemacht. Demnach ist die Möglichkeit der Geltendmachung nicht gemäß § 15 Abs. 4 AGG verfristet.

## VI.  Art und Umfang des Anspruchs

§ 15 Abs. 1 BGB ordnet als Rechtsfolge für den ungerechtfertigten Verstoß gegen das Benachteiligungsverbot des § 7 AGG die Leistung von Schadensersatz an. Zu differenzieren ist dabei nach der Möglichkeit der Einstellung und der Zahlung einer Entschädigung.

### 1.   Grundsatz – § 249 Abs. 1 BGB Naturalrestitution

Der Umfang des Ersatzanspruchs richtet sich nach den §§ 249 ff. BGB. Nach § 249 Abs. 1 BGB ist der Gläubiger (M) so zu stellen wie er stünde, wenn das schädigende Ereignis ausgeblieben wäre (Differenzhypothese). Demnach wäre ein Bewerber grundsätzlich einzustellen, wenn er bei diskriminierungsfreier Beurteilung der Bewerbung eingestellt worden wäre.

### 2.   Ausnahme – § 15 Abs. 6 AGG

Den damit einhergehenden Unwägbarkeiten trägt § 15 Abs. 6 AGG Rechnung, indem er einen Anspruch auf Einstellung ausschließt. Demnach kann M auch von S, unabhängig davon, ob er ohne die Diskriminierung von S eingestellt worden wäre, keine Einstellung verlangen.

### 3.   Ersatz des entgangenen Gewinns durch Nichteinstellung – § 252 BGB

In Betracht kommt jedoch ein Zahlungsanspruch auf Ersatz des entstandenen materiellen Schadens. Hierunter ist gemäß § 252 BGB auch der entgangene Gewinn zu fassen. Dem M könnte ein Gewinn von 10.000 € entgangen sein, die er verdient hätte, bis er seine Anstellung bei R aufnahm. Dieser Betrag wäre dem M aber nur entgangen, wenn er ohne Benachteiligung eingestellt worden wäre. Nur dann besteht zumindest bis

zum ersten hypothetischen Kündigungstermin ein Anspruch auf Zahlung des Arbeits-
entgelts. Obwohl M selbst über Erfahrung als Kellner verfügt, ist F für die Stelle besser
qualifiziert. S hätte die F dem M auch bei benachteiligungsfreier Auswahl vorgezogen.
Demnach war M nicht der bestgeeignete Bewerber. Eine Einstellung des M wäre auch
ohne Benachteiligung nicht erfolgt. M kann den Betrag von 10.000 € nicht als iSv.
§ 252 BGB entgangenen Gewinn ersetzt verlangen.

### 4. Zwischenergebnis zu VI.

Der Ersatzanspruch des § 15 Abs. 1 AGG umfasst in Rede des M weder die Einstellung,
noch den Ersatz eines entgangenen Gewinns durch S.

### VII. Ergebnis zu A.

M hat gegen S weder einen Anspruch auf Einstellung, noch auf Zahlung von 10.000 €
gemäß § 15 Abs. 1 AGG haben.

## B. Anspruch des M gegen S gemäß § 15 Abs. 2 BGB

M könnte gegen S einen Anspruch auf Zahlung von 10.000 € gemäß § 15 Abs. 2 AGG
haben.

### I. Anwendbarkeit des AGG

Das AGG müsste anwendbar sein.

### 1. Sachliche Anwendbarkeit des AGG – § 2 AGG

Der sachliche Anwendungsbereich des AGG ist eröffnet (s.o.).

### 2. Persönliche Anwendbarkeit des AGG – § 6 AGG

Der persönliche Anwendungsbereich des AGG ist eröffnet (s.o.).

### 3. Zwischenergebnis zu I.

Das AGG ist anwendbar.

### II. Verstoß gegen ein Benachteiligungsverbot – § 7 Abs. 1 AGG

Es bedarf eines Verstoßes gegen das Benachteiligungsverbot des § 7 Abs. 1 AGG.

### 1. Wegen des Geschlechts – § 1 AGG

M wurde wegen seines Geschlechts nicht zum Bewerbungsgespräch geladen (s.o.).

## 2. Art der Benachteiligung – § 3 Abs AGG

M wurde unmittelbar wegen seines Geschlechts durch S benachteiligt (s.o.).

## 3. Zwischenergebnis zu II.

Eine verbotene Benachteiligung des M iSv. § 7 Abs. 1 AGG liegt vor (s.o.).

## III. Keine Rechtfertigung – § 8 Abs. 1 AGG

Diese Benachteiligung ist ungerechtfertigt (s.o.).

## IV. Einhaltung der Frist des § 15 Abs. 4 AGG

Die Frist des § 15 Abs. 4 AGG wurde durch M gewahrt (s.o.).

## V. Art und Umfang des Anspruchs

Gemäß § 15 Abs. 2 AGG kann der Benachteiligte Ersatz des durch die Benachteiligung erlittenen Schadens verlangen. Hierzu bedarf es eines immateriellen Schadens in der durch M geltend gemachten Höhe.

## 1. Immaterieller Schaden

Ausgleichspflichtig ist nach § 15 Abs. 2 AGG die mit einer ungerechtfertigten Benachteiligung einhergehende Persönlichkeitsrechtsverletzung als Nichtvermögensschaden. § 15 Abs. 2 AGG stellt eine gegenüber § 253 BGB speziellere Vorschrift dar. Dabei wird bei Vorliegen einer ungerechtfertigten Benachteiligung das Entstehen eines Nichtvermögensschadens durch die Rechtsprechung widerleglich vermutet. Für eine Persönlichkeitsrechtsverletzung muss der Beschäftigte „herabgewürdigt" werden, ihm müssen sachwidrig die Chancen einer gleichberechtigten Teilnahme am Arbeitsleben einzig auf Grund seines „Soseins" genommen werden. Der M wird nur aufgrund seiner Zugehörigkeit zum männlichen Geschlecht nicht zum Gespräch eingeladen und dadurch nicht mehr als Subjekt/ Individuum durch S anerkannt, sondern auf diese Eigenschaft reduziert. Dies stellt eine Herabwürdigung des M dar. Mithin liegt eine Persönlichkeitsrechtsverletzung des M vor, sodass die Vermutung der Rechtsprechung durch S nicht widerlegt werden kann. Demnach liegt mit der Persönlichkeitsrechtsverletzung des M ein Nichtvermögensschaden vor.

## 2. Anspruchsumfang

Fraglich ist, in welcher Höhe eine Kompensation dieses Nichtvermögensschadens erfolgt. § 15 Abs. 2 S. 1 AGG sieht eine „angemessene" Entschädigung vor. Der Betrag ist also durch gerichtliche Entscheidung anhand der Umstände des konkreten Einzelfalls festzulegen. Für Fälle diskriminierender Nichteinstellung trifft § 15 Abs. 2 S. 2 AGG eine konkretere Regelung. Demnach darf die Entschädigung drei Monatsgehälter nicht übersteigen, wenn der Beschäftigte auch bei benachteiligungsfreier Auswahl nicht eingestellt worden wäre. M wäre durch S auch bei benachteiligungsfreier Behandlung nicht eingestellt worden, sondern die F (s.o.). Demnach steht dem M ein Entschädigungsanspruch in Höhe von maximal drei Monatsgehältern (6.000 €) zu. Mangels weiterer Angaben im Sachverhalt kann nicht ermittelt werden, ob im Hinblick auf die Persönlichkeitsrechtsverletzung des M ein niedriger Ersatzanspruch „angemessen" wäre.

> **Hinweis:** Die Berechnung der Höhe des Ersatzanspruchs bei einer erlittenen Persönlichkeitsverletzung ist äußert schwierig und vom Einzelfall abhängig. Dabei ist die von § 15 Abs. 2 S. 2 AGG vorgesehene Anknüpfung an die Monatsgehälter ein eher weniger gelungener Versuch der Bemessung. Die subjektiv empfundene Schwere der Benachteiligung ist unabhängig von der Höhe der entgangenen Bezüge.

### 3. Zwischenergebnis zu V.

Demnach beträgt die Höhe des Ersatzanspruchs des M 6.000 €.

### 4. Rechtsmissbrauch

Eine rechtsmissbräuchliche Geltendmachung des M iSd. „AGG-Hoppings", welche eine Benachteiligung ausschließt, ist nicht ersichtlich. M spekulierte nicht auf die Ablehnung durch S, sondern bewarb sich mit hinreichender Ernsthaftigkeit um die Stelle als Kellner.

### VI. Ergebnis zu B.

M hat gegen S einen Anspruch auf Zahlung von 6.000 € gemäß § 15 Abs. 2 AGG.

> **Hinweis:** Ansprüche aus dem AGG sind ein „Dauerbrenner" in arbeitsrechtlichen Klausuren. Zur Vertiefung lohnt sich die Lektüre der Kommentierung Thüsings zum AGG in: Münchener Kommentar zum BGB Band 1, 8. Auflage München, 2018, sowie die Kommentierung Schlachters zum AGG in: Erfurter Kommentar zum Arbeitsrecht 20. Aufl. München, 2020.

Fall 12
# „Der renitente Kunde"

**Schwerpunkte:** Maßnahmen des Arbeitgebers gegen diskriminierende Kunden, § 12 Abs. 4 AGG
**Fundstellen im Lehrbuch:** Rn. 178 ff., Rn. 198, Rn. 428 ff.


## Lösungsskizze

### Frage

Kann A von R verlangen dem K ein Hausverbot zu erteilen?

Anspruch des A gegen R gemäß § 12 Abs. 4 AGG
  I. Anwendbarkeit des AGG
    1. Sachliche Anwendbarkeit des AGG – § 2 AGG
    2. Persönliche Anwendbarkeit des AGG – § 6 AGG
    3. Zwischenergebnis zu I.
  II. Verstoß gegen ein Benachteiligungsverbot – § 7 Abs. 1 AGG durch Dritte
    1. Wegen der ethnischen Herkunft – § 1 AGG
    2. Art der Benachteiligung – § 3 AGG
    3. Durch Dritte
    4. Bei Ausübung der Tätigkeit
    5. Zwischenergebnis zu II.
  III. Keine Rechtfertigung – § 8 Abs. 1 AGG; kein Fall der sog. „Kundenerwartung"
  IV. Umfang des Anspruchs – Hausverbot für K
    1. Geeignetheit
    2. Erforderlichkeit
    3. Angemessenheit
    4. Zwischenergebnis zu IV.
  V. Ergebnis


## Lösungsvorschlag

A könnte gegen R gemäß § 12 Abs. 4 AGG einen Anspruch auf Erteilung eines Hausverbots gegenüber K haben.


### I. Anwendbarkeit des AGG

Hierzu müsste das AGG anwendbar sein.

### 1. Sachliche Anwendbarkeit des AGG – § 2 AGG

Das AGG könnte gemäß § 2 Abs. 1 Nr. 1 AGG sachlich anwendbar sein. Dafür müsste sich die Benachteiligung aus einem in § 1 AGG genannten Grund auf eine der in Abs. 1 Nr. 2 genannten Bedingungen beziehen. Vorliegend geht es um die Arbeitsbedingungen des A, wenn dieser während seiner Schichten von der Kundschaft des R verbal angegriffen wird. Der sachliche Anwendungsbereich des AGG ist mithin gemäß § 2 Abs. 1 Nr. 2 AGG eröffnet.

### 2. Persönliche Anwendbarkeit des AGG – § 6 AGG

Auch der persönliche Anwendungsbereich des AGG müsste eröffnet sein. § 12 Abs. 4 AGG schützt vor der Benachteiligung iSv. § 7 Abs. 1 AGG durch Dritte. Dieser gilt wiederum für Beschäftigte iSv. § 6 AGG. Gemäß § 6 Abs. 1 S. 1 Nr. 1 AGG gelten Arbeitnehmer als Beschäftigte iSv. § 7 AGG. Demnach ist das AGG auf A als Arbeitnehmer persönlich anwendbar.

### 3. Zwischenergebnis zu I.

Das AGG ist anwendbar.

### II. Verstoß gegen ein Benachteiligungsverbot – § 7 Abs. 1 AGG durch Dritte

Weiter bedarf es eines Verstoßes gegen das Benachteiligungsverbot des § 7 Abs. 1 AGG. Hierzu bedarf es einer Benachteiligung wegen eines in § 1 AGG genannten Grundes, die entweder unmittelbar iSv. § 3 Abs. 1 AGG oder mittelbar iSv. § 3 Abs. 2 AGG erfolgt.

### 1. Wegen der ethnischen Herkunft – § 1 AGG

K könnte den A wegen seiner ethnischen Herkunft diskriminiert haben. Unter der ethnischen Herkunft versteht man Bevölkerungsteile, die durch gemeinsame Herkunft, Geschichte, Kultur oder Zusammengehörigkeitsgefühl verbunden sind. A stammt gebürtig aus Afghanistan. Zudem fühlt sich A weiterhin der Kultur seines Herkunftslandes zugehörig. Auch ist er Angehöriger des islamischen Glaubens, der für sein Herkunftsland prägend ist. Damit kann die Eigenschaft als Afghane als ethnische Herkunft des A verstanden werden. K bezeichnet den A als afghanischen Terroristen und Ausländer. A habe in Deutschland nichts zu suchen. Diese fremdenfeindlichen Aussagen knüpfen unmittelbar an die Herkunft des A an. Damit wird A durch K aufgrund seiner ethnischen Herkunft diskriminiert.

### 2. Art der Benachteiligung – § 3 AGG

In Betracht kommt eine unmittelbare Benachteiligung des A gemäß § 3 Abs. 1 S. 1 AGG. Für eine solche müsste A eine weniger günstige Behandlung erfahren haben, als eine andere Person in einer vergleichbaren Situation erfährt, erfahren hat oder erfahren würde. K will sich nicht von A bedienen lassen und ruft ihm fremdenfeindliche Parolen zu. Dabei knüpft er unmittelbar an die ethnische Herkunft des A an. B, der die Schicht gemeinsam mit A ableistet erfährt eine solche Behandlung durch K nicht. Demnach liegt eine unmittelbare Benachteiligung des A durch K iSv. § 3 Abs. 1 S. 1 AGG vor.

### 3. Durch Dritte

K müsste Dritter iSv. § 12 Abs. 4 AGG sein. Dritte iSv. § 12 Abs. 4 AGG sind solche Personen, die nicht Parteien des Verhältnisses zwischen Arbeitgeber und Beschäftigten sind. Dies trifft auf den Kunden K zu. K ist Dritter iSv. § 12 Abs. 4 AGG.

### 4. Bei Ausübung der Tätigkeit

A müsste die Benachteiligung durch K bei Ausübung seiner Tätigkeit als Kellner erfahren haben. K wollte sich durch K nicht bedienen lassen und rief diesem während seiner Schicht fremdenfeindliche Parolen zu. Mithin wurde A während seiner Tätigkeit durch K benachteiligt.

### 5. Zwischenergebnis zu II.

Ein Verstoß gegen das Benachteiligungsverbot des § 7 Abs. 1 AGG durch K als Dritten liegt vor.

### III. Keine Rechtfertigung – § 8 Abs. 1 AGG; kein Fall der sog. „Kundenerwartung"

Fraglich ist, ob die Benachteiligung des A gerechtfertigt ist. Vorliegend geht die Benachteiligung nicht von dem Arbeitgeber, sondern von einem Dritten (K) aus. Gemäß § 8 Abs. 1 AGG können lediglich Benachteiligungen vonseiten des Arbeitgebers durch berufliche Anforderungen gerechtfertigt werden; nicht aber von Dritten ausgehende Benachteiligungen. Benachteiligt der Arbeitgeber selbst anlässlich benachteiligenden Verhaltens Dritter, so kann dessen Verhalten gegebenenfalls gerechtfertigt sein. Dieses Problem wird unter dem Stichwort der „Kundenerwartungen" (customer preferences) zusammengefasst. Unzulässig ist es dabei diskriminierende Kundenerwartungen durch diese reflektierenden Entscheidungen des Arbeitgebers zu perpetuieren. Vorliegend nimmt R die diskriminierende Erwartung des K an einen „Deutschen" Kellner nicht auf, sondern bleibt diesem gegenüber untätig. Eine Rechtfertigung der Diskriminierung durch K kommt daher iSv. § 8 Abs. 1 AGG nicht in Betracht.

### IV. Umfang des Anspruchs – Hausverbot für K

Mithin steht dem A ein Anspruch aus § 12 Abs. 4 AGG zu. Fraglich ist, ob der Umfang dieses Anspruchs auch die Erteilung eines Hausverbots gegenüber einem Kunden erfasst. § 12 Abs. 4 AGG schreibt vor, dass der Arbeitgeber die im Einzelfall geeigneten, erforderlichen und angemessenen Maßnahmen zum Schutz des Beschäftigten zu ergreifen hat.

### 1. Geeignetheit

Geeignet sind Maßnahmen, die dem Ziel der Unterbindung der Benachteiligung jedenfalls zuträglich sind. Ein Hausverbot gegenüber K wäre zweifelsohne der Unterbindung der fremdenfeindlichen Äußerungen gegenüber A im Restaurant des R dienlich.

## 2. Erforderlichkeit

Fraglich ist, ob ein Hausverbot unter gleichgeeigneten Maßnahmen auch das mildeste dem R zur Verfügung stehende Mittel ist. Weniger eingriffsintensiv ist es für den R das Gespräch mit K zu suchen, ihn auf die Benachteiligung hinzuweisen und auf eine Akzeptanz der diskriminierten Person hinzuwirken. Weiter liegt eine weniger gewichtige Beeinträchtigung der Interessen des K und R vor, wenn R den B anweist K zu bedienen. Diese weniger eingriffsintensiven, sich gegen K wendenden Maßnahmen des R waren jedoch erfolglos. K beschimpfte weiterhin den A und rief diesem fremdenfeindliche Parolen zu. Mithin ist ein Hausverbot gegenüber K eine im konkreten Fall erforderliche Maßnahme.

## 3. Angemessenheit

Diese geeignete und erforderliche Maßnahme muss jedoch insgesamt angemessen sein. Dies ist der Fall, wenn sie die jeweiligen Parteiinteressen so in Ausgleich bringt, dass ihnen weitgehend Rechnung getragen wird und möglichst kein Parteiinteresse vollständig zurücktreten muss. Dem K ist weiterhin daran gelegen das Restaurant des R aufzusuchen. Für R bestimmt die Zumutbarkeit eines Hausverbots die Verpflichtungsgrenze des § 12 Abs. 4 AGG. Die Auswahl der Geschäftspartner zählt zur geschützten unternehmerischen Freiheit. Ein Abbruch von Geschäftsbeziehungen wird meist einen unverhältnismäßigen Eingriff in dieses Recht darstellen. Ein zu weitgehender Eingriff in diese unternehmerische Freiheit würde den Arbeitgeber unzulässig zur Durchsetzung politisch-gesellschaftlicher Intentionen instrumentalisieren. Auch ist die Anordnung eines Hausverbots aufgrund einer Diskriminierung schwierig zu handhaben. Sollte ein einzelner Kunde durch Hausverbot ausgeschlossen werden müssen, so ist der Umsatzausfall zu verkraften. Handelt es sich aber um den Repräsentanten des größten Kunden, würde das Hausverbot die Existenz des Unternehmens gefährden. Die Lösung in der Verhältnismäßigkeit zu suchen (kein Hausverbot bei Existenzgefährdung, sonst schon), wäre fatal, weil der wirtschaftlich Mächtige dann diskriminieren „darf", der sprichwörtlich kleine Kunde dagegen nicht.

Dem steht das, durch das Persönlichkeitsrecht des A gestützte Interesse entgegen nicht aufgrund eines in § 1 AGG genannten Merkmals diskriminiert zu werden. Erschwerend kommt hinzu, dass die nicht rechtfertigende Diskriminierung von K ausgeht und durch diesen in das Verhältnis zwischen A und R hineingetragen wird. Dabei muss in jedem Fall deutlich werden, dass der Arbeitgeber die Benachteiligung durch Dritte nicht akzeptiert und sie sich erst recht nicht zu eigen macht. Dem wird die Beibehaltung des status quo nicht gerecht. Für eine Unzumutbarkeit des Hausverbots könnte dabei sprechen, dass der R den A in der Spätschicht einsetzten könnte, um so den Kontakt mit K zu vermeiden. Damit wäre den Interessen des K und R vollständig, dem des A jedoch nicht hinreichend Rechnung getragen. A muss abends seine Kinder betreuen und kann daher nicht die Spätschicht übernehmen. Auch ist es nicht ersichtlich warum der sich rechtskonform verhaltende A vor dem rechtswidrigen Verhalten des K vollständig zurückweichen muss. Dem R ist es demnach, nach Abwägung der entgegenstehenden Parteiinteressen, zumutbar dem K ein Hausverbot zu erteilen. Dieses ist insgesamt angemessen.

**Hinweis:** An dieser Stelle ist eine andere Auffassung unter Hinweis auf die unternehmerische Freiheit des R gut vertretbar. In der Klausur kommt es dabei weniger auf das Ergebnis, als auf den Weg an.

### 4. Zwischenergebnis zu IV.

Die Erteilung eines Hausverbots gegenüber K durch R ist eine verhältnismäßige Maßnahme zur Unterbindung der Benachteiligung des A.

### V. Ergebnis

A hat gegen R gemäß § 12 Abs. 4 AGG einen Anspruch auf Erteilung eines Hausverbots gegenüber K.

Fall 13
# „Stille Nacht, teure Nacht"

**Schwerpunkte:** Betriebliche Übung, Dogmatische Einordnung, Geltung für neu eingetretene Arbeitnehmer, Aufhebung
**Fundstellen im Lehrbuch:** Rn. 355 ff.

## Lösungsskizze

### Frage 1

Haben A und B gegen S einen Anspruch auf Zahlung der Weihnachtsgratifikation für Dezember 2020?

A. Anspruch des A
    I. Arbeitsvertrag
    II. Änderung des Arbeitsvertrags durch betriebliche Übung
        1. Grundlage der betrieblichen Übung
        2. Voraussetzungen (Vertragslösung)
            a) Angebot des S
            b) Annahme durch A
            c) Zwischenergebnis zu 2.
        3. Zwischenergebnis zu II.
    III. Ergebnis zu A
B. Anspruch des B
    I. Arbeitsvertrag
    II. Änderung des Arbeitsvertrags durch betriebliche Übung
        1. Betriebliche Übung bei neu eintretendem Arbeitnehmer
        2. Voraussetzungen (Vertragslösung)
            a) Angebot des S
            b) Annahme durch B
            c) Zwischenergebnis zu 2.
        3. Zwischenergebnis zu II.
    III. Ergebnis zu B.
C. Ergebnis zu Frage 1

### Frage 2

Kann A von S Zahlung der Weihnachtsgratifikation für Dezember 2021 verlangen?

    I. Arbeitsvertrag
    II. „Widerruf" der betrieblichen Übung
    III. Änderung des Arbeitsvertrags durch gegenläufige betriebliche Übung
    IV. Ergebnis zu Frage 2

# Lösungsvorschlag

## Frage 1

### A. Anspruch des A

A könnte gegen S einen vertraglichen Anspruch auf Zahlung der Weihnachtsgratifikation für Dezember 2020 in Höhe von 500 € haben.

### I. Arbeitsvertrag

Hierzu bedarf es eines zwischen A und S geschlossenen Vertrages. Zwischen A und S besteht seit 2016 ein Arbeitsvertrag iSv. § 611a BGB. Der Arbeitsvertrag aus dem Jahr 2016 enthält keine ausdrückliche Vereinbarung über eine Weihnachtsgratifikation. Diese wurde dem A erstmalig 2017 gezahlt. Fraglich ist, ob eine diesbezügliche Änderung des Arbeitsvertrags stattgefunden hat.

### II. Änderung des Arbeitsvertrags durch betriebliche Übung

Eine solche Änderung könnte nach den Grundsätzen der betrieblichen Übung erfolgt sein. Die betriebliche Übung stellt dabei keine Rechtsquelle eigener Art dar, sondern ist die tatsächliche Erscheinung wiederholt gleichförmigen Verhaltens des Arbeitgebers. Wie nun aus einem solchen tatsächlichen Verhalten Rechtsfolgen abgeleitet werden sollen ist umstritten. Fraglich ist also, welcher rechtsdogmatische Ansatz der betrieblichen Übung zu Grunde liegt.

### 1. Grundlage der betrieblichen Übung

Im Wesentlichen werden zur Begründung einer rechtlichen Bindung durch die betriebliche Übung zwei Ansätze vertreten: Einerseits wird die Bindungswirkung mit dem schutzwürdigen Vertrauen des Arbeitnehmers begründet. Dieses beruhe auf dem mehrfachen, ununterbrochenen, gleichförmigen und vorbehaltlosen Verhalten des Arbeitgebers. Der Arbeitnehmer dürfe also annehmen, der Arbeitgeber werde dieses Verhalten wiederholen. Dogmatisch verankert wird diese „Vertrauenslösung" (auch Vertrauenslehre) in § 242 BGB. Die Bindung des Arbeitgebers an das eigene Verhalten folge also aus den Grundsätzen von Treu und Glauben. Derselbe Rechtsgedanke, der zu einer Verwirkung führt (Zeit- und Umstandsmoment) könne auch zu einer „Erwirkung" führen. Andererseits wird die Bindungswirkung aus den Vorschriften des Vertragsschlusses hergeleitet. Das Verhalten des Arbeitgebers im obigen Sinne wird als Vertragsangebot verstanden. Eine widerspruchslose Inanspruchnahme durch die Arbeitnehmer soll zu einer Annahme führen. Dieser „Vertragslösung" (auch Vertragslehre) wird entgegengehalten, dass sie den Verpflichtungswillen des Arbeitgebers konstruiere. Die Mindestanforderungen an den Tatbestand einer Willenserklärung lägen bei solchen Verhaltensweisen nicht ohne weiteres vor. Dagegen wendet die – sich auf die Vertragslösung stützende – Rechtsprechung ein, dass die Ermittlung des Verpflichtungswillens des Arbeitgebers durch eine normativ-objektive Auslegung der

Willenserklärung präziser sei, als die Begründung eines Vertrauenstatbestands nach Treu und Glauben. Das Phänomen der betrieblichen Übung ließe sich rechtsgeschäftlich erklären und in das Rechtsgeschäft einbetten. Auch lässt sich nicht überzeugend begründen, wie aus einem auf vergangenem Verhalten beruhenden Vertrauen ein Erfüllungsanspruch für die Zukunft entstehen kann. Der Vertragslösung ist zu folgen.

Mithin müsste ein Angebot des S auf Zahlung einer Weihnachtsgratifikation auch für das Jahr 2020 vorliegen, welches A angenommen hat.

> **Hinweis:** Die Ausführungen sind von Ihnen in dieser Tiefe in einer Klausur nicht zu erwarten. Der Streit über die dogmatische Begründung der Rechtsbindung der betrieblichen Übung ist für das Gutachten streng genommen überflüssig, da er der Erläuterung des Aufbaus dient. Diese hat im Gutachten grundsätzlich zu unterbleiben. Die betriebliche Übung stellt insoweit eine Besonderheit dar. Ohne (kurze) Erläuterung der dogmatischen Einordnung wird Ihre Prüfung „aus der Luft gegriffen" wirken, da beispielsweise nicht klar wird, warum sie maßgeblich auf das Vertrauen des Arbeitnehmers abstellen. Es genügt jedoch der (kurze) Hinweis auf die beiden Lösungsansätze, die gewichtigsten Argumente und welchem Ansatz Sie folgen. Eine „falsche" Lösung gibt es an dieser Stelle (wie so oft) nicht. Zur Vertiefung: Waltermann, RdA 2006, 257, 269.

### 2. Voraussetzungen (Vertragslösung)

Die durch die Vertragslösung aufgestellten Voraussetzungen müssten erfüllt sein.

### a) Angebot des S

Es bedarf also eines mehrfachen, ununterbrochenen, gleichförmigen und vorbehaltlosen Verhaltens des S, welches ein Angebot iSv. § 145 BGB darstellt. S zahlte in den Jahren 2017, 2018 und 2019 eine Weihnachtsgratifikation. Dieses Verhalten erfolgte demnach mehrfach und bis zum Jahr 2020 ununterbrochen. Auch zahlte S zusätzlich jeweils 500 € für den Monat Dezember. Damit ist sein Verhalten auch gleichförmig. Nach der Rechtsprechung des BAG gilt für jährlich an die gesamte Belegschaft gezahlte Gratifikationen die Regel, dass eine dreimalige vorbehaltlose Gewährung zur Verbindlichkeit erstarkt. Mit der Zahlung in den Jahren 2017, 2018 und 2019 wäre diese Regel erfüllt. Fraglich ist, ob die Zahlung auch vorbehaltlos erfolgte. Ein solcher Freiwilligkeitsvorbehalt muss ausdrücklich erklärt werden, oder sich aus einem vertraglich formulierten Vorbehalt ergeben. S wollte im Jahr 2017 und den Folgejahren seiner Belegschaft etwas „Gutes" tun. Hierzu überwies er dieser kommentarlos, zusätzlich zu dem üblichen Dezembergehalt einen Betrag von 500 €. Dieses Verhalten des S ist zwar freiwillig erfolgt, blieb jedoch gänzlich vorbehaltlos. Auch enthält der Arbeitsvertrag des A keinen solchen Vorbehalt. Weiter musste A das Verhalten des S als Angebot verstehen dürfen. Hierzu genügt es, wenn nach einer objektiven Empfängersicht (§§ 133, 157 BGB) aus dem Verhalten des S auf einen Verpflichtungswillen geschlossen werden kann. Der regelmäßige Erhalt der Weihnachtsgratifikation in gleicher Höhe musste durch A als verbindlich und für die Zukunft geltend aufgefasst werden. Das schlüssige Verhalten des S stellte eine konkludente Willenserklärung auf Abschluss eines entsprechenden Vertrags, beziehungsweise Änderung des bestehenden Arbeitsvertrages dar. Damit liegt ein Angebot des S iSv. § 145 BGB vor.

## b) Annahme durch A

A müsste das Angebot des S angenommen haben. Ausdrücklich hat A das Angebot des S nicht angenommen. Jedoch nahm er vorbehaltslos die zusätzliche Zahlung des S in Anspruch. A verwendete den Betrag von 500 € – wie in den letzten Jahren – für Weihnachtsgeschenke. Darin liegt eine Annahmeerklärung durch schlüssiges Verhalten. Fraglich ist, ob dem S diese Annahmeerklärung des A auch zugegangen ist (§ 130 Abs. 1 S. 1 BGB). Eine Erklärung des A ist dem S mangels Angaben im Sachverhalt nicht zugegangen. Jedoch könnte der Zugang einer Annahmeerklärung gemäß § 151 S. 1 Alt. 2 BGB entbehrlich sein, wenn S auf diesen verzichtet hat. S hat die zusätzlichen 500 € auf das Konto des A überwiesen. Ob und wie dieser das Geld nutzt (sei es zur Erwirtschaftung von Zinsen) ist für den S nicht ersichtlich. Damit wird deutlich, dass es S nicht darauf ankam hinsichtlich des überwiesen Geldes informiert zu werden. Folglich verzichtete S auf den Zugang der Annahmeerklärung des A. Der Zugang der Annahmeerklärung war nach § 151 S. 1 Alt. 2 BGB entbehrlich. A hat das Angebot des S angenommen.

## c) Zwischenergebnis zu 2.

Mithin liegen die Voraussetzungen der Vertragslösung vor.

> **Hinweis:** Aufmerksame BearbeiterInnen könnten an dieser Stelle an eine Beendigung der betrieblichen Übung aufgrund des Wegfalls der Geschäftsgrundlage denken (§ 313 Abs. 3 BGB). Als S die betriebliche Übung durch sein Verhalten begründete und A diese durch sein Verhalten wiederum annahm gingen beide Parteien davon aus, dass es die Wirtschaftslage dem S gestattet solche Gratifikationen auszugeben. Der erhebliche Umsatzrückgang und die einhergehenden notwendigen Sparmaßnahmen könnten eine Störung dieser Geschäftsgrundlage darstellen, wonach jedenfalls eine Anpassung des zu zahlenden Betrages denkbar wäre (§ 313 Abs. 1 BGB).

## 3. Zwischenergebnis zu II.

Damit hat eine individualvertragliche Änderung des Arbeitsvertrages zwischen A und S hin zu einem Anspruch auf Zahlung der Weihnachtsgratifikation iSd. Grundsätze der betrieblichen Übung stattgefunden.

## III. Ergebnis zu A

A hat gegen S einen vertraglichen Anspruch auf Zahlung der Weihnachtsgratifikation für Dezember 2020 in Höhe von 500 €.

## B. Anspruch des B

B könnte gegen S einen vertraglichen Anspruch auf Zahlung der Weihnachtsgratifikation für Dezember 2020 in Höhe von 500 € haben.

## I.   Arbeitsvertrag

Zwischen B und S besteht seit dem Jahr 2020 ein Arbeitsvertrag. Dieser enthält einen solchen Anspruch des B nicht ausdrücklich. Fraglich ist, ob ein solcher Teil des Arbeitsvertrags geworden ist.

## II.   Betriebliche Übung als Gegenstand des geschlossenen Arbeitsvertrags

Dies könnte nach den Grundsätzen der betrieblichen Übung erfolgt sein.

### 1.   Betriebliche Übung bei neu eintretendem Arbeitnehmer

Fraglich ist, ob die oben dargestellten Grundsätze der betrieblichen Übung iSd. Vertragslösung auch auf neu eingetretene Arbeitnehmer anwendbar sind. Nimmt ein Arbeitnehmer seine Tätigkeit in einem Betrieb auf, der bereits aufgrund einer betrieblichen Übung eine Leistung an die gesamte Belegschaft erbringt, so steht dem Eintretenden regelmäßig ein Anspruch auf die Leistung nach dem Grundsatz der Gleichbehandlung zu. Für das Jahr 2020 hat S jedoch keine Weihnachtsgratifikation gezahlt, womit ein solcher Anspruch für B ausscheiden muss. Vielmehr ist fraglich, ob die noch für A weiter geltende betriebliche Übung auch für den B gilt.

Bei strenger Anwendung der Grundsätze der betrieblichen Übung müsste gegenüber B eine Rechtsbindung des S erst durch wiederholte Zahlung der Gratifikation entstehen (i.d.R. dreimalige Zahlung s.o.). In Rede der erstmaligen Zahlung kann eine solche Bindung nicht eingetreten sein. Dagegen spricht jedoch, dass der Arbeitgeber die betriebliche Übung gegenüber jedem eintretenden Arbeitnehmer ausdrücklich ausschließen kann. Geschieht dies nicht muss die betriebliche Übung Teil des neu geschlossenen Arbeitsvertrages sein. Das Vertragsangebot des Arbeitgebers gegenüber dem Arbeitnehmer ist dann dahingehend zu verstehen, dass der Arbeitnehmer zu den, zum Zeitpunkt des Vertragsschlusses im Betrieb üblichen Bindungen eingestellt wird. S hat bei Einstellung des B Anfang des Jahres 2020 die bestehende betriebliche Übung für diesen nicht ausdrücklich ausgeschlossen.

### 2.   Voraussetzungen (Vertragslösung)

Insoweit ist die Vertragslösung der Rechtsprechung weiterhin anwendbar. Abzustellen ist nunmehr auf den Zeitpunkt des Abschlusses des Arbeitsvertrags zwischen B und S.

### a)   Angebot des S

Mangels ausdrücklichen Ausschluss der betrieblichen Übung erstreckte sich das Vertragsangebot des S gemäß §§ 133, 157 BGB für B erkennbar auch auf die Zahlung einer Weihnachtsgratifikation für Dezember 2020 in Höhe von 500 €.

### b)   Annahme durch B

Dieses Angebot hat B durch Vertragsunterzeichnung angenommen.

## c) Zwischenergebnis zu 2.

Damit ist der Anspruch auf Zahlung einer Weihnachtsgratifikation Teil des Arbeitsvertrages zwischen S und B geworden.

## 3. Zwischenergebnis zu II.

Die bereits bestehende betriebliche Übung ist Teil des zwischen B und S Anfang 2020 geschlossenen Arbeitsvertrags.

> **Hinweis:** Auch an dieser Stelle kann wie bereits oben (s.o.) über eine Anpassung der Höhe der Gratifikation (oder gar einen Ausschluss § 313 Abs. 3 BGB) gemäß § 313 Abs. 1 BGB nachgedacht werden.

## III. Ergebnis zu B.

B hat gegen S einen vertraglichen Anspruch auf Zahlung der Weihnachtsgratifikation für Dezember 2020 in Höhe von 500 €.

## C. Ergebnis zu Frage 1

A und B haben gegen S einen vertraglichen Anspruch auf Zahlung der Weihnachtsgratifikation für Dezember 2020 in Höhe von jeweils 500 €.

## Frage 2

A könnte gegen S einen vertraglichen Anspruch auf Zahlung der Weihnachtsgratifikation für Dezember 2021 in Höhe von 500 € haben.

## I. Arbeitsvertrag

Zwischen A und S besteht ein Arbeitsvertrag iSv. § 611a BGB. Durch betriebliche Übung ist die Zahlung einer Weihnachtsgratifikation in Höhe von 500 € Gegenstand des Arbeitsvertrags geworden.

## II. „Widerruf" der betrieblichen Übung

Fraglich ist, ob S die betriebliche Übung durch seine Aussage die Belegschaft werde 2021 keine Weihnachtsgratifikation erhalten widerrufen hat. Der durch die betriebliche Übung entstandene vertragliche Anspruch leidet nicht an minderer Rechtsbeständigkeit. Zwar beruht er auf einem tatsächlichen Verhalten. Dieses wird jedoch mithilfe der Vertragslösung dogmatisch in einer individualvertraglichen Vereinbarung verankert. Demnach bedarf es derjenigen rechtlichen Instrumente, die auch für die Änderung eines „normalen" Dauerschuldverhältnisses notwendig sind. In Betracht kommen also eine individualvertragliche Änderungsvereinbarung und eine Änderungskündigung. Ein einfacher Widerruf als solcher genügt nicht. Weder haben A und S die Wirkung der betrieblichen Übung vertraglich aufgehoben, noch hat der S dem A eine Änderungskündigung ausgesprochen. Mithin hat S die betriebliche Übung durch seine Aussage im Dezember 2021 werde es keine Weihnachtsgratifikation geben nicht beendet.

### III. Änderung des Arbeitsvertrags durch gegenläufige betriebliche Übung

Fraglich ist, ob das Ausbleiben der Zahlung für die Jahre 2020 und 2021 eine sogenannte gegenläufige betriebliche Übung darstellt, welche die bis dato bestehende betriebliche Übung beendet. Hierzu bedarf es zunächst einer solchen gegenläufigen betrieblichen Übung. S hat zwei Jahre in Folge keine Gratifikation gezahlt. Für die Begründung einer betrieblichen Übung bedarf es nach Rechtsprechung des BAG einer dreimaligen Zahlung einer Gratifikation (s.o.). Eine solche liegt 2021 (noch) nicht vor. Damit besteht keine gegenläufige betriebliche Übung. Daneben wird diese, in der Rechtsprechung entwickelte Figur nunmehr durch das BAG nicht mehr angewandt. Die Annahme das widerspruchlose Hinnehmen der Nichtleistung des Arbeitgebers durch den Arbeitnehmer (also ein bloßes Schweigen) führe zu einer Änderung des Arbeitsvertrages ist mit der Vertragslösung nicht vereinbar. Die betriebliche Übung besteht fort.

### IV. Ergebnis zu Frage 2

A hat gegen S einen vertraglichen Anspruch auf Zahlung der Weihnachtsgratifikation für Dezember 2021 in Höhe von 500 €.

Fall 14

# „Versprochen ist versprochen"

**Schwerpunkte:** Begründetheit einer Kündigungsschutzklage, Ausschluss ordentlicher Kündigung durch Gesamtzusage
**Fundstellen im Lehrbuch:** Rn. 363 ff., Rn. 540 ff., Rn. 656 ff.

## Lösungsskizze

### Frage

Hat die zulässige Kündigungsschutzklage des D Aussicht auf Erfolg?

A. Zulässigkeit
B. Begründetheit
     I. Kündigungserklärung
    II. Dreiwochenfrist (§§ 4 S. 1, 7 KSchG)
   III. Kündigungsfrist § 622 BGB
   IV. Keine Betriebsratsbeteiligung
    V. Unwirksamkeitsgründe außerhalb des KSchG
       1. Besonderer Kündigungsschutz
       2. Gesamtzusage
          a) Angebot durch A-AG
          b) Wirksamkeit für D
          c) Widerruf der Gesamtzusage vom 15.02.2020
          d) Zwischenergebnis zu 2.
       3. Zwischenergebnis zu V.
   VI. Zwischenergebnis zu B.
C. Ergebnis

## Lösungsvorschlag

Die Kündigungsschutzklage des D gegen die Kündigung vom 27.02.2020 hat Aussicht auf Erfolg, wenn sie zulässig und soweit sie begründet ist.

### A. Zulässigkeit

Laut Aufgabenstellung ist die Kündigungsschutzklage zulässig.

> **Hinweis:** Lesen Sie die Aufgabenstellung immer mit besonderer Aufmerksamkeit und vorzugsweise noch vor dem Sachverhalt. So vermeiden Sie es, sich bei der Lektüre des Sachverhalts zu viele „unnötige" Gedanken zu machen und wichtiger, nicht an der Aufgabenstellung „vorbeizuschreiben". Eine Prüfung der Zulässigkeit der Klage wäre nach der Aufgabenstellung überflüssig und damit im Gutachten (leider) falsch.

## B. Begründetheit

Die Kündigungsschutzklage ist begründet, wenn das Arbeitsverhältnis durch die Kündigung vom 27.02.2020 nicht wirksam zum 31.12.2020 beendet worden ist, § 4 S. 1 KSchG.

### I. Kündigungserklärung

Die Kündigung ist eine einseitige empfangsbedürftige Willenserklärung. Zu ihrer Wirksamkeit muss diese dem Empfänger in der vorgeschriebenen Form zugehen. Dem D wurde am 27.02.2020 ein unterschriebenes Kündigungsschreiben übergeben. Dieses wahrt die Schriftform iSv. § 623 BGB. Die Erklärung müsste der A-AG als Arbeitgeberin des D zuzurechnen sein. Der A-AG wird gemäß § 164 Abs. 1 S. 1 BGB die Erklärung ihres Vorstands V (§ 78 Abs. 1 S. 1 BGB) zugerechnet. Dieser wurde wiederum wirksam gemäß § 164 Abs. 1 S. 1 BGB durch den bevollmächtigten X vertreten. Damit liegt eine formwirksame Kündigungserklärung der A-AG vor. Diese ist D am 27.02.2020 nach § 130 Abs. 1 S. 1 BGB analog zugegangen.

### II. Dreiwochenfrist (§§ 4 S. 1, 7 KSchG)

D erhob noch am 27.02.2020 Kündigungsschutzklage. Die Kündigung vom 27.02.2020 ist demnach nicht bereits durch Fristablauf gemäß § 13 Abs. 1 S. 2 KSchG i.V.m. § 4 S. 1 KSchG wirksam geworden.

### III. Kündigungsfrist § 622 BGB

D ist im Zeitpunkt der Kündigung vom 27.02.2020 bereits 30 Jahre bei der A-AG beschäftigt. Somit beträgt die Kündigungsfrist gemäß § 622 Abs. 2 Nr. 7 BGB mindestens sieben Monate zum Ende eines Kalendermonats. Dem D wird am 27.02.2020 zum 31.12.2020 gekündigt. Folglich wird die Frist des § 622 Abs. 2 Nr. 7 BGB gewahrt.

### IV. Keine Betriebsratsbeteiligung

Der Sachverhalt macht keine Angaben zum Bestehen eines Betriebsrats. Folglich ist davon auszugehen, dass ein solcher nicht besteht. Demnach bedurfte es keiner Anhörung des Betriebsrats gemäß § 102 Abs. 1 S. 1 BetrVG.

### V. Unwirksamkeitsgründe außerhalb des KSchG

Unabhängig davon, ob das KSchG im vorliegenden Fall anwendbar ist und einer Kündigung des D entgegensteht, kann die Kündigung bereits nach allgemeinen Vorschriften unwirksam sein. Neben gesetzlichen Kündigungsschranken (z.B. § 134 BGB, § 17 MuSchG etc.) besteht auch die Möglichkeit individualvertraglich eine ordentliche Kündigung auszuschließen. Dies folgt aus dem Grundsatz der Privatautonomie.

## 1. Besonderer Kündigungsschutz

Für D besteht kein besonderer Kündigungsschutz.

## 2. Gesamtzusage

Jedoch könnte die ordentliche Kündigung durch den Arbeitsvertrag zwischen D und der A-AG ausgeschlossen sein. Der 1990 zwischen D und der A-AG geschlossene Vertrag enthält eine solche Regelung nicht. Diese könnte nachträglich Bestandteil des Arbeitsvertrages geworden sein. Hierzu bedarf es einer Änderungsvereinbarung zwischen D und der A-AG. Eine solche Vereinbarung könnte durch die Annahme einer Gesamtzusage der A-AG seitens D zustande gekommen sein.

Unter einer Gesamtzusage ist eine an alle Arbeitnehmer oder einen nach abstrakten Merkmalen bestimmten Teil von ihnen in allgemeiner Form gerichtete ausdrückliche Erklärung des Arbeitgebers, zusätzliche Leistungen erbringen zu wollen zu verstehen. Die Gesamtzusage ist als Angebot des Arbeitgebers zur Änderung des Arbeitsvertrages anzusehen.

### a) Angebot durch A-AG

Um festzustellen, ob die Erklärung eines Arbeitgebers ein Angebot ist, hat eine Auslegung nach den §§ 133, 157 BGB zu erfolgen. Die Besonderheit der Gesamtzusage liegt darin, dass sie „typisiert" ist, also gegenüber allen adressierten Arbeitnehmern den gleichen Inhalt haben soll. Demnach ist eine Gesamtzusage gemäß § 157 BGB nach dem objektiven Empfängerhorizont auszulegen. Unschädlich ist, auf welchem Weg die Erklärung des Arbeitgebers erfolgt. Ein „Posting" im Intranet kann ebenso wie ein Aushang am „schwarzen Brett" eine Gesamtzusage darstellen.

Somit ist auszulegen wie das „Posting" des in Vertretung für die A-AG handelnden V (s.o. § 164 Abs. 1 S. 1 BGB i.V.m. § 78 Abs. 1 S. 1 AktG) durch die Belegschaft zu verstehen war. Dem Wortlaut ist – für Dritte klar erkennbar – zu entnehmen, dass die A-AG Mitarbeitern, die zum 01.02.2020 25 Jahre beschäftigt sind ab dem 01.02.2020 keine ordentlichen Kündigungen aussprechen will. Somit ist die Erklärung der A-AG vom 01.02.2020 als Angebot auf Änderung des Arbeitsvertrages gegenüber Mitarbeitern zu verstehen, die bereits 25 Jahre bei der A-AG beschäftigt sind. Bei dem Erfordernis der 25-jährigen Betriebszugehörigkeit handelt es sich um eine Bedingung iSv. § 158 Abs. 1 BGB. D ist seit 1990 bei der A-AG beschäftigt. Er erfüllt diese Bedingung.

Fraglich ist jedoch, ob die Gesamtzusage der A-AG auch gegenüber D wirksam geworden ist. D las das „Posting" im Intranet am 01.02.2020 nicht. Als D am 27.02.2020 aus dem Urlaub zurückkehrte war dieses bereits gelöscht. Für die Wirksamkeit einer Gesamtzusage kommt es auf die konkrete Kenntnis des einzelnen Arbeitnehmers nicht an. Es genügt, dass für den einzelnen Arbeitnehmer typischerweise die Möglichkeit der Kenntnisnahme von der Gesamtzusage besteht. Die Arbeitnehmer der A-AG rufen in der Regel einmal täglich das Intranet von ihrer „Workstation" aus auf. Damit hatte auch der D am 01.02.2020 grundsätzlich die Möglichkeit von dem „Posting" der A-AG Kenntnis zu nehmen. Darüber hinaus erfuhr D durch seinen Kollegen K von dessen Inhalt.

Mithin ist die Gesamtzusage der A-AG dem D gegenüber wirksam geworden. Folglich liegt ein Angebot der A-AG auf Änderung des Arbeitsvertrages hin zu einem Ausschluss der ordentlichen Kündigung vor.

### b) Annahme durch D

Dieses Angebot müsste der D rechtzeitig angenommen haben. Nachdem D von K den Inhalt des „Postings" erfahren hatte, freute er sich sichtlich. Dieses schlüssige Verhalten ist gemäß § 133 BGB als konkludente Annahmeerklärung des D zu verstehen. Fraglich ist, ob diese der A-AG auch zugegangen ist (§ 130 Abs. 1 S. 1 BGB). Von dem schlüssigen Verhalten des D und damit der konkludenten Annahmeerklärung hat die A-AG nie Kenntnis erlangt. Ein Zugang könnte jedoch gemäß § 151 S. 1 Alt. 2 BGB entbehrlich sein. Hierzu müsste die A-AG auf den Zugang der Annahmeerklärung verzichtet haben. Ein solcher Verzicht ist dem „Posting", insbesondere dem Umstand zu entnehmen, dass der Ausschluss ordentlicher Kündigungen lediglich an die Bedingung der 25-jährigen Beschäftigung geknüpft wird. Folglich konnte das Angebot der A-AG ohne Zugang der Annahmeerklärung gemäß § 151 S. 1 Alt. 2 BGB durch D angenommen werden. Bei dem Ausschluss der Kündigung handelt es sich um eine dauerhafte „Leistung" der A-AG gegenüber den Arbeitnehmern, sodass das Angebot bis zu einem Widerruf gemäß § 151 S. 2 BGB angenommen werden konnte (§ 147 Abs. 2 BGB wird hier durch § 151 S. 2 BGB verdrängt). Demnach hat D durch seine konkludente Annahmeerklärung vom 01.02.2020 das Angebot der A-AG rechtzeitig iSv. § 151 S. 2 BGB angenommen.

### c) Widerruf der Gesamtzusage vom 15.02.2020

Fraglich ist, ob das Löschen des „Postings" vom 15.02.2020 zu einer Unwirksamkeit der Gesamtzusage führte. Ohne einen Freiwilligkeits- oder Widerrufsvorbehalt kann sich ein Arbeitgeber von einer erfolgten Gesamtzusage nur durch Änderungskündigung des (bereits geänderten) Arbeitsvertrags lösen. Ist eine Gesamtzusage voraussetzungslos bekanntgegeben worden, so kann ein Freiwilligkeits- oder Widerrufsvorbehalt in diese nicht hineingelesen werden. Die bloße Herausnahme des „Postings" aus dem firmeneigenen Intranet der A-AG genügt somit nicht, um die Gesamtzusage unwirksam werden zu lassen. Eine Änderungskündigung seitens der A-AG ist nicht erfolgt. Mithin führte das Löschen des „Postings" nicht zur Unwirksamkeit der Gesamtzusage.

### d) Zwischenergebnis zu 2.

Zwischen der A-AG und D wurde eine wirksame individualvertragliche Änderung des Arbeitsvertrages hin zu einem Ausschluss der ordentlichen Kündigung vereinbart.

### 3. Zwischenergebnis zu V.

Damit verstößt die Kündigung vom 27.02.2020 gegen die individualvertragliche Vereinbarung zwischen D und der A-AG vom 01.02.2020. Die Kündigung ist bereits nach allgemeinen Vorschriften unwirksam.

## VI.  Zwischenergebnis zu B.

Das Arbeitsverhältnis zwischen D und der A-AG wurde durch die Kündigung vom 27.02.2020 nicht wirksam zum 31.12.2020 beendet. Die Kündigungsschutzklage ist begründet.

## C.  Ergebnis

Die Kündigungsschutzklage des D gegen die Kündigung vom 27.02.2020 hat Aussicht auf Erfolg.

Fall 15
# „Kleinvieh macht auch Mist"

**Schwerpunkte:** Rechtmäßigkeit einer fristlosen Kündigung, Erfordernis einer Abmahnung, Umdeutung einer fristlosen in eine ordentliche Kündigung
**Fundstellen im Lehrbuch:** Rn. 527 ff., Rn. 541, Rn. 581 ff.

## Lösungsskizze

### Frage

Ist das Arbeitsverhältnis der E durch das Schreiben des S vom 30.03.2020 wirksam beendet worden?

    I. Wirksamer Arbeitsvertrag
   II. Kündigungserklärung
      1. Zugang
      2. Schriftform
  III. Kündigungserklärungsfrist § 626 Abs. 2 BGB
  IV. Einhaltung der Klagefrist des § 13 Abs. 1 S. 2 KSchG i.V.m. § 4 S. 1 KSchG
   V. Wichtiger Grund iSv. § 626 Abs. 1 BGB
      1. „An sich" geeignete Kündigungstatsachen
      2. Interessenabwägung (insbesondere Erfordernis einer Abmahnung)
      3. Zwischenergebnis
   V. Umdeutung § 140 BGB
  VI. Ordentliche Kündigung (insbesondere Kündigungsfrist)
 VII. Ergebnis

## Lösungsvorschlag

### I.   Wirksamer Arbeitsvertrag

Für die Beendigung eines Arbeitsverhältnisses durch Kündigung muss zunächst ein solches bestehen. Die E ist seit über 30 Jahren bei S angestellt. Unwirksamkeitsgründe liegen nicht vor. Somit besteht ein wirksames Arbeitsverhältnis zwischen E und S iSv. § 611a BGB.

### II.   Kündigungserklärung

Die Kündigung ist eine einseitige empfangsbedürftige Willenserklärung. Zu ihrer Wirksamkeit muss diese dem Empfänger in der vorgeschriebenen Form zugehen.

### 1.   Zugang

Die Kündigungserklärung müsste der E zugegangen sein (§ 130 Abs. 1 S. 1 BGB). Unter Anwesenden ist § 130 Abs. 1 BGB entsprechend anzuwenden. Zugegangen ist die Erklärung, wenn sie so in den Bereich des Empfängers gelangt ist, dass dieser die

Möglichkeit hat, vom Inhalt der Erklärung Kenntnis zu nehmen und unter normalen Umständen mit der Kenntnisnahme zu rechnen ist. Der E wurde durch S das Kündigungsschreiben persönlich übergeben. Damit erlangte E Verfügungsgewalt über das Schreiben und hatte die Möglichkeit von dessen Inhalt Kenntnis zu nehmen. Die Kündigung ist der E zugegangen.

## 2. Schriftform

Zur ihrer Wirksamkeit bedarf die Kündigung gemäß § 623 BGB der Schriftform iSv. § 126 BGB. Das durch S unterzeichnete Schreiben vom 30.03.2020 wahrt die Schriftform.

## III. Kündigungserklärungsfrist § 626 Abs. 2 BGB

Daneben müsste S die Kündigungserklärungsfrist gemäß § 626 Abs. 2 BGB gewahrt haben. Diese beträgt gemäß § 626 Abs. 2 S. 1 BGB zwei Wochen. Die Frist beginnt gemäß § 626 Abs. 2 S. 2 BGB mit dem Zeitpunkt, in dem der Kündigungsberechtigte (hier S) von den für die Kündigung maßgebenden Tatsachen Kenntnis erlangt. S erfuhr am 27.03.2020 von dem Verhalten der E, welches ihn zur Kündigung veranlasste. Am 30.03.2020 erklärte S der E die Kündigung. Mithin hat S die Kündigungserklärungsfrist des § 626 Abs. 2 BGB gewahrt.

## IV. Einhaltung der Klagefrist des § 13 Abs. 1 S. 2 KSchG i.V.m. § 4 S. 1 KSchG

**Hinweis:** Die Aufgabenstellung verlangt keine Prüfung einer Kündigungsschutzklage. Dennoch sollten Sie zu diesem Punkt immer ein bis zwei Sätze schreiben, um dem Leser Ihres Gutachtens aufzuzeigen, dass sie die materiell-rechtlichen Folgen des Verstreichens der Frist des § 13 Abs. 1 S. 2 KSchG i.V.m. § 4 S. 1 KSchG kennen. § 7 KSchG ordnet im Falle einer Verfristung die Rechtswirksamkeit einer Kündigung an. Daher müssten Sie im Falle der Verfristung für die weitere Prüfung ein Hilfsgutachten erstellen.

Die Erhebung einer Kündigungsschutzklage durch E ist zu diesem Zeitpunkt nicht erfolgt. Daher ist der E zu raten eine solche innerhalb der Frist des § 13 Abs. 1 S. 2 KSchG i.V.m. § 4 S. 1 KSchG zu erheben, um nicht Gefahr zu laufen, dass die Kündigung gemäß § 7 KSchG als von Anfang an wirksam gilt.

## V. Wichtiger Grund iSv. § 626 Abs. 1 BGB

Für eine fristlose (außerordentliche) Kündigung bedarf es gemäß § 626 Abs. 1 BGB eines wichtigen Grundes. Es bestehen keine „absoluten" Kündigungsgründe. Die Erfüllung des Tatbestandsmerkmals ist in einer zweistufigen Prüfung festzustellen: Zunächst muss der Sachverhalt „an sich" geeignet sein einen wichtigen Grund darzustellen (1.). Anschließend ist eine Interessenabwägung im Einzelfall vorzunehmen (2.).

## 1. „An sich" geeignete Kündigungstatsachen

Ein wichtiger Grund liegt vor, wenn das zwischen Arbeitgeber und Arbeitnehmer bestehende Vertrauensverhältnis derart gestört ist, dass eine weitere Zusammenarbeit nicht denkbar ist. Begeht der Arbeitnehmer bei oder im Zusammenhang mit seiner Arbeit rechtswidrige und vorsätzliche Handlungen unmittelbar gegen das Vermögen seines Arbeitgebers, verletzt er zugleich in schwerwiegender Weise seine schuldrechtliche Pflicht zur Rücksichtnahme gemäß § 241 Abs. 2 BGB und missbraucht das in ihn gesetzte Vertrauen.

Das Einlösen eines dem Arbeitgeber zugeordneten Leergutbons durch den Arbeitnehmer stellt eine gegen das Vermögen des Arbeitgebers gerichtete Tat dar. Selbst, wenn dem Arbeitgeber nur ein geringer oder sogar kein Vermögensschaden aus dem Verhalten des Arbeitnehmers resultiert, bewirkt das Verhalten eine tiefgreifende Erschütterung des gegenseitigen Vertrauensverhältnisses. Damit stellt auch die Unterschlagung (§ 246 StGB) eines Leergutbons im Wert von 1,30 € eine „an sich" geeignete Kündigungstatsache dar.

## 2. Interessenabwägung (insbesondere Erfordernis einer Abmahnung)

Fraglich ist, ob diese „an sich" geeignete Kündigungstatsache auch im konkreten Einzelfall eine fristlose Kündigung rechtfertigt. Hierzu ist das Interesse des Arbeitgebers an der Auflösung dem Interesse des Arbeitnehmers an der Aufrechterhaltung des Arbeitsverhältnisses gegenüberzustellen. Dem Arbeitgeber muss es unzumutbar sein das Arbeitsverhältnis bis zum Ablauf der Frist einer ordentlichen Kündigung aufrecht zu erhalten. Dabei ist zu berücksichtigen, dass die fristlose Kündigung, wie auch die ordentliche Kündigung immer das letzte Mittel („ultima ratio") des Arbeitgebers sein muss. Dem Arbeitgeber müssen also sämtliche mildere Reaktionsmöglichkeiten unzumutbar sein.

E ist seit über 30 Jahren bei S beschäftigt. In dieser Zeit hat sie kein Fehlverhalten gezeigt, welches das Vertrauensverhältnis zu S bereits zerrüttet hätte. Daneben ist der unterschlagene Leergutbon äußerst geringwertig. Dies spricht für eine geringfügige Verletzung der Rücksichtnahmepflicht (§ 241 Abs. 2 BGB) durch E. Der E waren die Regeln zur Vermeidung des Missbrauchs des Pfandsystems des S bekannt, dennoch setzte sie sich bewusst über diese zu ihrem Vorteil hinweg. Damit hat sie grundsätzlich das Vertrauen des S erschüttert.

Das langjährige tadellose Verhalten der E deutet dagegen darauf hin, dass es sich hierbei um einen „Ausrutscher" handelt. Ein solcher ist nicht geeignet das Vertrauensverhältnis zwischen S und E endgültig unwiederbringlich zu zerstören. Als milderes Mittel kommt eine Abmahnung in Betracht. Diese muss in Rede einer verhaltensbedingten Kündigung den Arbeitnehmer auf sein Fehlverhalten hinweisen und ihm deutlich machen, dass ein erneuter Verstoß die Beendigung des Arbeitsverhältnisses nach sich zieht. Eine solche Abmahnung hat S der E nicht erteilt. Dem S ist es demnach zumutbar die E, jedenfalls bis zum Ablauf der Frist einer ordentlichen Kündigung weiter zu beschäftigen. Mithin überwiegt das Interesse der E an einer Weiterbeschäftigung das Interesse des S an der sofortigen Auflösung des Arbeitsverhältnisses.

## 3. Zwischenergebnis

Ein wichtiger Grund iSv. § 626 Abs. 1 BGB liegt somit nicht vor. Damit ist eine fristlose Kündigung der E unwirksam.

> **Hinweis:** Die Aufgabenstellung verlangt von Ihnen die Rechtsfrage nach der wirksamen Beendigung des Arbeitsverhältnisses der E durch das Schreiben des S vom 30.03.2020 zu begutachten. Bis hierhin haben Sie festgestellt, dass eine fristlose Kündigung unwirksam war. Es ist aber in Betracht zu ziehen, dass der S mit dem Schreiben vom 30.03.2020 hilfsweise eine ordentliche Kündigung ausgesprochen hat. Sie müssen also die Prüfung mit der Frage fortsetzen, ob eine Umdeutung der fristlosen hin zu einer ordentlichen (fristgebundenen) Kündigung möglich ist.

## V. Umdeutung § 140 BGB

Die Umdeutung (§ 140 BGB) der fristlosen Kündigung hin zu einer ordentlichen Kündigung setzt voraus, dass der Ausspruch einer ordentlichen Kündigung dem mutmaßlichen Willen des Arbeitgebers entspricht und dieser Wille dem Arbeitnehmer im Zeitpunkt der Kündigung erkennbar war. Der Erklärung des S war, für E erkennbar, zu entnehmen, dass er sich auf jeden Fall von dem Arbeitsverhältnis lösen wollte. S erklärte er wolle E ab sofort, hilfsweise ab dem 30.04.2020 nicht mehr weiterbeschäftigen. Demnach ist die unwirksame fristlose Kündigung des S in eine ordentliche fristgebundene Kündigung umzudeuten.

## VI. Ordentliche Kündigung (insbesondere Kündigungsfrist)

Fraglich ist, ob die umgedeutete Kündigung die Voraussetzungen einer wirksamen ordentlichen Kündigung erfüllt.

Hierzu muss S insbesondere die Kündigungsfrist des § 622 Abs. 2 BGB einhalten. Die Kündigungsfrist beschreibt den Zeitraum, der mindestens zwischen dem Zugang der Kündigungserklärung und der Beendigung des Arbeitsverhältnisses liegen muss. Die E ist bereits seit über 30 Jahren bei S angestellt. Für sie gilt damit gemäß § 622 Abs. 2 Nr. 7 BGB eine Kündigungsfrist von mindestens sieben Monaten zum Ende des Kalendermonats. Die von S hilfsweise erklärte Frist zum 30.04.2020 ist damit deutlich zu kurz. Folglich liegen die Wirksamkeitsvoraussetzungen einer ordentlichen Kündigung nicht vor.

## VII. Ergebnis

Das Arbeitsverhältnis der E ist durch das Schreiben des S vom 30.03.2020 nicht wirksam beendet worden.

Fall 16
# „Der ‚einfühlsame' Betreuer"

**Schwerpunkte:** Druckkündigung, Unterscheidung echte/unechte Druckkündigung, Kündigungsfrist gemäß § 622 BGB
**Fundstellen im Lehrbuch:**   Rn. 544 ff., Rn. 641 ff.

## Lösungsskizze

### Frage

Ist das Arbeitsverhältnis des B durch die Kündigung der K vom 09.04.2020 zum 31.05.2020 wirksam beendet worden?

   I. Kündigungserklärung
  II. Dreiwochenfrist §§ 4 S. 1, 7 KSchG
 III. Kündigungsfrist § 622 BGB
 IV. Betriebsratsbeteiligung
  V. Unwirksamkeitsgründe außerhalb des KSchG
 VI. Wirksamkeit nach dem KSchG
    1. Anwendbarkeit des KSchG
      a) Gegenständlich
      b) Persönlich
      c) Zeitlich
      d) Betrieblich
    2. Soziale Rechtfertigung – echte Druckkündigung
      a) Abgrenzung echte/unechte Druckkündigung
      b) Erfolglose Inschutznahme des Arbeitnehmers durch den Arbeitgeber
      c) Unzumutbare Nachteile für den Betrieb des Arbeitgebers
      d) Kündigung als „ultima-ratio"
      e) Zwischenergebnis zu 2.
    3. Zwischenergebnis zu VI.
 VII. Ergebnis

## Lösungsvorschlag

Für eine Beendigung des Arbeitsverhältnisses zwischen B und K (§ 611a BGB) müsste die Kündigung vom 09.04.2020 zum 31.05.2020 wirksam sein.

### I.   Kündigungserklärung

Hierzu müsste dem B eine formgerechte Kündigungserklärung zugegangen sein. Zugang iSv. § 130 Abs. 1 S. 1 BGB setzt voraus, dass die Erklärung in den Machtbereich des Empfängers gelangt ist und regelmäßig die Möglichkeit zur Kenntnisnahme besteht. Dem B wurde am 09.04.2020 ein Kündigungsschreiben der K übergeben. Hierdurch ist es in dem Machtbereich des B gelangt und konnte unmittelbar von diesem wahrgenommen werden. Die Kündigungserklärung ist dem B nach § 130 Abs. 1 S. 1 BGB analog (§ 130 Abs. 1 S. 1 BGB gilt direkt nur für den Zugang unter Abwesenden) zugegangen. Gemäß § 623 BGB bedarf die Kündigung der Schriftform iSv. § 126 Abs. 1 BGB. Die K übergab dem B ein von ihr unterschriebenes Kündigungsschreiben. Mithin ist die Schriftform iSv. § 126 Abs. 1 BGB gewahrt. Das Schreiben vom 09.04.2020 stellt eine wirksame Kündigungserklärung dar.

## II. Dreiwochenfrist §§ 4 S. 1, 7 KSchG

Mangels entgegenstehender Angaben im Sachverhalt hat B noch keine Kündigungsschutzklage erhoben. Um zu verhindern, dass die Kündigung der K bereits durch Fristablauf nach § 7 KSchG wirksam wird, ist dem B zu raten fristgerecht Kündigungsschutzklage einzulegen.

> **Hinweis:** Zu Fragen der Fristberechnung lesen Sie III. und den Lösungsvorschlag zu Fall 19.

## III. Kündigungsfrist § 622 BGB

Die am 09.04.2020 zum 31.05.2020 ausgesprochene Kündigung müsste die Frist des § 622 BGB wahren. B ist seit vier Jahren bei K beschäftigt. Demnach gilt für ihn eine Kündigungsfrist gemäß § 622 Abs. 2 Nr. 1 BGB von einem Monat zum Ende des Kalendermonats. Die Frist beginnt gemäß § 187 Abs. 1 BGB einen Tag nach dem, für den Fristbeginn maßgeblichen, in den Lauf des Tages fallenden Zeitpunkt. Für den Fristbeginn ist der Zugang der Kündigung maßgeblich. Die Kündigung ging dem B noch am 09.04.2020 zu. Fristbeginn ist somit der 10.04.2020. Gemäß § 188 Abs. 2 BGB endet eine Monatsfrist im Falle des § 187 Abs. 1 BGB mit Ablauf desjenigen Tages des letzten Monats, welcher durch seine Benennung oder seine Zahl dem Tage entspricht, in den das Ereignis oder der Zeitpunkt fällt. Bei der Frist des § 622 Abs. 2 Nr. 1 BGB handelt es sich um eine Monatsfrist. Damit endet die am 10.04.2020 beginnende Frist von einem Monat mit Ablauf des 09.05.2020. Da dies ein Samstag (Sonnabend) ist, fiele das Fristende grundsätzlich gemäß § 193 BGB auf den 11.05.2020. § 193 BGB ist jedoch auf das Fristende der Kündigung eines Arbeitsvertrags nicht anwendbar. Daneben schreibt § 622 Abs. 2 Nr. 1 BGB als lex specialis zu § 188 Abs. 2 Nr. 1 BGB vor, dass die Frist zum Ende eines Kalendermonats gilt. Folglich erfolgte die Kündigung zum 31.05.2020 fristgerecht gemäß § 622 Abs. 2 Nr. 1 BGB.

## IV. Betriebsratsbeteiligung

Der Sachverhalt verhält sich nicht zu dem Bestehen eines Betriebsrats für die Kita „Löwenzahn". Folglich bedurfte es keiner Anhörung iSv. § 102 Abs. 1 S. 1 BetrVG.

## V. Unwirksamkeitsgründe außerhalb des KSchG

Unwirksamkeitsgründe hinsichtlich der Kündigung des B (besonderer Kündigungsschutz) sind nicht gegeben.

**Hinweis:** Diesen Punkt können Sie auch guten Gewissens in eindeutigen Fällen weglassen. Er wird hier lediglich als „Erinnerung" aufgeführt im Rahmen einer Kündigung vorrangig an das Vorliegen von Unwirksamkeitsgründen außerhalb des KSchG zu denken.

## VI. Wirksamkeit nach dem KSchG

Die Kündigung müsste nach dem KSchG wirksam sein.

### 1. Anwendbarkeit des KSchG

Für eine Überprüfung der Wirksamkeit der Kündigung anhand des KSchG muss dieses anwendbar sein.

### a) Gegenständlich

Gegenständlich ist das KSchG auf die ordentliche Kündigung anwendbar (beachten Sie dennoch einzelne Verweise auf die außerordentliche Kündigung wie in § 13 Abs. 1 S. 1 KSchG). Dem B ist ordentlich gekündigt worden. Das KSchG ist gegenständlich anwendbar.

### b) Persönlich

Persönlich anwendbar ist das KSchG, ausgenommen Repräsentanten des Arbeitgebers (z.B. Vorstandsmitglieder einer AG), auf alle aufgrund eines Arbeitsvertrages Beschäftigten. B ist aufgrund eines Arbeitsvertrages bei K angestellt. Das KSchG ist auf B persönlich anwendbar.

### c) Zeitlich

Zeitlich anwendbar ist das KSchG nach § 1 Abs. 1 KSchG für solche Arbeitsverhältnisse, die ohne Unterbrechung länger als sechs Monate in demselben Betrieb bestanden. B ist seit vier Jahren bei der K angestellt. Folglich ist das KSchG zeitlich auf B anwendbar.

### d) Betrieblich

Betrieblich ist das KSchG gemäß § 23 Abs. 1 S. 3 KSchG auf solche Arbeitnehmer (die nach dem 31.12.2003 ihre Beschäftigung begonnen haben) anzuwenden sofern der Betrieb zehn oder mehr Arbeitnehmer ausschließlich der Auszubildenden beschäftigt. B arbeitet seit 2016 bei der K. Diese beschäftigt 16 Arbeitnehmer. Damit unterfällt B dem betrieblichen Anwendungsbereich des KSchG. Damit ist das KSchG auf B anwendbar.

### 2. Soziale Rechtfertigung – echte Druckkündigung

Die Kündigung bedarf einer sozialen Rechtfertigung iSv. § 1 Abs. 1 und 2 KSchG. Diese ist gegeben, wenn die Kündigung durch Gründe in der Person oder Verhalten des Arbeitnehmers, oder durch betriebliche Erfordernisse bedingt ist.

## a) Abgrenzung echte/unechte Druckkündigung

Dem B wurde aufgrund des gesellschaftlichen und wirtschaftlichen Drucks gekündigt, den Dritte auf die Kita der K ausgeübt haben. Diese besondere Konstellation wird unter dem Begriff der Druckkündigung zusammengefasst. Zu trennen ist dabei zwischen der echten und der unechten Druckkündigung. Diese Unterscheidung ist erforderlich, da Rechtsprechung und Literatur unterschiedliche Anforderungen an die jeweilige Art der Kündigung stellen. Bei der unechten Druckkündigung liegen kündigungsrelevante Tatsachen in der Person oder im Verhalten des Arbeitnehmers, die Dritte zum Anlass nehmen eine Kündigung durch den Arbeitgeber zu erwirken. Die unechte Druckkündigung kann daher personen-, verhaltens- oder betriebsbedingt sein. Eine echte Druckkündigung liegt dagegen vor, wenn objektiv kein Kündigungsgrund in der Person oder im Verhalten des Arbeitnehmers vorliegt, Dritte dennoch die Kündigung des Arbeitnehmers verlangen.

Dem Sachverhalt ist zu entnehmen, dass die Anschuldigungen seitens der A (Pädophilie und unsittliches Verhalten des B) frei erfunden sind. Wären diese gegeben, so käme eine personen- bzw. verhaltensbedingte Kündigung des B in Betracht. Mangels objektiven Vorliegens eines Kündigungsgrundes handelt es sich um eine echte Druckkündigung.

> **Hinweis:**  Die folgenden Ausführungen können Sie in der Klausur durchaus kürzer darstellen. Wie Sie sich hinsichtlich der dogmatischen Einordnung entscheiden ist wie so oft im Gutachten „gleichgültig". Für die konkrete Rechtsanwendung ist der Streit ohne Auswirkung.

Die dogmatische Einordnung der echten Druckkündigung ist nicht abschließend geklärt. Zum einen wird die echte Drückkündigung als betriebsbedingte eingeordnet. Dadurch, dass Dritte unter Androhung von erheblichen Nachteilen für den Betrieb auf den Arbeitgeber einwirken, wird eine der betriebsbedingten Kündigung zu Grunde liegende Entscheidungssituation hergestellt. Die Kündigung des Arbeitnehmers ist für den Arbeitgeber notwendig, um den Betrieb nach seiner unternehmerischen Vorstellung weiter betreiben zu können. Diesem von der Rechtsprechung vertretenen Ansatz ist entgegenzuhalten, dass die Beschäftigungsmöglichkeit des Arbeitnehmers weder entfallen, noch geändert worden ist. Auch ist eine Sozialauswahl nicht möglich, da nur ein bestimmter Arbeitnehmer gekündigt wird. Die durch die Drucksituation hervorgerufenen Kündigungstatsachen beruhen vielmehr mittelbar auf einem in der Person des Arbeitnehmers liegenden Grund, der in Sphäre des Arbeitgebers liegt. Demnach ist die echte Druckkündigung als Sonderfall der personenbedingten Kündigung aufzufassen. Fraglich ist, ob die Voraussetzungen einer echten Druckkündigung vorliegen.

## b) Erfolglose Inschutznahme des Arbeitnehmers durch den Arbeitgeber

Hierzu müsste sich die K als Arbeitgeberin des B schützend vor diesen gestellt, d.h. alle den Erfolg einer Abwendung der Kündigung versprechenden Maßnahmen ausgenutzt haben. Die K wusste, dass die Vorwürfe gegen B unbegründet waren. Dementsprechend versuchte K der Elternschaft zu vermitteln, dass A die Gerüchte in die Welt gesetzt habe. Auch schlug die K ein Mediationsverfahren zur Streitbeilegung vor. Diese Versuche die Situation zu beruhigen blieben erfolglos. Weitere mildere (d.h.

unterhalb der einschneidenden Kündigung des B liegende) und erfolgsversprechende Mittel standen der K nicht zur Verfügung. Die K hat den B im ihr zumutbaren Maß in Schutz genommen.

### c)  Unzumutbare Nachteile für den Betrieb des Arbeitgebers

Der K müssten bei Verwirklichung der Drohung schwere wirtschaftliche Nachteile gedroht haben. Bereits der Boykott der Zulieferer – ausgelöst durch einen „Shitstorm" gegen B – brachte die Kita der K in eine wirtschaftliche Schieflage. Hätten die Eltern ihre Drohung keine Beiträge mehr zu zahlen in diesem Zeitpunkt verwirklicht, so wäre die wirtschaftliche Existenz der Kita gefährdet gewesen. Jedenfalls bei der Gefährdung der Existenz des Betriebes ist die Grenze der Zumutbarkeit hinsichtlich der Folgen der Verwirklichung der Drohung Dritter überschritten. Der K drohten unzumutbare Nachteile, sollte sie den B weiter beschäftigen.

### d)  Kündigung als „ultima-ratio"

Auch bei der echten Druckkündigung hat die einseitige Beendigung des Arbeitsverhältnisses durch den Arbeitgeber immer das letzte verbleibende Mittel („ultima-ratio") zu sein. Der K dürften daher keine milderen, ebenso erfolgsversprechenden Mittel zur Verfügung gestanden haben, um die Verwirklichung der Drohung der Eltern und damit den unzumutbaren Nachteil abzuwenden. Die K konnte den B nicht weiter als Betreuer oder in anderer Funktion in der Kita beschäftigen. Zwar wäre die Suspendierung des Arbeitsverhältnisses für den B weniger einschneidend gewesen, jedoch forderte die Elternschaft, dass der B gekündigt werde. Auch würde die Suspendierung des B bei Fortzahlung des Lohns eine zusätzliche finanzielle Belastung der K darstellen. Eine Abmahnung des B kommt ebenfalls nicht in Betracht. Es liegt kein Fehlverhalten des B vor, welches dieser korrigieren könnte (Sonderfall der personenbedingten Kündigung s.o.). Auch, wenn die grundsätzliche Möglichkeit einer außerordentlichen Kündigung nicht zwingend für die Verhältnismäßigkeit einer ordentlichen Kündigung spricht, so hat K doch die Kündigungsfolgen durch Kündigung des B zum 31.05.2020 mit Suspendierung bis zu diesem Datum abgemildert. Mithin war die Kündigung des B das letzte der K zumutbare zur Verfügung stehende Mittel.

### e)  Zwischenergebnis zu 2.

Die Kündigung des B ist durch (mittelbar) in dessen Person liegende Gründe bedingt. Die Kündigung ist sozial gerechtfertigt iSv. § 1 Abs. 1 und 2 KSchG.

### 3.  Zwischenergebnis zu VI.

Die Kündigung des B zum 31.05.2020 ist nach dem KSchG und somit insgesamt wirksam.

### VII.  Ergebnis

Das Arbeitsverhältnis zwischen B und K ist durch die Kündigung vom 09.04.2020 zum 31.05.2020 wirksam beendet worden.

Fall 17
# „Der Wiederkehrer"

**Schwerpunkte:** Begründetheit einer Kündigungsschutzklage, Verdachtskündigung, Wiedereinstellungsanspruch
**Fundstellen im Lehrbuch:** Rn. 607 ff., Rn. 648, Rn. 656 ff.

## Lösungsskizze

### Frage 1

Hat das Arbeitsgericht zu Recht die Kündigungsklage des G als unbegründet abgelehnt? Prüfen Sie die Begründetheit der Kündigungsschutzklage des G!

I. Wirksamer Arbeitsvertrag
II. Kündigungserklärung
   1. Zugang
   2. Schriftform
III. Kündigungserklärungsfrist § 626 Abs. 2 BGB
IV. Einhaltung der Klagefrist des § 13 Abs. 1 S. 2 KSchG i.V.m. § 4 S. 1 KSchG
V. Wichtiger Grund iSv. § 626 Abs. 1 BGB – Verdachtskündigung
   1. „An sich" geeignete Kündigungstatsachen
   2. Interessenabwägung (insbesondere Erfordernis einer Anhörung)
   3. Zwischenergebnis zu V.
VI. Ergebnis Frage 1

### Frage 2

Kann G von der M-GmbH verlangen wieder eingestellt zu werden?

I. Anspruchsgrundlage Wiedereinstellungsanspruch
II. Möglichkeit der Wiedereinstellung für die M-GmbH
III. Zumutbarkeit der Wiedereinstellung für die M-GmbH
IV. Ergebnis Frage 2

## Lösungsvorschlag

### Frage 1

Das Arbeitsgericht hat die Kündigungsschutzklage des G zu Recht als unbegründet abgelehnt, wenn das Arbeitsverhältnis zum 16.03.2020 wirksam beendet wurde. Dies setzt voraus, dass die fristlose Kündigung der M-GmbH vom 16.03.2020 wirksam war.

### I.　Wirksamer Arbeitsvertrag

Zwischen G und der M-GmbH bestand jedenfalls bis zum 16.03.2020 ein Arbeitsverhältnis, welches durch die Kündigung beendet werden konnte.

## II. Kündigungserklärung

Dem G muss eine formgerechte Kündigung der M-GmbH zugegangen sein.

### 1. Zugang

Eine Erklärung geht iSv. § 130 Abs. 1 S. 1 BGB zu, wenn die Erklärung in den Machtbereich des Empfängers gelangt ist und regelmäßig mit deren Kenntnisnahme zu rechnen ist. Dem G wurde von der F in Vertretung für die M-GmbH (§ 164 Abs. 1 BGB i.V.m. § 35 Abs. 1 S. 1 GmbHG) am 16.03.2020 ein Kündigungsschreiben übergeben. G hatte somit die Möglichkeit von dessen Inhalt unmittelbar Kenntnis zu nehmen. Die Kündigung ist dem G nach § 130 Abs. 1 S. 1 BGB analog (da unter Anwesenden) zugegangen.

### 2. Schriftform

Das durch F unterschriebene Schreiben der M-GmbH entspricht der Schriftform iSv. §§ 623, 126 Abs. 1 BGB.

## III. Kündigungserklärungsfrist § 626 Abs. 2 BGB

Mit Erklärung der Kündigung noch am selben Tag der Erlangung der Kenntnis (§ 626 Abs. 2 S. 2 BGB) von der Anklage gegen G durch die M-GmbH (Wissenszurechnung über F nach § 31 BGB analog) hat diese die Kündigungserklärungsfrist des § 626 Abs. 2 S. 1 BGB gewahrt.

## IV. Einhaltung der Klagefrist des § 13 Abs. 1 S. 2 KSchG i.V.m. § 4 S. 1 KSchG

G erhob unter Wahrung der Frist des § 13 Abs. 1 S. 2 i.V.m. § 4 S. 1 KSchG Kündigungsschutzklage. Damit ist die Kündigung nicht bereits gemäß § 7 KSchG wirksam.

## V. Wichtiger Grund iSv. § 626 Abs. 1 BGB – Verdachtskündigung

Für die Wirksamkeit der fristlosen Kündigung bedarf es eines Grundes, der „an sich" geeignet ist diese zu rechtfertigen. Daneben muss dem Arbeitgeber eine Weiterbeschäftigung des Arbeitnehmers – jedenfalls bis zum Ablaufs der Frist einer ordentlichen Kündigung – unter Abwägung der Interessen beider Parteien unzumutbar sein.

### 1. „An sich" geeignete Kündigungstatsachen

Ein solcher „an sich" geeigneter Grund kann in der schwerwiegenden und endgültigen Zerrüttung des zwischen Arbeitgeber und Arbeitnehmer bestehenden Vertrauensverhältnisses liegen. Mit der Tätigkeit des Arbeitnehmers in Zusammenhang stehende Straftaten des Arbeitnehmers sind grundsätzlich geeignet dieses Vertrauensverhältnis zu zerstören. Dies kann auch bereits für den Verdacht des Vorliegens einer Straftat angenommen werden. Als Grundregel kann gelten, dass der Arbeitgeber ohne vorherige Abmahnung zu einer verhaltensbedingten Kündigung berechtigt sein muss, wenn sich der Verdacht als wahr herausstellen würde. Macht sich ein Arbeitnehmer nach § 177 Abs. 1 Alt. 1 StGB strafbar und verübt er die Tat am Arbeitsplatz, so erschüttert er das Vertrauen des Arbeitgebers schwerwiegend. Eine derart schwerwiegende Vertrauenserschütterung berechtigt den Arbeitgeber auch ohne Abmahnung dem Arbeitnehmer zu kündigen. Dies folgt bereits aus der gegenüber den anderen Arbeitnehmern bestehenden Schutzpflicht des Arbeitgebers.

Daneben muss der Verdacht hinreichend dringend sein und auf objektiv nachweisbaren Tatsachen beruhen. Es muss also überwiegend wahrscheinlich sein, dass der Arbeitnehmer das vorgeworfene Verhalten tatsächlich vorgenommen hat. Hierzu ist eine wertende Betrachtung anzustellen. Zum einen wurde gegenüber G das Strafverfahren eröffnet. § 203 StPO setzt hierfür das Vorliegen eines hinreichenden Tatverdachts voraus. Dieser ist gegeben, wenn nach vorläufiger Bewertung des Sachverhalts und der Beweisergebnisse eine Verurteilung des Beschuldigten wahrscheinlicher ist als ein Freispruch. Damit liegt in der Eröffnung des Strafverfahrens ein Indiz für die überwiegende Wahrscheinlichkeit des Vorliegens der dem G vorgeworfenen Straftat. Darüber hinaus hat sich der G im Gespräch mit F „um Kopf und Kragen geredet". Er konnte den Verdacht somit nicht entkräften. Folglich war der Verdacht zum Kündigungszeitpunkt hinreichend dringend.

Weiter muss eine hinreichende Aufklärung des Sachverhalts durch den Arbeitgeber erfolgt sein. Maßgebliches Instrument ist hierzu eine Anhörung des Arbeitnehmers in welcher diesem die Möglichkeit gegeben werden muss, sich zu dem Verdacht zu äußern. Die F führte mit dem G ein Gespräch in dem sich G zu den Vorwürfen äußern könnte. Folglich hat die M-GmbH die ihr zumutbaren Möglichkeiten zur Sachverhaltsaufklärung ausgeschöpft. Damit liegen die Voraussetzungen vor, welche eine Verdachtskündigung „an sich" rechtfertigen.

Der Umstand, dass G von dem Vorwurf einer Straftat nach § 177 Abs. 1 Alt. 1 StGB freigesprochen wurde ist für die Beurteilung des Vorliegens eines Verdachts im Kündigungszeitpunkt ohne Belang. Bei einer Verdachtskündigung ist der Verdacht als solcher Grund für die Zerrüttung des Vertrauensverhältnisses und nicht das Verhalten dessen der Arbeitnehmer verdächtigt wird.

## 2. Interessenabwägung

Des Weiteren müsste auch nach Abwägung der beiderseitigen Interessen der M-GmbH eine Weiterbeschäftigung des G – jedenfalls bis zum Ablauf der ordentlichen Kündigungsfrist – nicht zumutbar sein. G nimmt als Gleichstellungsbeauftragter der M-GmbH eine besondere Vertrauensposition und Vorbildfunktion wahr. Hieraus folgt für G eine besondere Verpflichtung zu rechtskonformen Verhalten. Der Verdacht strafbarer Handlungen beeinträchtigt nicht nur die Integrität des G sondern auch die der Position eines Gleichstellungsbeauftragten. Daneben ist die M-GmbH zu Schutzmaßnahmen gegenüber ihren Arbeitnehmern verpflichtet. Sie hat insbesondere Straftaten gegenüber Mitarbeitern zu verhindern. Demnach genügt der im obigen Sinne konkretisierte Verdacht, um der M-GmbH eine Weiterbeschäftigung des G – jedenfalls bis zum Ablauf der ordentlichen Kündigungsfrist – unzumutbar werden zu lassen. Dem steht das Interesse des G an einer Weiterbeschäftigung nicht in hinreichendem Maß entgegen.

### 3. Zwischenergebnis zu V.

Damit liegt ein wichtiger Grund iSv. § 626 Abs. 1 BGB vor.

### VI. Ergebnis Frage 1

Folglich war die Kündigung des G durch die M-GmbH vom 16.03.2020 wirksam und beendete das Arbeitsverhältnis zum 16.03.2020. Mithin wies das Arbeitsgericht die Kündigungsschutzklage des G zu Recht als unbegründet zurück.

## Frage 2

Der G könnte gegen die M-GmbH einen Wiedereinstellungsanspruch gemäß §§ 611a, 241 Abs. 2 BGB haben. Ein solcher Wiedereinstellungsanspruch kommt insbesondere dann in Betracht, wenn die Unschuld erst nach Abschluss des Kündigungsschutzprozesses festgestellt wird. Zu diesem Zeitpunkt steht die Wirksamkeit der Kündigung rechtskräftig fest. Dem rechtmäßig gekündigten Arbeitnehmer muss ein Ausgleich dafür zur Verfügung stehen, dass für die Wirksamkeit der Kündigung lediglich auf das Vorliegen eines hinreichend dringenden Verdachts abgestellt wird.

> **Hinweis:** An dieser Stelle des Gutachtens haben Sie noch nicht geprüft welche Anspruchsgrundlage überhaupt einschlägig ist. Dies kann vor allem dann zu „logischen Brüchen" im Gutachten führen, wenn (wie vorliegend) die Rechtsgrundlage des anerkannten Anspruchs umstritten ist. In der Klausur lassen Sie in solchen Fällen im Obersatz eine Lücke für die Anspruchsgrundlage und klären den Streit. Danach füllen Sie die Lücke mit dem gefundenen Ergebnis. So kann Ihnen nicht vorgeworfen werden eine Rechtsfrage ohne hinreichenden Bezug zum Gesetz zu beantworten. Ist der Streitentscheid entbehrlich wählen Sie diejenige Anspruchsgrundlage, die Sie für überzeugender halten.

### I. Anspruchsgrundlage Wiedereinstellungsanspruch

Über die dogmatische Begründung des Wiedereinstellungsanspruchs besteht Streit. Zum einen wird der Anspruch aus einer nachwirkenden Fürsorgepflicht des Arbeitgebers hergeleitet, §§ 611a, 241 Abs. BGB. Demnach ist der Arbeitgeber auch nach Beendigung des Arbeitsverhältnisses zur Rücksichtnahme auf die Rechte und Rechtsgüter des (ehemaligen) Arbeitnehmers verpflichtet. Zweck dieser nachvertraglichen Fürsorgepflichten ist jedoch die reibungslose Abwicklung des Arbeitsvertrages zu gewährleisten und nicht Hauptleistungspflichten zu begründen. Daher wird zum anderen auf § 242 BGB abgestellt. Dieser Norm ist jedoch ebenfalls entgegenzuhalten, dass sie i.d.R. nicht zu einer Begründung von Hauptleistungspflichten herangezogen werden kann. Dennoch gelangen beide Ansichten zu dem Ergebnis, dass ein Wiedereinstellungsanspruch möglich ist. Ein Streitentscheid ist daher entbehrlich.

## II. Möglichkeit der Wiedereinstellung für die M-GmbH

Dem Sachverhalt sind keine Angaben zu entnehmen, die gegen eine Möglichkeit der Wiedereinstellung des G im Modeunternehmen der M-GmbH sprechen. Insbesondere ist dem Sachverhalt nicht zu entnehmen, dass die M-GmbH die Stelle des G bereits neu besetzt hat.

## III. Zumutbarkeit der Wiedereinstellung für die M-GmbH

Fraglich ist, ob der M-GmbH eine Wiedereinstellung des G zumutbar ist. Die Reputation des G ist durch das Strafverfahren und die fristlose Kündigung der M-GmbH zweifelsohne geschädigt. Eine Rehabilitation des G muss aber möglich sein. Insbesondere ist das Vertrauen der M-GmbH in den G durch dessen Freispruch wiederhergestellt. Der die Kündigung rechtfertigende Verdacht wirkt somit nicht auf den Zeitpunkt der Entscheidung über einen Wiedereinstellungsanspruch fort. Der M-GmbH ist die Wiedereinstellung des G zumutbar.

> **Hinweis:** An dieser Stelle ist eine Entscheidung gegen eine Zumutbarkeit mit dem Argument „Wiedereinstellungsansprüche dienen nicht der Korrektur materiell-rechtlicher Fehlurteile" gut vertretbar (hierzu Erfurter Kommentar, 20. Aufl., München 2020/ *Niemann*, BGB § 626, Rn. 184.; Münchner Handbuch Arbeitsrecht, Bd. 2, 4. Aufl., München 2018/ *Rachor*, § 126, Rn. 30 f.). Nach den dort aufgestellten Anforderungen an einen Wiedereinstellungsanspruch sind jedoch nur wenige Fälle denkbar in denen der Arbeitnehmer Wiedereinstellung verlangen kann.

## IV. Ergebnis Frage 2

G hat gegen die M-GmbH einen Wiedereinstellungsanspruch gemäß §§ 611a, 241 Abs. 2 BGB.

Fall 18
# „Zeichen der Zeit"

**Schwerpunkte:** Betriebsbedingte Kündigung, Abfindungsanspruch nach dem KSchG, Kündigung während der Kurzarbeit
**Fundstellen im Lehrbuch:** Rn. 507 ff., Rn. 600, Rn. 1040, Rn. 1047

## Lösungsskizze

### Frage 1

Hat die zulässige Kündigungsschutzklage des A Aussicht auf Erfolg?

A. Zulässigkeit
B. Begründetheit
    I. Kündigungserklärung
    II. Dreiwochenfrist §§ 4 S. 1, 7 KSchG
    III. Kündigungsfrist § 622 BGB
    IV. Betriebsratsbeteiligung
    V. Unwirksamkeitsgründe außerhalb des KSchG
    VI. Wirksamkeit nach dem KSchG
        1. Anwendbarkeit des KSchG
           a) Gegenständlich
           b) Persönlich
           c) Zeitlich
           d) Betrieblich
        2. Soziale Rechtfertigung – Betriebsbedingte Kündigung
           a) Betriebliches Erfordernis
               aa) Externe/interne Umstände
               bb) Unternehmerische Entscheidung
           b) Dringlichkeit des betrieblichen Erfordernisses
           c) Wegfall der Beschäftigungsmöglichkeit des A
           d) Sozialauswahl § 1 Abs. 3 KSchG
        3. Kein absoluter Grund der Sozialwidrigkeit § 1 Abs. 2 S. 2 KSchG
        4. Keine Weiterbeschäftigungsmöglichkeit § 1 Abs. 2 S. 3 KSchG
        5. Zwischenergebnis zu VI.
    VII. Zwischenergebnis zu B.
C. Ergebnis zu Frage 1

### Frage 2

Kann A im Falle einer erfolglosen Kündigungsschutzklage eine Abfindung von der N-Germany-AG verlangen?

    I. Vorliegen einer betriebsbedingten Kündigung
    II. Hinweis der N-Germany-AG gemäß § 1a Abs. 1 S. 2 KschG
    III. Verstreichenlassen der Dreiwochenfrist des § 4 S. 1 KschG
    IV. Ergebnis zu Frage 2

## Frage 3

Liegen dringende betriebliche Gründe für die Kündigung des D vor?

Siehe hierzu die unten stehenden Ausführungen.


# Lösungsvorschlag

## Frage 1

Die Kündigungsschutzklage hat Aussicht auf Erfolg, wenn sie zulässig und soweit sie Begründet ist.


### A. Zulässigkeit

Der Aufgabenstellung zu Folge ist die Kündigungsschutzklage des A zulässig.


### B. Begründetheit

Die Kündigungsschutzklage des A ist begründet, wenn das Arbeitsverhältnis zwischen A und der N-Germany-AG durch Kündigung vom 06.04.2020 wirksam zum 30.06.2020 beendet wurde.


### I. Kündigungserklärung

Hierzu müsste dem A eine formgerechte Kündigungserklärung zugegangen sein. Am 06.04.2020 ging dem A ein Schreiben iSv. § 130 Abs. 1 S. 1 BGB zu. Dieses ist durch den Vorstand in Vertretung für die N-Germany-AG unterschrieben worden (§ 164 Abs. 1 BGB i.V.m. § 78 Abs. 1 S. 1 AktG). Die Schriftform gemäß § 623, 126 Abs. 1 BGB ist gewahrt. Dem A ist eine formgerechte Kündigungserklärung zugegangen.


### II. Dreiwochenfrist §§ 4 S. 1, 7 KSchG

A erhob fristgerecht iSv. § 4 S. 1 KSchG Kündigungsschutzklage. Damit ist die Kündigung nicht bereits gemäß § 7 i.V.m. § 4 S. 1 KSchG wirksam.


### III. Kündigungsfrist § 622 BGB

Die N-Germany-GmbH müsste unter Einhaltung der ordentlichen Kündigungsfrist gekündigt haben. A ist bereits seit zwei Jahren bei der N-Germany-AG beschäftigt. Demnach gilt gemäß § 622 Abs. 2 Nr. 1 BGB eine (Mindest-) Kündigungsfrist von einem Monat zum Ablauf eines Kalendermonats. Die dem A am 06.04.2020 zugegangene Kündigung wirkt zum 30.06.2020. Damit ist die (Mindest-) Kündigungsfrist des § 622 Abs. 2 Nr. 1 BGB gewahrt.

**Hinweis:** Zur Fristberechnung siehe noch ausführlich Fall 19.

## IV. Betriebsratsbeteiligung

Der Betriebsrat wurde gemäß § 102 Abs. 1 S. 1 BetrVG gehört. Ein Widerspruch gegen die Kündigung des A liegt nicht vor (§ 102 Abs. 2 BetrVG).

## V. Unwirksamkeitsgründe außerhalb des KSchG

Unwirksamkeitsgründe außerhalb des KSchG sind zugunsten des A nicht ersichtlich. Regelungen des besonderen Kündigungsschutzes sind nicht einschlägig. Auch ist ein individualvertraglicher Ausschluss der ordentlichen Kündigung nicht vereinbart.

## VI. Wirksamkeit nach dem KSchG

Fraglich ist, ob die Kündigung vom 06.04.2020 sozial gerechtfertigt ist (§ 1 Abs. 1 KSchG).

### 1. Anwendbarkeit des KSchG

Hierzu muss das KSchG anwendbar sein.

### a) Gegenständlich

Gegenständlich ist das KSchG auf die ordentliche Kündigung anwendbar (beachten Sie dennoch einzelne Verweise auf die außerordentliche Kündigung wie in § 13 Abs. 1 S. 1 KSchG). Dem A ist ordentlich gekündigt worden. Das KSchG ist gegenständlich anwendbar.

### b) Persönlich

Persönlich anwendbar ist das KSchG, ausgenommen Repräsentanten des Arbeitgebers (z.B. Vorstandsmitglieder einer AG), auf alle aufgrund eines Arbeitsvertrages Beschäftigten. A ist aufgrund eines Arbeitsvertrages bei der N-Germany-AG angestellt. Das KSchG ist auf A persönlich anwendbar.

### c) Zeitlich

Zeitlich anwendbar ist das KSchG nach § 1 Abs. 1 KSchG für solche Arbeitsverhältnisse, die ohne Unterbrechung länger als sechs Monate in demselben Betrieb bestanden. A ist seit zwei Jahren bei der N-Germany-AG angestellt. Folglich ist das KSchG zeitlich auf A anwendbar.

### d) Betrieblich

Betrieblich ist das KSchG gemäß § 23 Abs. 1 S. 3 KSchG auf solche Arbeitnehmer anzuwenden, die nach dem 31.12.2003 ihre Beschäftigung begonnen haben, sofern der Betrieb zehn oder mehr Arbeitnehmer ausschließlich der Auszubildenden beschäftigt. A arbeitet seit 2018 bei der N-Germany-AG. Diese beschäftigt allein im N1-Werk ca. 500 Arbeitnehmer. Damit unterfällt A dem betrieblichen Anwendungsbereich des KSchG. Damit ist das KSchG auf A anwendbar.

## 2. Soziale Rechtfertigung – Betriebsbedingte Kündigung

Nach § 1 Abs. 1 KSchG müssen bestimmte Gründe die Kündigung „an sich" bedingen. Fraglich ist, ob solche Gründe in Bezug auf die Kündigung des A vorlagen. In Betracht kommt eine betriebsbedingte Kündigung.

### a) Betriebliches Erfordernis

Hierzu müssen der Weiterbeschäftigung des A dringende betriebliche Erfordernisse entgegenstehen. Diese entstehen durch dringliche unternehmerische Entscheidungen, die auf externen oder internen Umständen beruhen.

### aa) Externe/interne Umstände

Außerbetriebliche Ursachen sind dabei solche Ereignisse, die von der Betriebsgestaltung und -führung unabhängig auftreten. Dies gilt vor allem für Auftragsmangel oder Umsatzrückgang. Interne Umstände (z.B. Rationalisierung, Umstrukturierung) fallen oft mit der unternehmerischen Entscheidung zusammen. Eine Trennung interner und externer Ursachen dient dabei aber der klaren Darstellung des Sachverhalts und der Förderung des Parteivortrags im Prozess. Der N-Konzern sieht sich aufgrund desaströser Rückgänge dazu gezwungen die Mobiltelefon-Sparte abzustoßen. Allein bei der N-Germany-AG ging der Umsatz um fast 80% im ersten Quartal 2020 zurück. Demnach liegt mit dem erheblichen Umsatzrückgang bei der N-Germany-AG ein geeigneter externer Umstand vor.

### bb) Unternehmerische Entscheidung

Es bedarf darüber hinaus einer freien unternehmerischen Entscheidung. Ein solche liegt vor, wenn es sich um eine ernst gemeinte Entscheidung handelt und die organisatorische Umsetzung im Betrieb tatsächlich beabsichtigt ist. Die Schließung des N1-Werks ist durch den N-Konzern beschlossen und der N-Germany-AG aufgetragen worden. Mit der Schließung des N1-Werks zum 30.06.2020 erfolgt die organisatorische Umsetzung. Die Prüfung der Freiheit der Entscheidung beschränkt sich auf eine reine Willkürkontrolle. Die Konzernierung der N-Germany-AG spielt für die Freiheit der Entscheidung mithin keine Rolle. Folglich liegt eine freie unternehmerische Entscheidung der N-Germany-AG vor.

### b) Dringlichkeit des betrieblichen Erfordernisses

Als Ausdruck des Verhältnismäßigkeitsgrundsatzes muss die betriebsbedingte Kündigung „ultima ratio" (letztes Mittel) sein. Damit müssen die betrieblichen Erfordernisse insbesondere „dringlich", d.h. das unternehmerische Ziel nicht durch andere Maßnahmen erreichbar sein. Mangels Angaben im Sachverhalt bezüglich der Möglichkeit des Abbaus von Überstunden oder der Einführung von Kurzarbeit zur Überbrückung des Rückgangs des Arbeitsvolumens, besteht eine solche Möglichkeit nicht. Die Betriebsstillegung des N1-Werks durch die N-Germany-AG war damit dringend iSv. § 1 Abs. 2 KSchG.

### c) Wegfall der Beschäftigungsmöglichkeit des A

Die geplante Betriebsstillegung führt zu einem Arbeitskräfteüberhang im N1-Werk. Damit fällt auch der Beschäftigungsbedarf bezüglich des A grundsätzlich weg.

### d) Sozialauswahl § 1 Abs. 3 KSchG

Die betriebsbedingte Kündigung ist auch bei Vorliegen eines dringenden betrieblichen Erfordernisses nur dann sozial gerechtfertigt, wenn eine korrekte Sozialauswahl getroffen wurde. § 1 Abs. 3 S. 1 KSchG setzt dabei voraus, dass derjenige Arbeitnehmer zu kündigen ist, der am wenigsten auf den Arbeitsplatz angewiesen ist. Für diese Auswahl stellt § 1 Abs. 3 S. 1 KSchG Betriebszugehörigkeit, Lebensalter, Unterhaltspflichten und eine Schwerbehinderung des Arbeitnehmers als Kriterien auf.

Es ist gestuft zu prüfen: Zunächst ist eine Vergleichsgruppe zu bilden. Hierunter fallen alle Arbeitnehmer, deren Funktion auch von Arbeitnehmern wahrgenommen werden könnte, deren Arbeitsplatz weggefallen ist. Der Vergleich ist auf die Hierarchieebene des Gekündigten beschränkt. Unschädlich ist es somit, dass das Management des N1-Werks nun das N2-Werk leiten soll. Die Funktion des A als Produktionsmitarbeiter ist nicht mit der des Managements zu vergleichen. Dagegen gehören B, C und D zu der Vergleichsgruppe des A. Diese gehören seinem Produktionsteam an.

In einem nächsten Schritt sind aus dieser Vergleichsgruppe Arbeitnehmer iSv. § 1 Abs. 3 S. 2 KSchG auszusondern. Solch ein „Leistungsträger" kann sein, wer über besondere Spezialkenntnisse verfügt oder eine besondere Einarbeitung in bestimmte Aufgabenbereiche aufweist. A und D sind gleich alt sowie ledig. Folglich ist deren soziales Interesse grundsätzlich gleich gewichtig. Im Gegensatz zu A verfügt der D jedoch über besondere Kenntnisse hinsichtlich der Fertigung von IT-Hardware, welche durch das N2-Werk vorgenommen wird. Damit gilt er im Produktionsteam des A als Leistungsträger und ist aus der Vergleichsgruppe des A auszusondern.

Schließlich ist eine Auswahlentscheidung bezüglich der so ermittelten Vergleichsgruppe zu treffen. Die N-Germany-AG kann nur drei Arbeitnehmer für das N2-Werk übernehmen. D gehört bereits zu dieser Gruppe. Daher muss eine Sozialauswahl zwischen A, B und C derart erfolgen, dass nur einer der drei gekündigt wird. Die Auswahl erfolgt nach der sozialen Schutzwürdigkeit. Die Kriterien stellt § 1 Abs. 3 S. 1 KSchG auf (s.o.). B ist hat als 56-Jähriger ein höheres Lebensalter als der 30-jährige A. Auch ist er seinen Kindern gegenüber unterhaltspflichtig. B würde eine Kündigung also deutlich mehr belasten als A. Dies gilt auch für den C. Dieser ist schwerbehindert und aufgrund u.a. erwarteter Schwierigkeiten bei der Erlangung einer neuen Arbeitsstelle besonders schützenswert. Folglich ist A derjenige aus seiner Vergleichsgruppe, den eine Kündigung am wenigsten belastet. Damit wurde eine korrekte Sozialauswahl iSv. § 1 Abs. 3 S. 1 KSchG getroffen. Die Kündigung ist sozial gerechtfertigt (§ 1 Abs. 1 KSchG).

### 3. Kein absoluter Grund der Sozialwidrigkeit § 1 Abs. 2 S. 2 KSchG

Ein absoluter Grund der Sozialwidrigkeit iSv. § 1 Abs. 2 S. 2 KSchG liegt nicht vor. A unterfällt keiner der dort genannten Gruppen.

### 4. Keine Weiterbeschäftigungsmöglichkeit § 1 Abs. 2 S. 3 KSchG

Die N-Germany-AG kann nur drei Arbeitnehmer aus dem Team des A im N2-Werk beschäftigen. Eine weitere Beschäftigungsmöglichkeit für A besteht darüber hinaus nicht.

### 5. Zwischenergebnis zu VI.

Die ordentliche Kündigung des A ist nach dem KSchG wirksam.

### VII. Zwischenergebnis zu B.

Die Kündigung des A vom 06.04.2020 ist rechtmäßig. Folglich ist das Arbeitsverhältnis wirksam zum 30.06.2020 beendet worden. Die Kündigungsschutzklage des A ist unbegründet.

### C. Ergebnis zu Frage 1

Die Kündigungsschutzklage des A gegen die Kündigung der N-Germany-AG hat keine Aussicht auf Erfolg.

## Frage 2

Der A könnte gegen die N-Germany-AG einen Abfindungsanspruch gemäß § 1a Abs. 1 KSchG in der gesetzlichen Höhe nach § 1a Abs. 2 KSchG haben.

### I. Vorliegen einer betriebsbedingten Kündigung

Für den Anspruch muss gemäß § 1a Abs. 1 S. 1 KSchG (jedenfalls in direkter Anwendung) eine ordentliche betriebsbedingte Kündigung vorliegen. Dem A wurde ordentlich betriebsbedingt gekündigt (s.o.).

### II. Hinweis der N-Germany-AG gemäß § 1a Abs. 1 S. 2 KschG

§ 1a Abs. 1 S. 2 KSchG setzt den Hinweis des Arbeitgebers voraus, dass die Kündigung auf dringende betriebliche Erfordernisse gestützt wird und der Arbeitnehmer bei Verstreichenlassen der Klagefrist die Abfindung beanspruchen kann. In ihrem Schreiben vom 06.04.2020 wies die N-Germany-AG den A im Zuge des Angebots einer Abfindung ausdrücklich darauf hin, dass dieses an das Verstreichenlassen der Klagefrist des § 4 S. 1 KSchG geknüpft sei. Auch wird in dem Schreiben darauf hingewiesen, dass der aufgrund A eines dringenden betrieblichen Erfordernisses gekündigt wird. Demnach liegen die Voraussetzungen des § 1a Abs. 1 S. 2 KschG vor.

### III. Verstreichenlassen der Dreiwochenfrist des § 4 S. 1 KschG

Weiter müsste die Dreiwochenfrist des § 4 S. 1 KSchG verstrichen, also die Wirkung des § 7 KSchG eingetreten sein. A erhob zulässig und innerhalb der Frist des § 4 S. 1 KSchG (s.o.) Kündigungsschutzklage. Folglich hat A die Dreiwochenfrist nicht verstreichen lassen. Damit liegen die Anspruchsvoraussetzungen des § 1a Abs. 1 S. 1 KSchG nicht vor.

### IV. Ergebnis zu Frage 2

Der A hat gegen die N-Germany-AG keinen Abfindungsanspruch gemäß § 1a Abs. 1 KSchG in der gesetzlichen Höhe nach § 1a Abs. 2 KSchG.

## Lösungsvorschlag – Fallfortsetzung

### Frage 3

Auch während einer Phase der Kurzarbeit ist der Arbeitgeber zum Ausspruch von betriebsbedingten Kündigungen berechtigt. Bei der Anordnung von Kurzarbeit ist jedoch grundsätzlich davon auszugehen, dass der Arbeitgeber nur von einem vorrübergehenden Mangel an Aufträgen ausgeht. Für die Rechtfertigung einer betriebsbedingten Kündigung aufgrund gesunkenen Beschäftigungsbedarfs ist jedoch eine dauerhafte Senkung desselben zu verlangen. Im Rahmen der SARS-CoV-2-Pandemie ist zwar die Nachfrage nach IT-Produkten erheblich zurückgegangen. Für die Zeit nach der Pandemie ist das Fortbestehen einer gesenkten Nachfrage jedoch laut Sachverhalt nicht zu erwarten. Damit ist auch der gesunkene Beschäftigungsbedarf nicht dauerhaft, sondern nur vorübergehend. Mithin fehlt es für die betriebsbedingte Kündigung des D an einem dringenden betrieblichen Grund.

> **Hinweis:** Diese durchaus praxisrelevante Frage ist bisher noch nicht höchstrichterlich entschieden. An dieser Stelle können Sie mit entsprechender Argumentation einer Wirksamkeit der Kündigung des D gut vertreten.

Fall 19
# „Vor Gericht und auf hoher See"

**Schwerpunkte:** Zulässigkeit und Begründetheit einer Kündigungsschutzklage, Dreiwochenfrist nach § 4 S. 1 KSchG, Kündigungsfrist nach § 622 Abs. 2 BGB, verhaltensbedingte Kündigung
**Fundstellen im Lehrbuch:** Rn. 544 ff., Rn. 574 ff., Rn. 622 ff.

## Lösungsskizze

### Frage

Hat die Kündigungsschutzklage des G vom 17.04.2020 Aussicht auf Erfolg?

A. Zulässigkeit
    I. Rechtswegzuständigkeit §§ 48, 2 Abs. 1 Nr. 3 lit. b) ArbGG
    II. Örtliche Zuständigkeit § 46 Abs. 2 ArbGG i.V.m. §§ 12 ff. ZPO
    III. Feststellungsinteresse § 46 Abs. 2 ArbGG i.V.m. §§ 495, 256 Abs. 1 ZPO
    IV. Partei-, Prozess- und Postulationsfähigkeit § 46 Abs. 2 ArbGG i.V.m.
        §§ 50 ff. ZPO und § 11 ArbGG
    V. Ordnungsgemäße Klageerhebung § 46 Abs. 2 ArbGG i.V.m. §§ 495, 253 ZPO
    VI. Zwischenergebnis zu A.
B. Begründetheit
    I. Kündigungserklärung
    II. Dreiwochenfrist §§ 4 S. 1, 7 KSchG
    III. Kündigungsfrist § 622 BGB
    IV. Betriebsratsbeteiligung
    V. Unwirksamkeitsgründe außerhalb des KSchG
    VI. Wirksamkeit nach dem KSchG
        1. Anwendbarkeit des KSchG
            a) Gegenständlich
            b) Persönlich
            c) Zeitlich
            d) Betrieblich
        2. Soziale Rechtfertigung
            a) „An sich" geeigneter Kündigungsgrund – verhaltensbedingte Kündigung
            b) Interessenabwägung (insbesondere Abmahnung)
            c) Zwischenergebnis zu 2.
        3. Zwischenergebnis zu VI.
    VII. Zwischenergebnis B.
C. Ergebnis

**Hinweis:** Sofern ein Sachverhalt zahlreiche Daten enthält, kann es hilfreich sein, sich diese in einer knappen Übersicht zusammenzufassen. Vorliegend bietet sich eine chronologische Darstellung an:
Mo 09.03.2020 Beschwerde K1 und erste Abmahnung
Fr 20.03.2020 Beschwerde K2 und letzte Abmahnung
Sa 21.03.-So 29.03.2020 Urlaub des G
Mo 23.03.2020 Kündigungsschreiben L
Do 26.03.2020 Einwurf der Kündigung in Briefkasten des G

# Lösungsvorschlag

Die Klage des G hat Aussicht auf Erfolg, wenn sie zulässig und soweit sie begründet ist.

## A. Zulässigkeit

Es müssten alle erforderlichen Sachentscheidungsvoraussetzungen vorliegen.

### I. Rechtswegzuständigkeit §§ 48, 2 Abs. 1 Nr. 3 lit. b) ArbGG

Zunächst müsste G mit der Anrufung des Arbeitsgerichts den zuständigen Rechtsweg beschritten haben. Die arbeitsgerichtliche Rechtswegzuständigkeit richtet sich nach den §§ 48, 2 ArbGG. Vorliegend könnte der Rechtsweg nach § 2 Abs. 1 Nr. 3 lit. b) ArbGG eröffnet sein. Hierzu bedarf es einer bürgerlichen Streitigkeit iSv. § 13 GVG zwischen Arbeitnehmer und Arbeitgeber über das Bestehen oder Nichtbestehen eines Arbeitsverhältnisses. Eine bürgerliche Streitigkeit ist gegeben, wenn der Streitgegenstand unmittelbare Rechtsfolge des Zivilrechts ist. Die Parteien müssen sich also gleichberechtigt gegenüberstehen. Dafür ist die Natur des zugrundeliegenden Rechtsverhältnisses entscheidend. Bei einem Arbeitsverhältnis zwischen Personen des Privatrechts handelt es sich um ein privatrechtliches Schuldverhältnis. Arbeitgeber und Arbeitnehmer sind als gleichstufig zu betrachten. Folglich handelt es sich um eine bürgerliche Streitigkeit. Weiter müsste G Arbeitnehmer sein. Hierzu ist der Arbeitnehmerbegriff des § 5 Abs. 1 ArbGG ergänzt durch den allgemeinen Arbeitnehmerbegriff anzuwenden. Die Eigenschaft des G als Arbeitnehmer ist sowohl für die Zulässigkeit der Klage, als auch für die Begründetheit (Bestehen eines kündbaren Arbeitsverhältnisses) relevant. Hierbei spricht man von „doppelrelevanten" Tatsachen. Diese sind durch G als Kläger für die Zulässigkeit der Klage lediglich schlüssig zu behaupten. Zwischen G und L besteht seit sechs Jahren ein Arbeitsverhältnis. Folglich wird es dem G gelingen seine Stellung als Arbeitnehmer schlüssig zu behaupten. L ist Arbeitgeber des G. Weiter streiten G und L über die Wirksamkeit der Kündigung, mithin über das Bestehen eines Arbeitsverhältnisses. Der arbeitsgerichtliche Rechtsweg ist gemäß § 2 Abs. 1 Nr. 3 lit. b) ArbGG eröffnet.

### II. Örtliche Zuständigkeit § 46 Abs. 2 ArbGG i.V.m. §§ 12 ff. ZPO

Das angerufene Arbeitsgericht Köln müsste auch örtlich zuständig sein. Gemäß § 46 Abs. 2 ArbGG sind die für das Urteilsverfahren des ersten Rechtszuges geltenden Vorschriften der Zivilprozessordnung entsprechend anzuwenden. Mangels ausschließlichem Gerichtsstand kann G gemäß §§ 12, 13 ZPO an seinem allgemeinen Gerichtsstand, also dem Gericht des Bezirks, in dem sein Wohnort liegt, Klage erheben. Mithin hat der in Köln wohnhafte G mit der Anrufung des Arbeitsgerichts Köln das örtlich zuständige Gericht angerufen.

### III. Feststellungsinteresse § 46 Abs. 2 ArbGG i.V.m. §§ 495, 256 Abs. 1 ZPO

Die Klage ist gemäß § 4 S. 1 KSchG dahingehend zu erheben festzustellen, dass das Arbeitsverhältnis durch die konkrete Kündigung nicht beendet worden ist. Es handelt sich um eine Feststellungsklage mit einem punktuellen Kündigungsschutzantrag. Für die Statthaftigkeit einer Feststellungsklage muss der Kläger ein Feststellungsinteresse haben. Hierzu muss dem Recht oder der Rechtslage des Klägers eine gegenwärtige Gefahr der Unsicherheit drohen. Bei einem punktuellen Kündigungsschutzantrag folgt das Feststellungsinteresse bereits aus der gemäß §§ 4 S. 1, 7 KSchG durch Fristablauf drohenden Wirksamkeit der Kündigung.

### IV. Partei-, Prozess- und Postulationsfähigkeit § 46 Abs. 2 ArbGG i.V.m. §§ 50 ff. ZPO und § 11 ArbGG

Der volljährige und unbeschränkt geschäftsfähige G ist gemäß § 46 Abs. 2 ArbGG i.V.m. §§ 50 Abs. 1, 51 Abs. 1 BGB partei- und prozessfähig. Gemäß § 11 Abs. 1 S. 1 ZPO ist G vor dem Arbeitsgericht postulationsfähig.

### V. Ordnungsgemäße Klageerhebung § 46 Abs. 2 ArbGG i.V.m. §§ 495, 253 ZPO

Von einer ordnungsgemäßen Klagerhebung iSv. § 46 Abs. 2 ArbGG i.V.m. §§ 495, 253 ZPO ist vorliegend auszugehen.

> **Hinweis:** Diesen Punkt – wie auch den der örtlichen Zuständigkeit – müssen Sie nur prüfen, wenn dies im Sachverhalt angelegt ist. Hier werden diese nur der Vollständigkeit halber angesprochen.

### VI. Zwischenergebnis zu A.

Alle erforderlichen Sachentscheidungsvoraussetzungen liegen vor, die Klage ist zulässig.

## B. Begründetheit

Die Klage ist begründet, wenn das Arbeitsverhältnis zwischen G und L nicht durch Kündigung beendet worden ist. Hierzu müsste die Kündigung unwirksam sein.

### I. Kündigungserklärung

Dem G müsste die Kündigung als einseitige empfangsbedürftige Willenserklärung des L formwirksam zugegangen (§ 130 Abs. 1 S. 1 BGB) sein. Das Kündigungsschreiben wurde durch L unterschrieben. Die Kündigung wahrt mithin die Schriftform iSv. §§ 623, 126 Abs. 1 BGB. Weiter müsste die Kündigung dem G auch zugegangen sein. Eine Erklärung ist zugegangen, wenn sie derart in den Machtbereich des Empfängers gelangt ist, dass unter gewöhnlichen Verhältnissen die Möglichkeit besteht, von deren Inhalt Kenntnis zu nehmen. Am 26.03.2020 wurde das Kündigungsschreiben in den Briefkasten des G eingeworfen. Der Briefkasten ist dem Machtbereich des G zuzuordnen. Nur G hat auf dessen Inhalt Zugriff. Damit bestand am 26.03.2020 die Möglichkeit zu Kenntnisnahme durch den G. Fraglich ist, ob auch zu diesem Zeitpunkt regelmäßig mit der Kenntnisnahme zu rechnen war. Privatpersonen leeren ihre Briefkästen werktags i.d.R. einmal täglich. Dies geschieht meist abends. Mithin kann davon ausgegangen werden, dass ein an Morgen eingeworfener Brief noch am selben Tag durch den Empfänger gelesen wird. Fraglich ist, ob dies auch trotz der urlaubsbedingten Abwesenheit des G gilt. Sobald die Erklärung in den Machtbereich des Empfängers gelangt ist, trifft diesen die Obliegenheit Vorkehrungen für die tatsächliche Kenntnisnahme zu treffen. Besteht unter gewöhnlichen Umständen die Möglichkeit der Kenntnisnahme, so ist es unerheblich, ob der Empfänger für einige Zeit an der tatsächlichen Kenntnisnahme gehindert ist. Dies gilt selbst dann (vorbehaltlich des § 242 BGB), wenn der Arbeitgeber die urlaubsbedingte Abwesenheit des Arbeitnehmers kennt. Mithin ist die Kündigungserklärung dem G noch am 26.03.2020 zugegangen.

## II.  Dreiwochenfrist §§ 4 S. 1, 7 KSchG

Ferner dürfte die Kündigung nicht bereits gemäß § 7 KSchG wegen Ablaufs der Frist des § 4 S. 1 BGB wirksam geworden sein. Dafür müsste G innerhalb der Dreiwochenfrist des § 4 S. 1 KSchG Kündigungsschutzklage erhoben haben. Die Frist des § 4 S. 1 KSchG beginnt mit Zugang der Kündigung. Dem G ging die Kündigung trotz urlaubsbedingter Abwesenheit am 26.03.2020 zu (s.o). Gemäß § 187 Abs. 1 BGB beginnt die Frist am 27.03.2020 zu laufen. Das Fristende ist bei einer Wochenfrist nach § 188 Abs. 2 BGB zu ermitteln. Der 27.03.2020 ist ein Freitag. Damit endet die Wochenfrist mit Ablauf desjenigen Tages der letzten Woche welcher durch seine Benennung dem Tage entspricht, in den das Ereignis oder der Zeitpunkt fällt. Dies ist Freitag der 17.04.2020. Folglich hat G am 17.04.2020 noch fristgerecht iSv. § 4 S. 1 KSchG Kündigungsschutzklage erhoben. Die Kündigung ist nicht bereits durch Fristablauf gemäß § 7 KSchG wirksam geworden.

## III.  Kündigungsfrist § 622 BGB

Weiter müsste L hinsichtlich der ordentlichen Kündigung des G die Kündigungsfrist des § 622 BGB gewahrt haben. G ist seit sechs Jahren bei L angestellt. Demnach gilt für ihn gemäß § 622 Abs. 2 Nr. 2 BGB eine Kündigungsfrist von mindestens zwei Monaten zum Ende des Kalendermonats. Diese Frist beginnt gemäß § 187 Abs. 1 BGB am 27.03.2020 und endet als Monatsfrist gemäß § 188 Abs. 2 BGB mit Ablauf desjenigen Tages des letzten Monats, welcher durch seine Zahl dem Tage entspricht, in den das Ereignis oder der Zeitpunkt fällt. Damit endet die Frist mit Ablauf des 26.05.2020. § 622 Abs. 2 Nr. 2 BGB schreibt vor, dass die Frist zum Ende des Kalendermonats abläuft. Folglich endet die Frist am 31.05.2020. Fällt das Fristende auf einen Sonntag ist grundsätzlich § 193 BGB anzuwenden, sodass die Frist am nächsten Werktag, also Montag den 01.06.2020 enden müsste. § 193 BGB ist auf das Ende der gesetzlichen Frist des § 622 BGB nicht anwendbar. Mithin endet die Kündigungsfrist am 31.05.2020. Damit wahrt die Kündigung durch L zum 31.05.2020 die Kündigungsfrist des § 622 Abs. 2 Nr. 2 BGB.

## IV. Betriebsratsbeteiligung

Mangels anderweitiger Angaben im Sachverhalt besteht kein Betriebsrat. Folglich war eine Anhörung desselben iSv. § 102 Abs. 1 S. 1 BetrVG nicht erforderlich.

> **Hinweis:** Dieser Punkt wird nur der Vollständigkeit halber in gebotener Kürze erwähnt. Bietet der Sachverhalt keinen Anlass zur Prüfung, können Sie diesen guten Gewissens weglassen.

## V. Unwirksamkeitsgründe außerhalb des KSchG

Zugunsten des G greifen keine Vorschriften des besonderen Kündigungsschutzes.

> **Hinweis:** Dieser Punkt wird nur der Vollständigkeit halber in gebotener Kürze erwähnt.

## VI. Wirksamkeit nach dem KSchG

Die Kündigung des G müsste (bei Anwendbarkeit) nach dem KSchG wirksam sein.

## 1. Anwendbarkeit des KSchG

Hierzu muss das KSchG anwendbar sein.

### a) Gegenständlich

Gegenständlich ist das KSchG auf die ordentliche Kündigung anwendbar (beachten Sie dennoch einzelne Verweise auf die außerordentliche Kündigung wie in § 13 Abs. 1 S. 1 KSchG). Dem G ist ordentlich gekündigt worden. Das KSchG ist gegenständlich anwendbar.

### b) Persönlich

Persönlich anwendbar ist das KSchG, ausgenommen Repräsentanten des Arbeitgebers (z.B. Vorstandsmitglieder einer AG), auf alle aufgrund eines Arbeitsvertrages Beschäftigten. G ist aufgrund eines Arbeitsvertrages bei L angestellt. Das KSchG ist auf G persönlich anwendbar.

### c) Zeitlich

Zeitlich anwendbar ist das KSchG nach § 1 Abs. 1 KSchG für solche Arbeitsverhältnisse, die ohne Unterbrechung länger als sechs Monate in demselben Betrieb bestanden. G ist seit sechs Jahren bei L angestellt. Folglich ist das KSchG zeitlich auf G anwendbar.

### d) Betrieblich

Betrieblich ist das KSchG gemäß § 23 Abs. 1 S. 3 KSchG auf solche Arbeitnehmer (die nach dem 31.12.2003 ihre Beschäftigung begonnen haben) anzuwenden sofern der Betrieb zehn oder mehr Arbeitnehmer ausschließlich der Auszubildenden beschäftigt.

G arbeitet seit 2014 bei L. Dieser beschäftigt 23 Arbeitnehmer. Damit unterfällt G dem betrieblichen Anwendungsbereich des KSchG. Damit ist das KSchG auf G anwendbar.

## 2. Soziale Rechtfertigung

Die Kündigung müsste sozial gerechtfertigt sein (§ 1 Abs. 1 KSchG). Dies ist der Fall, wenn sie durch einen in der Person oder in dem Verhalten des Arbeitnehmers liegenden Grund oder durch betriebliche Erfordernisse bedingt ist.

### a)  „An sich" geeigneter Kündigungsgrund – verhaltensbedingte Kündigung

Die Kündigung des G könnte durch einen in seinem Verhalten liegenden Grund bedingt sein. Ein verhaltensbedingter Kündigungsgrund besteht bei objektiv vorliegenden vertragswidrigen Verhalten des Arbeitnehmers. In Abgrenzung zur personenbedingten Kündigung muss dem Arbeitnehmer die Verletzung vertraglicher Haupt- oder Nebenpflichten vorwerfbar sein. G kam insgesamt dreimal seiner arbeitsvertraglichen Hauptleistungspflicht zur Erbringung seiner Arbeitsleistung nicht nach. Zu dieser Pflichtverletzung kommt hinzu, dass G sich gegenüber den Kunden (K1, K2, K3) des L nicht vertragskonform verhielt, indem er deren Gärten für Freizeitaktivitäten nutzte. Dadurch verletzt er die Rücksichtnahmepflicht (§ 241 Abs. 2 BGB) des L gegenüber den Rechten und Rechtsgütern seiner Vertragspartner. Dieses pflichtwidrige Verhalten des G war für diesen steuerbar. G hat in vorwerfbarer Weise seine arbeitsvertraglichen Pflichten gegenüber L verletzt. Ein verhaltensbedingter Kündigungsgrund liegt demnach vor.

### b)  Interessenabwägung (insbesondere Abmahnung)

Die Beendigung des Arbeitsverhältnisses durch Kündigung muss immer das letzte Mittel („ultima ratio") sein. Daher müsste die Beendigung des Arbeitsverhältnisses nach Abwägung der jeweiligen Parteiinteressen das einzige verbleibende, dem L zumutbare Mittel gewesen sein. Dem Grundsatz der Verhältnismäßigkeit ist dabei bei verhaltensbedingten Kündigungen zu entnehmen, dass der Arbeitnehmer durch eine Abmahnung auf sein vertragswidriges Verhalten und dessen Folgen aufmerksam gemacht wird. Bereits am 09.03.2020 mahnte L den G wegen seines Verhaltens gegenüber dem K1 ab. Auch wurde G erneut am 20.03.2020 abgemahnt und darauf hingewiesen, dass ein weiterer Verstoß eine Entlassung nach sich ziehe. Folglich hat L den G in hinreichender Weise abgemahnt. Eine Verwirkung des Rechts zur ordentlichen Kündigung aufgrund des Verhaltens des G (Umstands- und Zeitmoment) ist nach der zweifachen Abmahnung ohne Kündigung nicht anzunehmen. L gab dem G die Möglichkeit sein vertragswidriges Verhalten zu korrigieren. Nachdem G sich ein drittes Mal derart vertragswidrig verhielt blieb dem L kein weiteres Mittel zur Vermeidung solcher Pflichtverletzungen. Demnach ist nach Abwägung der jeweiligen Interessen dem L eine Weiterbeschäftigung des G nicht zumutbar. Die ordentliche Kündigung des G war verhältnismäßig.

### c) Zwischenergebnis zu 2.

Die Kündigung ist durch, in dem Verhalten des G liegende Gründe bedingt. Die Kündigung des G ist sozial gerechtfertigt.

### 3. Zwischenergebnis zu VI.

Die Kündigung des G ist nach dem KSchG wirksam.

### VII. Zwischenergebnis B.

Durch die wirksame Kündigung des G durch L vom 26.03.2020 wurde das Arbeitsverhältnis wirksam zum 31.05.2020 beendet. Damit ist die Kündigungsschutzklage des G unbegründet.

### C. Ergebnis

Die zulässige Kündigungsschutzklage des G vom 17.04.2020 ist unbegründet und hat damit keine Aussicht auf Erfolg.

Fall 20

# „Im Vertrauen gesagt"

**Schwerpunkte:** Betriebsgeheimnis, Verschwiegenheitspflicht des Arbeitnehmers, außerordentliche Kündigung aufgrund von „Whistleblowing", Loyalitätspflicht des Arbeitnehmers
**Fundstellen im Lehrbuch:** Rn. 453 ff., Rn. 527 ff.

## Lösungsskizze

## Ausgangsfall

### Frage 1

Ist die zulässige Klage des G gegen K auf Zahlung von 8.500 € begründet?

A. Anspruch des G gegen K gemäß § 10 Abs. 1 S. 1 GeschGehG
    I. G als Anspruchsberechtigter (Inhaber des Geschäftsgeheimnisses)
        1. Geschäftsgeheimnis iSv. § 2 Nr. 1 GeschGehG
        2. Inhaber des Geschäftsgeheimnisses gemäß § 2 Nr. 2 GeschGehG
    II. K als Rechtsverletzer
        1. K als Person iSv. § 2 Nr. 3 GeschGehG
        2. Rechtswidriges Offenlegen des Geschäftsgeheimnisses iSv.
           § 4 Abs. 2 Nr. 3 GeschGehG
    III. Verschulden
    IV. Schaden
    V. Ergebnis zu A.
B. Anspruch des G gegen K gemäß §§ 280 Abs. 1, 241 Abs. 2 BGB
    I. Schuldverhältnis – Arbeitsverhältnis
    II. Rücksichtnahmepflichtverletzung
    III. Vertretenmüssen
    IV. Schaden
    V. Ergebnis zu B.
C. Anspruch des G gegen K gemäß § 823 Abs. 1 BGB i.V.m. den Grundsätzen des eingerichteten und ausgeübten Gewerbebetriebs
    I. Sonstiges Recht iSv. § 823 Abs. 1 BGB
    II. Subsidiarität des Anspruchs aus § 823 Abs. 1 BGB i.V.m. den Grundsätzen des eingerichteten und ausgeübten Gewerbebetriebs
    III. Ergebnis zu C.
D. Ergebnis zu Frage 1

### Fallfortsetzung

### Frage 2

Ist die fristlose Kündigung des A durch G rechtmäßig?

I. Wirksamer Arbeitsvertrag
II. Kündigungserklärung
    1. Zugang – § 130 Abs. 1 BGB
    2. Schriftform – §§ 623, 126 Abs. 1 BGB
III. Kündigungserklärungsfrist § 626 Abs. 2 BGB
IV. Einhaltung der Klagefrist des § 13 Abs. 1 S. 2 KSchG i.V.m. § 4 S. 1 KSchG
 V. Wichtiger Grund iSv. § 626 Abs. 1 BGB
    1. „An sich" geeignete Kündigungstatsachen
    2. Interessenabwägung – „Whistleblowing"
VI. Ergebnis zu Frage 2

# Lösungsvorschlag

## Frage 1

Die Klage des G gegen K auf Zahlung von 8.500 € ist begründet, soweit der G einen solchen Zahlungsanspruch gegen K hat.

## A. Anspruch des G gegen K gemäß § 10 Abs. 1 S. 1 GeschGehG

G könnte gegen K einen Zahlungsanspruch in Höhe von 8.500 € gemäß § 10 Abs. 1 S. 1 GeschGehG haben.

### I. G als Anspruchsberechtigter (Inhaber des Geschäftsgeheimnisses)

G müsste anspruchsberechtigt iSv. § 10 Abs. 1 S. 1 GeschGehG sein. Hierzu müsste G Inhaber eines Geschäftsgeheimnisses sein.

### 1. Geschäftsgeheimnis iSv. § 2 Nr. 1 GeschGehG

Dazu müsste das Rezept des G ein Geschäftsgeheimnis iSv. § 2 Nr. 1 GeschGehG sein. Die Voraussetzungen des § 2 Nr. 1 GeschGehG müssten kumulativ vorliegen. Das Rezept müsste eine Information sein. Dies können Geschehnisse, Verhältnisse oder Zustände der Vergangenheit oder Gegenwart sein. Bei der Rezeptur für die „Spaghetti tradizionale" handelt es sich um einen dem Beweis zugänglichen Zustand der Gegenwart. Das Rezept ist eine Information. Diese Information darf weder insgesamt noch in der genauen Anordnung und Zusammensetzung ihrer Bestandteile den Personen in den Kreisen, die üblicherweise mit dieser Art von Informationen umgehen, allgemein bekannt oder ohne Weiteres zugänglich sein. Das Rezept ist seit Generationen in Familienbesitz. Niemand außer G und den eingeweihten Köchen kennt das Rezept. Es ist demnach nicht allgemein bekannt iSv. § 2 Nr. 1 lit. a GeschGehG. Die „Spaghetti tradizionale" sind der Verkaufsschlager des Restaurants des G. Daher ist das Rezept durch seine fehlende Bekanntheit für G von wirtschaftlichem Wert iSv. § 2 Nr. 1 lit. a GeschGehG. Weiter müsste G gemäß § 2 Nr. 1 lit. b GeschGehG den Umständen nach angemessene Geheimhaltungsmaßnahmen hinsichtlich des Rezepts getroffen haben. G hütet das Rezept wie seinen Augapfel und lässt von jedem Koch eine Vertraulichkeitserklärung unterschreiben. Weiter dem G zumutbare Geheimhaltungsmaßnahmen sind nicht ersichtlich. Das Rezept unterlag den Umständen angemessenen Geheimhaltungsmaßnahmen. Schließlich müsste ein iSv. § 2 Nr. 1 lit. c GeschGehG berechtigtes Geheimhaltungsinteresse des G bestehen. Dieses ergibt sich aus dem wirtschaftlichen Wert des Rezepts für G. Eine Sanktion der Geheimnisoffenlegung wäre nicht willkürlich. Mithin handelt es sich bei dem Rezept um ein Geschäftsgeheimnis iSv. § 2 Nr. 1 GeschGehG.

### 2. Inhaber des Geschäftsgeheimnisses gemäß § 2 Nr. 2 GeschGehG

Weiter müsste der G Inhaber des Geschäftsgeheimnisses gemäß § 2 Nr. 2 GeschGehG sein. Das Rezept ist ein altes Familienrezept. G ist als Rechtsnachfolger der Person, die das Rezept generiert rechtmäßiger Inhaber des Geschäftsgeheimnisses. Damit ist G Anspruchsberechtigter gemäß § 10 Abs. 1 S. 1 GeschGehG.

### II. K als Rechtsverletzer

K müsste Anspruchsgegner iSv. § 10 Abs. 1 S. 1 GeschGehG sein.

### 1. K als Person iSv. § 2 Nr. 3 GeschGehG

K ist eine natürliche Person iSv. § 2 Nr. 3 GeschGehG.

### 2. Rechtswidriges Offenlegen des Geschäftsgeheimnisses iSv. § 4 Abs. 2 Nr. 3 GeschGehG

Weiter müsste K das Geschäftsgeheimnis des G gemäß § 4 Abs. 2 Nr. 3 GeschGehG rechtswidrig offengelegt haben. Hierzu müsste der K gegen eine Geheimhaltungspflicht verstoßen haben. Eine solche Pflicht ist regelmäßig Bestandteil der Rücksichtnahmepflicht des Arbeitnehmers auf die Rechte und Rechtsgüter des Arbeitgebers (§ 241 Abs. 2 BGB). Zudem hat K bei Abschluss des Arbeitsvertrags mit G eine Vertraulichkeitserklärung abgegeben. Damit trifft K eine arbeitsvertragliche Vertraulichkeitspflicht. Durch den Verkauf des Rezepts an den Konkurrenten hat K diese Pflicht verletzt. Mithin liegt ein rechtswidriges Offenlegen durch den K gemäß § 4 Abs. 2 Nr. 3 GeschGehG vor.

### III. Verschulden

§ 10 Abs. 1 S. 1 GeschGehG verlangt eine schuldhafte Rechtsverletzung. K verkaufte das Rezept an den Konkurrenten in dem Wissen damit seine Geheimhaltungspflicht zu gegenüber G zu verletzen mithin handelte K vorsätzlich iSv. § 276 Abs. 1 BGB und damit schuldhaft.

## IV. Schaden

Laut Sachverhalt ist dem G ein Schaden in Höhe von 8.500 € entstanden (§§ 249 Abs. 1, 252 BGB).

## V. Ergebnis zu A.

G hat gegen K einen Zahlungsanspruch in Höhe von 8.500 € gemäß § 10 Abs. 1 S. 1 GeschGehG.

## B. Anspruch des G gegen K gemäß §§ 280 Abs. 1, 241 Abs. 2 BGB

G könnte gegen K einen Zahlungsanspruch in Höhe von 8.500 € gemäß §§ 280 Abs. 1, 241 Abs. 2 BGB haben.

## I. Schuldverhältnis – Arbeitsverhältnis

Das zwischen G und K bestehende Arbeitsverhältnis (§ 611a BGB) stellt ein Schuldverhältnis iSd. § 280 BGB dar.

## II. Rücksichtnahmepflichtverletzung

Mit dem Verkauf des Rezepts hat K seine arbeitsvertragliche Nebenpflicht zur Rücksichtnahme auf dessen Rechte und Rechtsgüter iSv. § 241 Abs. 2 BGB verletzt (s.o.).

## III. Vertretenmüssen

Diese Pflichtverletzung müsste K zu vertreten haben. Die Beweislastumkehr des § 280 Abs. 1 S. 2 BGB greift in Arbeitsverhältnissen gemäß § 619a BGB nicht. K hat gemäß § 276 Abs. 1 S. 1 BGB Vorsatz und Fahrlässigkeit zu vertreten. K verriet dem Konkurrenten vorsätzlich das Rezept (s.o.). Damit hat K die Pflichtverletzung (§ 241 Abs. 2 BGB) zu vertreten.

## IV. Schaden

Laut Sachverhalt ist dem G ein Schaden in Höhe von 8.500 € entstanden (§§ 249 Abs. 1, 252 BGB).

## V. Ergebnis zu B.

G hat gegen K einen Zahlungsanspruch in Höhe von 8.500 € gemäß §§ 280 Abs. 1, 241 Abs. 2 BGB.

## C. Anspruch des G gegen K gemäß § 823 Abs. 1 BGB i.V.m. den Grundsätzen des eingerichteten und ausgeübten Gewerbebetriebs

G könnte gegen K einen Zahlungsanspruch in Höhe von 8.500 € gemäß § 823 Abs. 1 BGB i.V.m. den Grundsätzen des eingerichteten und ausgeübten Gewerbebetriebs haben.

### I. Sonstiges Recht iSv. § 823 Abs. 1 BGB

Das Recht am eingerichteten und ausgeübten Gewerbebetrieb ist ein durch die Rechtsprechung anerkanntes sonstiges Recht. Ihm kommt eine dem absolut geschützten Eigentum vergleichbare Ausschließungs- und Nutzungsfunktion zu. Der Unternehmer soll in seinem gesamten gewerblichen Tätigkeitsbereich vor Störungen Dritter bewahrt werden.

### II. Subsidiarität des Anspruchs aus § 823 Abs. 1 BGB i.V.m. den Grundsätzen des eingerichteten und ausgeübten Gewerbebetriebs

Ein Anspruch aus § 823 Abs. 1 BGB i.V.m. den Grundsätzen des eingerichteten und ausgeübten Gewerbebetriebs kommt nach der Rechtsprechung jedoch nur in Betracht, wenn eine Schutzlücke hinsichtlich des Unternehmers besteht. Hat dieser einen Anspruch wegen der Verletzung des bestehenden Gewerbebetriebs aus anderen allgemeinen Vorschriften oder den wettbewerbsrechtlichen Sondervorschriften, so scheidet ein Anspruch aus § 823 Abs. 1 BGB i.V.m. den Grundsätzen des eingerichteten und ausgeübten Gewerbebetriebs aus (Subsidiarität). Dem G steht neben dem Anspruch aus §§ 280 Abs. 1, 241 Abs. 2 BGB noch ein Anspruch aus § 10 Abs. 1 S. 1 GeschGehG zur Verfügung. Daneben kommt ein Anspruch aus § 823 Abs. 2 BGB i.V.m. § 23 Abs. 1 Nr. 3 GeschGehG und § 826 BGB in Betracht.

### III. Ergebnis zu C.

G hat gegen K keinen Zahlungsanspruch in Höhe von 8.500 € gemäß § 823 Abs. 1 BGB i.V.m. den Grundsätzen des eingerichteten und ausgeübten Gewerbebetriebs.

## D. Ergebnis zu Frage 1

Aufgrund der bestehenden Ansprüche des G gegen K (A./B.) in Höhe von 8.500 € ist die Klage des G gegen K begründet.

## Frage 2

### I. Wirksamer Arbeitsvertrag

A und G haben einen Arbeitsvertrag geschlossen. Zwischen A und G besteht ein wirksames Arbeitsverhältnis gemäß § 611a BGB, welches durch die fristlose Kündigung des G beendet worden sein könnte.

## II. Kündigungserklärung

Die Kündigung ist eine einseitige empfangsbedürftige Willenserklärung. Zu ihrer Wirksamkeit muss diese dem Empfänger in der vorgeschriebenen Form zugehen.

### 1. Zugang – § 130 Abs. 1 BGB

Das dem K von G persönlich übergebene Kündigungsschreiben ist nach § 130 Abs. 1 S. 1 BGB analog (unter Anwesenden) zugegangen.

### 2. Schriftform – §§ 623, 126 Abs. 1 BGB

Das von G unterschriebene Kündigungsschreiben wahrt die Schriftform gemäß §§ 623, 126 Abs. 1 BGB. Eine wirksame Kündigungserklärung liegt vor.

## III. Kündigungserklärungsfrist § 626 Abs. 2 BGB

G kündigte dem A unmittelbar nachdem er von dessen Anzeige erfuhr. Demnach wahrt G die Kündigungserklärungsfrist des § 626 Abs. 2 BGB.

## IV. Einhaltung der Klagefrist des § 13 Abs. 1 S. 2 KSchG i.V.m. § 4 S. 1 KSchG

Die Erhebung einer Kündigungsschutzklage durch A ist zu diesem Zeitpunkt nicht erfolgt. Daher ist dem A zu raten eine solche innerhalb der Frist des § 13 Abs. 1 S. 2 KSchG i.V.m. § 4 S. 1 KSchG zu erheben, um nicht Gefahr zu laufen, dass die Kündigung gemäß § 7 KSchG als von Anfang an wirksam gilt.

## V. Wichtiger Grund iSv. § 626 Abs. 1 BGB

Für die Wirksamkeit der fristlosen Kündigung des A bedarf es eines „an sich" geeigneten Kündigungsgrundes. Weiter müsste nach Abwägung der beiderseitigen Parteiinteressen eine Weiterbeschäftigung des A – jedenfalls bis zum Ablauf der Frist einer ordentlichen Kündigung – dem G nicht zumutbar sein.

### 1. „An sich" geeignete Kündigungstatsachen

Die Anzeige des Arbeitgebers durch einen Arbeitnehmer aufgrund von (strafbarem) Fehlverhalten des Arbeitgebers wird und dem Begriff des „Whistleblowing" zusammengefasst. Hier gilt es zu beachten, dass den Arbeitnehmer gegenüber dem Arbeitgeber grundsätzlich eine Loyalitätspflicht trifft. Verletzt der Arbeitnehmer diese Pflicht, so stört er das Vertrauensverhältnis zu seinem Arbeitgeber erheblich. Damit stellt die Anzeige des Arbeitgebers grundsätzlich einen „an sich" zur Kündigungen geeigneten Grund dar. Jedoch steht die Loyalitätspflicht des Arbeitnehmers mit dem Interesse der Allgemeinheit und der Behörden an der Kenntnis von rechtswidrigen Zuständen und drohenden Gefahren für die öffentliche Sicherheit und Ordnung in Konflikt. Die Wahrnehmung staatsbürgerlicher Pflichten kann nicht zu Lasten des Arbeitnehmers unbeachtet bleiben. Daher ist die Frage, ob eine Anzeige des Arbeitgebers durch den Arbeitnehmer dessen fristlose Kündigung rechtfertigt nach den Grundsätzen der Verhältnismäßigkeit im Einzelfall zu klären. Die Anzeige des G durch A stellt einen „an sich" zur Kündigung geeigneten Grund dar.

## 2. Interessenabwägung – „Whistleblowing"

Demnach ist eine Abwägung der widerstreitenden Interessen (s.o.) anhand der Maßstäbe des Grundsatzes der Verhältnismäßigkeit vorzunehmen. Der Arbeitnehmer muss in Fällen des „Whistleblowing" die Interessen des Arbeitgebers in einem zumutbaren Umfang wahren. § 17 Abs. 2 ArbSchG ist zu entnehmen, dass sich Arbeitnehmer, in den dort geregelten Bereichen, vor einer Anzeige an den Arbeitgeber wenden sollen. Diese Regelung ist auch auf die Fälle des „Whistleblowing" zu übertragen, wobei keine zu hohen Anforderungen an das Bemühen des Arbeitnehmers gestellt werden dürfen. Insbesondere ist es dem Arbeitnehmer nicht zumutbar sich an den Arbeitgeber zu wenden, wenn es sich um schwerwiegende Vorwürfe handelt und die anzuzeigende Tat vom Arbeitgeber begangen wurde. Bei einer Steuerhinterziehung (§ 370 AO), mit einer bis zu fünfjährigen Freiheitsstrafe, handelt es sich nicht um ein Bagatelldelikt. Auch musste A davon ausgehen bei Herantreten an G von diesem tätlich angegriffen zu werden. Mithin war es dem A nicht zumutbar sich zunächst an den G zu wenden. Weiter ist zu beachten, dass das „Whistleblowing" dem Schutzbereich des, die freie Meinungsäußerung schützenden Art. 10 Abs. 1 EMRK unterfällt. Eine in diesen Schutzbereich eingreifende Kündigung bedarf einer Rechtfertigung gemäß Art. 10 Abs. 2 EMRK. Diese gelingt nicht, sofern der Arbeitnehmer seinen, im überwiegenden öffentlichen Interesse liegenden staatsbürgerlichen Pflichten nachkommt. Mithin überwiegt das Allgemeininteresse an der Aufdeckung der Tat des G dessen Interesse an der Wahrung der Loyalitätspflicht des A. Folglich entspricht die fristlose Kündigung des A durch G nicht den Grundsätzen der Verhältnismäßigkeit. Damit liegt insgesamt kein wichtiger Grund iSd. § 626 BGB für die fristlose Kündigung des A vor.

## VI. Ergebnis zu Frage 2

Die fristlose Kündigung des A durch G ist rechtswidrig.

## Fall 21
# „Wer ‚saufen' kann, der darf nicht arbeiten"

**Schwerpunkte:** Voraussetzungen einer ordentlichen Kündigung, personenbedingte Kündigung; Sonderfall Alkoholsucht, häufige Kurzerkrankungen
**Fundstellen im Lehrbuch:** Rn. 540, Rn. 591 ff., Rn. 596 ff.

## Lösungsskizze

### Ausgangsfall

### Frage 1

Ist das Arbeitsverhältnis des K zum 31.07.2020 wirksam durch die Kündigung vom 11.04.2020 beendet worden?

- I. Kündigungserklärung
- II. Dreiwochenfrist §§ 4 S. 1, 7 KSchG
- III. Kündigungsfrist § 622 BGB
- IV. Betriebsratsbeteiligung
- V. Unwirksamkeitsgründe außerhalb des KSchG
- VI. Wirksamkeit nach dem KSchG
  - 1. Anwendbarkeit des KSchG
    - a) Gegenständlich
    - b) Persönlich
    - c) Zeitlich
    - d) Betrieblich
  - 2. Soziale Rechtfertigung
    - a) „An sich" geeigneter Kündigungsgrund, personenbedingte Kündigung – Alkoholsucht
    - b) Prognoseentscheidung
    - c) Keine Weiterbeschäftigungsmöglichkeit
    - d) Interessenabwägung
    - e) Zwischenergebnis zu 2.
  - 3. Zwischenergebnis zu VI.
- VII. Ergebnis zu Frage 1

### Abwandlung

### Frage 2

Ist das Arbeitsverhältnis zwischen B und L wirksam durch die Kündigung des B vom 14.04.2020 zum 31.05.2020 beendet worden?

- I. Kündigungserklärung
- II. Dreiwochenfrist §§ 4 S. 1, 7 KSchG
- III. Kündigungsfrist § 622 BGB
- IV. Betriebsratsbeteiligung

V. Unwirksamkeitsgründe außerhalb des KSchG
VI. Wirksamkeit nach dem KSchG
  1. Anwendbarkeit des KSchG
    a) Gegenständlich
    b) Persönlich
    c) Zeitlich
    d) Betrieblich
  2. Soziale Rechtfertigung
    a) „An sich" geeigneter Kündigungsgrund, personenbedingte Kündigung – häufige Kurzerkrankungen
    b) Prognoseentscheidung
    c) Keine Weiterbeschäftigungsmöglichkeit
    d) Interessenabwägung
    e) Zwischenergebnis zu 2.
  3. Zwischenergebnis zu VI.
VII. Ergebnis zu Frage 2

# Lösungsvorschlag

## Ausgangsfall

### Frage 1

Für eine Beendigung des Arbeitsverhältnisses des K zum 31.07.2020 müsste die Kündigung vom 11.04.2020 wirksam sein.

### I. Kündigungserklärung

Dem K müsste die Kündigung als einseitige empfangsbedürftige Willenserklärung des B formwirksam zugegangen (§ 130 Abs. 1 S. 1 BGB) sein. Eine Erklärung ist zugegangen, wenn sie derart in den Machtbereich des Empfängers gelangt ist, dass unter gewöhnlichen Verhältnissen die Möglichkeit besteht, von deren Inhalt Kenntnis zu nehmen. B übergab dem K am 11.04.2020 das Kündigungsschreiben. Das Schreiben gelangte somit in den Machtbereich des K. Dieser konnte unmittelbar von dessen Inhalt Kenntnis nehmen. Die Erklärung des B ist dem K am 11.04.2020 nach § 130 Abs. 1 S. 1 BGB analog (da unter Anwesenden) zugegangen. Das Schreiben war durch B unterschrieben, womit es die Schriftform gemäß §§ 623, 126 Abs. 1 BGB wahrt.

### II. Dreiwochenfrist §§ 4 S. 1, 7 KSchG

Ferner dürfte die Kündigung nicht bereits gemäß § 7 KSchG wegen Ablaufs der Frist des § 4 S. 1 BGB wirksam geworden sein. Dafür müsste K innerhalb der Dreiwochenfrist des § 4 S. 1 KSchG Kündigungsschutzklage erhoben haben. Dies ist noch nicht geschehen. Dem K ist daher zu raten innerhalb der Dreiwochenfrist Kündigungsschutzklage zu erheben.

## III. Kündigungsfrist § 622 BGB

Weiter müsste B hinsichtlich der ordentlichen Kündigung des K die Kündigungsfrist des § 622 BGB gewahrt haben. K ist seit acht Jahren bei B angestellt. Demnach gilt für ihn gemäß § 622 Abs. 2 Nr. 3 BGB eine Kündigungsfrist von mindestens drei Monaten zum Ende des Kalendermonats. Diese Frist beginnt gemäß § 187 Abs. 1 BGB 12.04.2020 und endet als Monatsfrist gemäß § 188 Abs. 2 BGB mit Ablauf desjenigen Tages des letzten Monats, welcher durch seine Zahl dem Tage entspricht, in den das Ereignis oder der Zeitpunkt fällt. Damit endet die Frist mit Ablauf des 11.07.2020. § 622 Abs. 2 Nr. 3 BGB schreibt vor, dass die Frist zum Ende des Kalendermonats abläuft. Folglich endet die Frist am 31.07.2020. B hat mit seiner Kündigung die Frist des § 622 Abs. 2 Nr. 3 BGB gewahrt.

## IV. Betriebsratsbeteiligung

Eine Anhörung des Betriebsrats hat durch B stattgefunden (§ 102 Abs. 1 S. 1 BetrVG). Der Betriebsrat hat bis zum Ablauf der Wochenfrist des § 102 Abs. 2 S. 1 BetrVG keine Bedenken geäußert. Damit gilt dessen Zustimmung gemäß § 102 Abs. 2 S. 2 BetrVG als erteilt.

## V. Unwirksamkeitsgründe außerhalb des KSchG

Zugunsten des K greifen keine Vorschriften des besonderen Kündigungsschutzes.

> **Hinweis:** Dieser Punkt wird nur der Vollständigkeit halber in gebotener Kürze erwähnt.

## VI. Wirksamkeit nach dem KSchG

Die Kündigung des K müsste (bei Anwendbarkeit) nach dem KSchG wirksam sein.

### 1. Anwendbarkeit des KSchG

Hierzu muss das KSchG anwendbar sein.

### a) Gegenständlich

Gegenständlich ist das KSchG auf die ordentliche Kündigung anwendbar (beachten Sie dennoch einzelne Verweise auf die außerordentliche Kündigung wie in § 13 Abs. 1 S. 1 KSchG). Dem K ist ordentlich gekündigt worden. Das KSchG ist gegenständlich anwendbar.

### b) Persönlich

Persönlich anwendbar ist das KSchG, ausgenommen Repräsentanten des Arbeitgebers (z.B. Vorstandsmitglieder einer AG), auf alle aufgrund eines Arbeitsvertrages Beschäftigten. K ist aufgrund eines Arbeitsvertrages bei B angestellt. Das KSchG ist auf K persönlich anwendbar.

### c)  Zeitlich

Zeitlich anwendbar ist das KSchG nach § 1 Abs. 1 KSchG für solche Arbeitsverhältnisse, die ohne Unterbrechung länger als sechs Monate in demselben Betrieb bestanden. K ist seit acht Jahren bei B angestellt. Folglich ist das KSchG zeitlich auf K anwendbar.

### d)  Betrieblich

Betrieblich ist das KSchG gemäß § 23 Abs. 1 S. 3 KSchG auf solche Arbeitnehmer (die nach dem 31.12.2003 ihre Beschäftigung begonnen haben) anzuwenden sofern der Betrieb zehn oder mehr Arbeitnehmer ausschließlich der Auszubildenden beschäftigt. K arbeitet seit 2012 bei B. Dieser beschäftigt insgesamt 26 Arbeitnehmer. Damit unterfällt K dem betrieblichen Anwendungsbereich des KSchG. Damit ist das KSchG auf K anwendbar.

### 2.  Soziale Rechtfertigung

Die Kündigung müsste sozial gerechtfertigt sein (§ 1 Abs. 1 KSchG). Dies ist der Fall, wenn sie durch einen in der Person oder in dem Verhalten des Arbeitnehmers liegenden Grund oder durch betriebliche Erfordernisse bedingt ist.

### a)  „An sich" geeigneter Kündigungsgrund, personenbedingte Kündigung – Alkoholsucht

Dem K wird aufgrund seiner Alkoholsucht gekündigt. In Betracht kommt somit eine personenbedingte Kündigung. Unter die personenbedingte Kündigung sind solche Fälle zu fassen, in denen der Arbeitnehmer die persönliche Eignung oder Fähigkeit zur Erbringung der geschuldeten Arbeitsleistung nicht oder nicht mehr besitzt. Im Gegensatz zur betriebsbedingten Kündigung stammen die Kündigungstatsachen aus der Sphäre des Arbeitnehmers. Bei einer personenbedingten Kündigung liegen die kündigungsbegründenden Tatsachen in der Person des Arbeitnehmers; sie sind für diesen nicht steuerbar. Daher ist im Gegensatz zur verhaltensbedingten Kündigung eine Abmahnung grundsätzlich nicht erforderlich. Unabhängig davon, ob der Arbeitnehmer sein vertragswidriges Verhalten ändern will, kann er dies nicht. Unter einen solchen, in der Person liegenden Grund kann es sich auch bei Alkoholsucht handeln. Dies ist dann der Fall, wenn diesem ein medizinischer Krankheitswert zukommt. Das ist gegeben, wenn der Arbeitnehmer die Selbstkontrolle verloren hat, also physisch und psychisch vom Alkohol abhängig ist und deshalb nicht mehr in der Lage ist, die ihm obliegenden arbeitsvertraglichen Pflichten ordnungsgemäß zu erfüllen. K ist seit ca. zwei Jahren alkoholsüchtig. Entzugsversuche waren erfolglos. Weiter ist K während seiner Tätigkeit für B betrunken und verstärkt diesen Zustand, indem er den Zugang zu dem Kölsch des B missbraucht. Auch verwechselt K die Bestellungen und verhält sich gegenüber den Gästen unangemessen. Mithin zeigt K deutliche Ausfallerscheinungen, die ihm eine pflichtgemäße Erfüllung seiner arbeitsvertraglichen Pflichten unmöglich machen. Damit die Alkoholsucht des K einen personenbedingten Kündigungsgrund dar, welcher „an sich" eine Kündigung rechtfertigt.

### b) Prognoseentscheidung

Daneben bedarf es einer negativen Zukunftsprognose hinsichtlich des Vorliegens der Kündigungstatsachen. Die mangelnde Eignung des K müsste also auch in Zukunft anhalten. Die andauernde Alkoholsucht des K ließ sich auch durch einen Entzug nicht therapieren. Es ist demnach zu erwarten, dass der K seine Alkoholsucht zukünftig nicht überwinden wird und die Ausfallerscheinungen fortbestehen werden. Es besteht eine negative Zukunftsprognose hinsichtlich der Eignung des K zur Erbringung seiner vertraglichen Leistungen gegenüber B. Eine Abmahnung ist bei nicht steuerbarem Verhalten entbehrlich.

Die derart prognostizierte fehlende Eignung des Arbeitnehmers zur Erbringung der Arbeitsleistung müsste zu einer erheblichen Beeinträchtigung der betrieblichen Interessen führen. Zum einen stört K den Betriebsablauf, zum anderen bleiben aufgrund seines – alkoholbedingt – unangemessenen Verhaltens zahlreiche Gäste dem Brauhaus des B fern. Bei unverändertem Verhalten des K ist davon auszugehen, dass sich diese betrieblichen Einschränkungen vertiefen werden. Mithin liegt insgesamt eine Prognoseentscheidung zu Ungunsten des K vor.

### c) Keine Weiterbeschäftigungsmöglichkeit

Eine anderweitige Beschäftigungsmöglichkeit des K besteht im Betrieb des B nicht.

### d) Interessenabwägung

Schließlich müsste eine Abwägung der Parteiinteressen ergeben, dass die betrieblichen Beeinträchtigungen zu einer billigerweise nicht mehr hinzunehmenden Belastung des B führen. Für den Betrieb des B ist es maßgeblich, dass hinreichend Stamm- und Neukundschaft das Brauhaus besucht. Sofern diese aufgrund des Verhaltens des K von einem Besuch abgehalten werden schädigt dies den Betrieb des B erheblich. Mildere Mittel als eine Kündigung stehen dem B nicht zur Verfügung. Folglich ist die Belastung des B durch K nicht mehr hinzunehmen. Das Beschäftigungsinteresse des K vermag das Interesse des B an einer Beendigung des Arbeitsverhältnisses nicht zu überwiegen. Die Kündigung des K war verhältnismäßig.

### e) Zwischenergebnis zu 2.

Die Kündigung ist durch in der Person des K liegende Gründe bedingt und somit sozial gerechtfertigt.

### 3. Zwischenergebnis zu VI.

Die Kündigung ist nach dem KSchG wirksam.

### VII. Ergebnis zu Frage 1

Das Arbeitsverhältnis des K wurde zum 31.07.2020 wirksam durch die Kündigung vom 11.04.2020 beendet.

## Abwandlung

### Frage 2

Für eine Beendigung des Arbeitsverhältnisses der L zum 31.05.2020 müsste die Kündigung vom 14.04.2020 wirksam sein.

### I. Kündigungserklärung

Der L müsste die Kündigung als einseitige empfangsbedürftige Willenserklärung des B formwirksam zugegangen (§ 130 Abs. 1 S. 1 BGB) sein. Eine Erklärung ist zugegangen, wenn sie derart in den Machtbereich des Empfängers gelangt ist, dass unter gewöhnlichen Verhältnissen die Möglichkeit besteht, von deren Inhalt Kenntnis zu nehmen. Das Kündigungsschreiben ging der L am 14.04.2020 zu. Das Schreiben war durch B unterschrieben, womit es die Schriftform gemäß §§ 623, 126 Abs. 1 BGB wahrt.

### II. Dreiwochenfrist §§ 4 S. 1, 7 KSchG

Ferner dürfte die Kündigung nicht bereits gemäß § 7 KSchG wegen Ablaufs der Frist des § 4 S. 1 BGB wirksam geworden sein. Dafür müsste L innerhalb der Dreiwochenfrist des § 4 S. 1 KSchG Kündigungsschutzklage erhoben haben. Dies ist noch nicht geschehen. L ist daher zu raten innerhalb der Dreiwochenfrist Kündigungsschutzklage zu erheben.

### III. Kündigungsfrist § 622 BGB

Weiter müsste B hinsichtlich der ordentlichen Kündigung der L die Kündigungsfrist des § 622 BGB gewahrt haben. L ist seit drei Jahren bei B angestellt. Demnach gilt für sie gemäß § 622 Abs. 2 Nr. 2 BGB eine Kündigungsfrist von mindestens einen Monat zum Ende des Kalendermonats. Diese Frist beginnt gemäß § 187 Abs. 1 BGB am 15.04.2020 und endet als Monatsfrist gemäß § 188 Abs. 2 BGB mit Ablauf desjenigen Tages des letzten Monats, welcher durch seine Zahl dem Tage entspricht, in den das Ereignis oder der Zeitpunkt fällt. Damit endet die Frist mit Ablauf des 14.05.2020. § 622 Abs. 2 Nr. 2 BGB schreibt vor, dass die Frist zum Ende des Kalendermonats abläuft. Folglich endet die Frist am 31.05.2020. Fällt das Fristende auf einen Sonntag ist grundsätzlich § 193 BGB anzuwenden, sodass Frist am nächsten Werktag, also Montag den 01.06.2020 enden müsste. § 193 BGB ist auf das Ende der gesetzlichen Frist des § 622 BGB nicht anwendbar. Mithin endet die Kündigungsfrist am 31.05.2020. Damit wahrt die Kündigung durch B zum 31.05.2020 die Kündigungsfrist des § 622 Abs. 2 Nr. 2 BGB.

### IV. Betriebsratsbeteiligung

Der Betriebsrat wurde durch B gemäß § 102 Abs. 1 S. 1 BGB angehört und hat der Kündigung der L zugestimmt.

## V. Unwirksamkeitsgründe außerhalb des KSchG

Zugunsten des K greifen keine Vorschriften des besonderen Kündigungsschutzes.

**Hinweis:** Dieser Punkt wird nur der Vollständigkeit halber in gebotener Kürze erwähnt.

## VI. Wirksamkeit nach dem KSchG

Die Kündigung des K müsste (bei Anwendbarkeit) nach dem KSchG wirksam sein.

### 1. Anwendbarkeit des KSchG

Hierzu muss das KSchG anwendbar sein.

#### a) Gegenständlich

Gegenständlich ist das KSchG auf die ordentliche Kündigung anwendbar (beachten Sie dennoch einzelne Verweise auf die außerordentliche Kündigung wie in § 13 Abs. 1 S. 1 KSchG). Der L ist ordentlich gekündigt worden. Das KSchG ist gegenständlich anwendbar

#### b) Persönlich

Persönlich anwendbar ist das KSchG, ausgenommen Repräsentanten des Arbeitgebers (z.B. Vorstandsmitglieder einer AG), auf alle aufgrund eines Arbeitsvertrages Beschäftigten. L ist aufgrund eines Arbeitsvertrages bei B angestellt. Das KSchG ist auf L persönlich anwendbar.

#### c) Zeitlich

Zeitlich anwendbar ist das KSchG nach § 1 Abs. 1 KSchG für solche Arbeitsverhältnisse, die ohne Unterbrechung länger als sechs Monate in demselben Betrieb bestanden. L ist seit drei Jahren bei B angestellt. Folglich ist das KSchG zeitlich auf K anwendbar.

#### d) Betrieblich

Betrieblich ist das KSchG gemäß § 23 Abs. 1 S. 3 KSchG auf solche Arbeitnehmer (die nach dem 31.12.2003 ihre Beschäftigung begonnen haben) anzuwenden sofern der Betrieb zehn oder mehr Arbeitnehmer ausschließlich der Auszubildenden beschäftigt. L arbeitet seit 2017 bei B. Dieser beschäftigt insgesamt 26 Arbeitnehmer. Damit unterfällt L dem betrieblichen Anwendungsbereich des KSchG. Damit ist das KSchG auf L anwendbar.

### 2. Soziale Rechtfertigung

Die Kündigung müsste sozial gerechtfertigt sein (§ 1 Abs. 1 KSchG). Dies ist der Fall, wenn sie durch einen in der Person oder in dem Verhalten des Arbeitnehmers liegenden Grund oder durch betriebliche Erfordernisse bedingt ist.

### a) „An sich" geeigneter Kündigungsgrund, personenbedingte Kündigung – häufige Kurzerkrankungen

Der L wird aufgrund ihrer häufigen Kurzerkrankungen gekündigt. Somit kommt eine personenbedingte Kündigung in Betracht. Auch die Krankheit stammt aus der Sphäre des Arbeitnehmers und ist für diesen nur bedingt steuerbar. Dabei ist Krankheit ein regelwidriger körperlicher oder geistiger Zustand, der die Notwendigkeit einer Heilbehandlung nach sich zieht. Mit den häufigen Kurzerkrankungen (grippale Infekte und „normale" Erkältungen) der L liegen grundsätzlich Kündigungstatsachen vor, die „an sich" eine personenbedingte Kündigung rechtfertigen.

### b) Prognoseentscheidung

Es bedarf einer negativen Zukunftsprognose dahingehend, dass objektive Tatsachen vorliegen, welche die Besorgnis weiterer Erkrankungen rechtfertigen. Häufige Kurzerkrankungen in der Vergangenheit sprechen dabei für eine Fortsetzung des krankheitsbedingten Arbeitsausfalls. Die Rechtsprechung des BAG stellt für die Gesundheitsprognose auf einen Zeitraum von ca. drei Jahren ab. Arbeitete der Arbeitnehmer in diesem Zeitraum ca. 50% der Arbeitstage krankheitsbedingt nicht, so kann von einem ähnlich umfangreichen zukünftigen Arbeitsausfall ausgegangen werden. Auch deuten zahlreiche Kurzerkrankungen ohne konkreten Anlass im Einzelfall (z.B. Unfall des Arbeitnehmers) auf eine besondere Krankheitsanfälligkeit des Arbeitnehmers hin. L arbeite an ca. 50% der Arbeitstage der letzten drei Jahre nicht. Auch fiel L aufgrund grippaler Infekte und „normaler" Erkältungen für jeweils ca. 3-4 Tage aus. Dies deutet über einen Zeitraum von drei Jahren darauf hin, dass L besonders krankheitsanfällig ist. Es ist zu erwarten, dass L auch in Zukunft in vergleichbarem Umfang krankheitsbedingt ausfallen wird.

Die entstandenen und prognostizierten Fehlzeiten des Arbeitnehmers müssen zu einer erheblichen Beeinträchtigung betrieblicher Interessen führen. B kann sich eine Arbeitskraft, welche in einem solchen Umfang wie die L ausfällt nicht leisten. Damit führt der krankheitsbedingte Ausfall der L zu einer erheblichen Beeinträchtigung des Betriebs des B. Demnach besteht eine Zukunftsprognose zu Ungunsten der L.

### c) Keine Weiterbeschäftigungsmöglichkeit

Für die L besteht keine Weiterbeschäftigungsmöglichkeit.

### d) Interessenabwägung

Ferner müsste dem B eine Weiterbeschäftigung der L nach Abwägung der jeweiligen Parteiinteressen nicht zumutbar sein. Neben den Personalkosten für eine Entgeltfortzahlung ist zu berücksichtigen, dass B ohne voll einsatzfähige Köchin die anstehende Sommersaison nicht übersteht. Demnach überwiegt aufgrund des weiter zu erwartenden Ausfalls der L und der damit einhergehenden Kosten für B dessen Interesse an einer Beendigung des Arbeitsverhältnisses das Interesse der L an einer Weiterbeschäftigung.

### e) Zwischenergebnis zu 2.

Mit den häufigen Kurzerkrankungen der L liegt ein durch deren Person bedingter Kündigungsgrund vor. Die Kündigung ist sozial gerechtfertigt.

### 3. Zwischenergebnis zu VI.

Mithin ist die Kündigung nach dem KSchG wirksam.

### VII. Ergebnis zu Frage 2

Das Arbeitsverhältnis der L wurde zum 31.05.2020 wirksam durch die Kündigung vom 14.04.2020 beendet.

Fall 22
# „Der Betrieb ist ein Eimer"

**Schwerpunkte:** Betriebsübergang § 613a BGB, Betriebsbegriff, Widerspruch des Arbeitnehmers § 613a Abs. 6 BGB
**Fundstellen im Lehrbuch:** Rn. 115 ff., Rn. 617 ff.

## Lösungsskizze

### Frage

Ist A ab dem 25.05.2020 weiter für die Fensterfrei GmbH beschäftigt?

  I. Arbeitsvertrag mit der Fensterfrei GmbH
 II. Betriebsübergang § 613a BGB
    1. Übergang eines Betriebs oder Betriebsteils der Fensterfrei GmbH
      a) Betriebsbegriff
      b) Übergang
      c) Zwischenergebnis zu 1.
    2. Übergang durch Rechtsgeschäft
    3. Übergang auf die Klare-Sicht GmbH
    4. Kein Widerspruch des A
      a) Erklärung des Wiederspruchs
      b) Fristwahrung
      c) Rechtsfolge des Widerspruchs
      d) Zwischenergebnis zu 4.
    5. Zwischenergebnis zu II.
III. Ergebnis

## Lösungsvorschlag

A könnte ab dem 25.05.2020 weiter für die Fensterfrei GmbH (weiter F) beschäftigt sein. Hierzu müsste zu diesem Zeitpunkt ein Arbeitsverhältnis zwischen A und F bestehen.

### I.  Arbeitsvertrag mit der Fensterfrei GmbH

Zwischen A und F besteht ein Arbeitsvertrag. Dieser begründet ein Arbeitsverhältnis zwischen A und F iSv. § 611a BGB.

### II.  Betriebsübergang § 613a BGB

Fraglich ist, ob dieses Arbeitsverhältnis auch noch zum 25.05.2020 zwischen A und der F besteht. Das Arbeitsverhältnis könnte durch einen Betriebsübergang zum 25.05.2020 auf die Klare-Sicht GmbH (weiter K) gemäß § 613a Abs. 1 S. 1 BGB übergegangen sein.

Für ein Eintreten der K in das zwischen der F und A bestehende Arbeitsverhältnis gemäß § 613a Abs. 1 S. 1 BGB bedarf es eines rechtsgeschäftlichen Übergangs des Betriebs oder Betriebsteils der F auf die K, ohne, dass A diesem wirksam widersprochen hätte.

## 1. Übergang eines Betriebs oder Betriebsteils der Fensterfrei GmbH

### a) Betriebsbegriff

Zunächst müsste es sich bei dem Bürogebäude-Team der F um einen Betrieb oder Betriebsteil handeln. Ein Betrieb ist eine organisatorische Einheit, mit welcher der Unternehmer allein oder zusammen mit Mitarbeitern mithilfe sächlicher oder immaterieller Mittel bestimmte arbeitstechnische (Teil-) Zwecke fortgesetzt verfolgt. Ein Betriebsteil ist eine organisatorische Untergliederung, mit der innerhalb des betriebstechnischen Gesamtzwecks ein Teilzweck verfolgt wird, auch wenn es sich nur um eine untergeordnete Hilfsfunktion handelt. Mithilfe der Seilbühne und der speziell ausgebildeten Fensterreiniger erfüllt die F ihre vertragliche Verpflichtung gegenüber der P-AG zur Reinigung der Fenster des Bürogebäudes. Die F ist so organisiert, dass lediglich das Bürogebäude-Team diese Aufgaben übernimmt. Die Geschäftstätigkeit der F ist weniger vom Einsatz sächlicher Mittel geprägt, sondern im Wesentlichen von der Arbeitskraft ihrer speziell ausgebildeten Mitarbeiter abhängig. Man spricht in solchen Fällen von sogenannten „betriebsmittelarmen" Betrieben. Der Umstand, dass die Tätigkeit weniger von sächlichen Betriebsmitteln abhängt, ändert nichts an der Eigenschaft als Betrieb. Bei dem Bürogebäude-Team handelt es sich mithin um einen Betriebsteil der F.

### b) Übergang

Weiter müsste dieser Betriebsteil übergegangen sein. Der Betriebsübergang setzt voraus, dass der Erwerber eine wirtschaftliche Einheit aus materiellen und/oder immateriellen Mitteln unter Wahrung ihrer Identität übernimmt und den bisher mit ihr verfolgten Zweck weiterführt. Dabei ist insbesondere im Dienstleistungsbereich der Betriebsübergang von der reinen Funktionsnachfolge abzugrenzen. Führt ein Auftragnehmer nur die in der organisatorischen Einheit ausgeübte Tätigkeit weiter und übernimmt er keine Betriebsmittel, liegt lediglich eine bloße Funktionsnachfolge und kein Betriebsübergang vor. Das Bundesarbeitsgericht stellt als Abgrenzungskriterium darauf ab, ob der Einsatz der übertragenen sächlichen Betriebsmittel bei wertender Gesamtbetrachtung (auch hier typologische Methode genannt) den eigentlichen Kern des zur Wertschöpfung erforderlichen Funktionszusammenhangs der zuvor ausgeübten betrieblichen Tätigkeit ausmacht. In die Gesamtbetrachtung werden unter anderem Kriterien wie die Art der Tätigkeit, der Übergang etwaiger Betriebsmittel, der Wert übertragener Gegenstände, die Übernahme (eines Teils) der Belegschaft, die Übernahme des Kundenstamms, der Grad der Ähnlichkeit der Tätigkeit (vorher/nachher) und die Dauer einer eventuellen Unterbrechung einbezogen. Bei „betriebsmittelarmen" Betrieben oder Betriebsteilen ist insbesondere darauf abzustellen, ob ein wesentlicher Teil der (den Betrieb ausmachenden) Belegschaft übernommen wird.

Die K übernimmt neben der für die Reinigung der Fenster des Bürogebäudes der P-AG erforderlichen Seilbühne auch alle Mitarbeiter des Bürogebäude-Teams. Weiter sollen die Mitarbeiter des Bürogebäude Teams dieselbe Tätigkeit (unter den gleichen Bedingungen), die sie für F ausgeübt haben nun für K ausüben. Auch übernimmt K mit der P-AG den einzigen Großkunden der F.

### c)  Zwischenergebnis zu 1.

Demnach geht mit dem Bürogebäude-Team der F ein Betriebsteil über.

### 2.  Übergang durch Rechtsgeschäft

Zudem müsste der Betriebsteil durch Rechtsgeschäft, also jedenfalls durch schuldrechtlichen Vertrag übergegangen sein. F und K schlossen einen Vertrag, durch den K sich verpflichtet, alle Mitarbeiter des Bürogebäude-Teams der F fortan zu beschäftigen und auch die zur Fensterreinigung benötigte Seilbühne zu übernehmen. Damit beruht der Übergang des Betriebsteils auf einem Rechtsgeschäft.

### 3.  Übergang auf die Klare-Sicht GmbH

Der Betriebsteil muss ferner auf einen neuen Inhaber übergegangen sein, der den Betriebsteil tatsächlich fortführt. Hierzu bedarf eines Wechsels der Rechtspersönlichkeit des Betriebsinhabers. Ab dem 25.05.2020 ist nicht mehr die Fensterfrei GmbH, sondern die Klare-Sicht GmbH Träger des Bürogebäude-Teams. Mithin findet ein Wechsel in der Rechtspersönlichkeit des Betriebsinhabers statt. Weiter müsste die K den Betrieb tatsächlich fortgeführt haben. An einer solchen Fortführung fehlt es, wenn der ursprüngliche Inhaber den Betrieb zuvor in ernsthafter Absicht für eine nicht unerhebliche Zeit stillgelegt hat. Mit Auslaufen des Vertrags mit der P-AG konnte die F das Bürogebäude-Team nicht mehr unterhalten. Dieses soll jedoch am 25.05.2020 die Reinigung der Fenster des Gebäudes der P-AG im Auftrag der K wieder aufnehmen. Der Betriebsteil der F stand somit lediglich vom 06.05. bis zum 24.05.2020 still, ohne, dass die F eine Stilllegung als solche beabsichtigt hatte. Mithin ist der Betrieb auch auf die K iSv. § 613a Abs. 1 S. 1 BGB übergegangen.

### 4.  Kein Widerspruch des A

Fraglich ist, ob A dem grundsätzlich wirksamen Betriebsübergang widersprochen hat (§ 613a Abs. 5 BGB). Hierzu bedarf es der fristwahrenden Erklärung des Widerspruchs gegen den Übergang des Arbeitsverhältnisses seitens A.

### a)  Erklärung des Wiederspruchs

Die Widerspruchserklärung (§ 613a Abs. 6 BGB) muss nicht als solche bezeichnet werden. Es genügt, wenn die Erklärung des Arbeitnehmers als solche auszulegen ist §§ 133, 157 BGB. A erklärte gegenüber K am 21.05.2020, dass er weiter für F arbeiten und in deren Privatgebäude-Team eingesetzt werden wolle. Diese Erklärung musste die K als Widerspruch gegen den Übergang des Arbeitsverhältnisses des A im Rahmen des Betriebsübergangs verstehen (§§ 133, 157 BGB). Unschädlich ist dabei gemäß § 613a Abs. 6 S. 2 BGB, ob die Erklärung gegenüber dem bisherigen oder neuen

Betriebsinhaber erfolgt. Die Erklärung des A vom 21.05.2020 stellt eine Widerspruchserklärung gemäß § 613a Abs. 6 BGB dar.

### b) Fristwahrung

A müsste die Widerspruchsfrist des § 613a Abs. 6 S. 1 BGB eingehalten haben. Diese beträgt einen Monat und beginnt mit dem Zugang der Unterrichtung iSv. § 613a Abs. 5 BGB zu laufen. Das Schreiben der F vom 07.05.2020 entspricht neben dem Erfordernis der Textform iSv. § 126b BGB auch den Anforderungen des § 613a Abs. 5 BGB. Folglich begann die Frist des § 613a Abs. 6 S. 1 BGB gemäß § 187 Abs. 1 BGB am 08.05.2020 zu laufen. Gemäß § 188 Abs. 2 BGB endet diese Monatsfrist mit Ablauf des 07.06.2020. Die Erklärung des A vom 21.05.2020 wahrt demnach die Widerspruchsfrist des § 613a Abs. 6 S. 1 BGB.

### c) Rechtsfolge des Widerspruchs

Liegen die unter II. 1.-3. geprüften Voraussetzungen vor, so geht der Betrieb gemäß § 613a Abs. 1 S. 1 BGB über. Ein wirksamer Widerspruch des Arbeitnehmers verhindert nicht, dass dieser Betriebsübergang wirksam wird, sondern, dass das konkrete Arbeitsverhältnis übergeht. Infolge des wirksamen Widerspruchs des A vom 21.05.2020 besteht dessen Arbeitsverhältnis mit der F fort.

### d) Zwischenergebnis zu 4.

A hat dem Übergang seines Arbeitsverhältnisses mit der F auf die K im Rahmen des Betriebsübergangs wirksam widersprochen.

### 5. Zwischenergebnis zu II.

Das Arbeitsverhältnis zwischen A und der F ist nicht durch Betriebsübergang gemäß § 613a Abs. 1 S. 1 BGB auf die K übergegangen. Das Arbeitsverhältnis besteht zum 25.05.2020 noch zwischen A und der F.

### III. Ergebnis

A ist ab dem 25.05.2020 weiter durch die Fensterfrei GmbH zu beschäftigen.

**Hinweis:** Zu beachten ist, dass ein Widerspruch immer nur dann sinnvoll ist, wenn im Übrigen eine Weiterbeschäftigungsmöglichkeit durch den bisherigen Arbeitgeber besteht. Im Falle eines wirksamen Widerspruchs bleibt es dem Arbeitgeber in der Regel überlassen den konkreten Arbeitnehmer betriebsbedingt (oder aus anderen, die Kündigung aus sich heraus tragenden Gründen) zu kündigen, ohne dass § 613a Abs. 4 BGB der Kündigung entgegenstünde.

Fall 23
# „Gut gemeint ist oft der Anfang von schlecht gemacht"

**Schwerpunkte:** Voraussetzungen eines rechtmäßigen Streiks, Ersatzansprüche des Arbeitgebers bei einem „wilden Streik", Eingriff in den eingerichteten und ausgeübten Gewerbebetrieb
**Fundstellen im Lehrbuch:**  Rn. 880 ff., Rn. 902 ff.

## Lösungsskizze

### Frage

Kann A von W Ersatz des entgangenen Gewinns in Höhe von 2.500 € verlangen?

A. Anspruch des A gegen W gemäß §§ 280 Abs. 1, 3, 283 BGB
    I. Schuldverhältnis – Arbeitsverhältnis
    II. Pflichtverletzung
       1. Anknüpfungspunkt für § 283 BGB
       2. Rechtmäßigkeit des Streiks
          a) Streikbeschluss einer Gewerkschaft
          b) Tarifbezogenheit
          c) Keine Verletzung der Friedenspflicht
          d) Verhältnismäßigkeit
             aa) Legitimes Ziel
             bb) Geeignetheit
             cc) Erforderlichkeit
             dd) Angemessenheit
             ee) Zwischenergebnis zu d)
          e) Zwischenergebnis zu 2.
       3. Zwischenergebnis zu II.
    III. Vertretenmüssen
    IV. Schaden
       1. Grundsatz § 249 Abs. 1 BGB
       2. Entgangener Gewinn § 252 BGB
    V. Ergebnis zu A.

B. Anspruch des A gegen W gemäß § 823 Abs. 1 BGB i.V.m. den Grundsätzen des eingerichteten und ausgeübten Gewerbebetriebs
    I. Objektiver Tatbestand
       1. Rechtsgutverletzung
          a) Sonstiges Recht – eingerichteter und ausgeübter Gewerbebetrieb
          b) Subsidiarität
          c) Eingerichteter und ausgeübter Gewerbebetrieb
          d) Unmittelbarer Eingriff
          e) Zwischenergebnis zu 1.
       2. Verletzungshandlung
       3. Haftungsbegründende Kausalität
    II. Rechtswidrigkeit

III. Schuld
IV. Schaden
V. Haftungsausfüllende Kausalität
VI. Ergebnis zu B.

# Lösungsvorschlag

## A. Anspruch des A gegen W gemäß §§ 280 Abs. 1, 3, 283 BGB

A könnte gegen W einen Ersatzanspruch in Höhe von 2.500 € gemäß §§ 280 Abs. 1, 3, 283 BGB haben.

### I. Schuldverhältnis – Arbeitsverhältnis

Hierzu bedarf es eines Schuldverhältnisses zwischen A und W. Ein solches ergibt sich aus dem zwischen A und W bestehenden Arbeitsverhältnis (§ 611a BGB).

### II. Pflichtverletzung

Ferner müsste W eine Pflicht aus diesem Schuldverhältnis verletzt haben. Durch die Teilnahme an dem Streik ist W seiner arbeitsvertraglichen Leistungspflicht zur Arbeit (§ 611a Abs. 1 BGB) nicht nachgekommen. Aufgrund des absoluten Fixschuldcharakters der Arbeitsleistung ist diese nicht nachholbar, sodass die Leistung des W nachträglich unmöglich (§ 275 Abs. 1 BGB) geworden ist. Damit hat W seine Hauptleistungspflicht verletzt.

### 1. Anknüpfungspunkt für § 283 BGB

Fraglich ist, woran die Pflichtverletzung iSv. § 283 BGB anknüpft. Versteht man die Pflichtverletzung als pflichtwidriges Verhalten, so kann § 283 BGB nur die Herbeiführung der Unmöglichkeit der Leistung erfassen. Die Pflichtverletzung des W läge demnach in der Herbeiführung der Unmöglichkeit der Nachholbarkeit der Arbeit durch die Streikteilnahme. Nach einem weiten Verständnis liegt die Pflichtverletzung schlicht in der Nichtleistung. Dem ist jedoch entgegenzuhalten, dass eine Leistungspflicht gemäß § 275 Abs. 1 BGB gerade nicht besteht. Folglich ist für eine Pflichtverletzung gemäß §§ 280 Abs. 1, 3, 283 BGB die Herbeiführung der Unmöglichkeit zu verlangen. Durch seine Streikbeteiligung hat W nicht gearbeitet. Damit wurde ihm aufgrund des absoluten Fixschuldcharakters der Arbeitsleistung dieselbe unmöglich (s.o.). Demnach hat W die Unmöglichkeit der Leistung herbeigeführt. Eine Pflichtverletzung liegt grundsätzlich vor.

**Hinweis:** Für welches Verständnis Sie sich entscheiden wird in dem meisten Fällen keinen Unterschied machen. Für die Annahme § 283 BGB sehe vor, dass die Pflichtverletzung in der Nichterbringung der geschuldeten Leistung liege spricht, dass der Gesetzgeber in § 283 BGB auf die Voraussetzungen des § 280 Abs. 1 BGB verweist und damit klarstellt, dass die Nichtleistung wegen Unmöglichkeit eine Pflichtverletzung darstellen kann. Entscheiden Sie sich für diese Auffassung, müssen Sie die Ursache der Unmöglichkeit (Herbeiführung) im Rahmen des Vertretenmüssens behandeln.

## 2. Rechtmäßigkeit des Streiks

Die Herbeiführung der Unmöglichkeit der Erbringung der Arbeitsleistung durch W stellt nur dann eine Pflichtverletzung dar, wenn die Nichtarbeit rechtswidrig war. Demnach kommt es auf die Rechtmäßigkeit des Streiks an. In der Rechtsprechung wird der Streik als gemeinsame und planmäßig durchgeführte Arbeitseinstellung durch eine größere Anzahl von Arbeitnehmern zu einem bestimmten Kampfziel definiert. Angezettelt durch W legten alle Mitarbeiter des A die Arbeitet nieder. Dies geschah, um gegen die Schließung der Kantine zu protestieren. Mithin handelt es sich um einen Streik. Ein rechtmäßiger Streik suspendiert die arbeitsvertraglichen Hauptpflichten (also Erbringung der Arbeit und Zahlung des Lohns) für die Dauer des Arbeitskampfs. Dies gilt jedoch nicht für einen rechtswidrigen sog. „wilden Streik".

### a) Streikbeschluss einer Gewerkschaft

Eine Voraussetzung der Rechtmäßigkeit des Streiks ist, dass dieser auf dem Streikbeschluss einer Gewerkschaft beruht, in dem diese ihre Mitglieder zum Streik aufruft und mit dem der Kreis der streikenden Arbeitnehmer bestimmt wird, sowie der Beginn des Streiks und die zu bestreikenden Betriebe festgelegt werden. Ein solcher Streikbeschluss besteht nicht. Mithin handelt es sich um einen „wilden Streik". Einen solchen kann eine Gewerkschaft sich durch einen Übernahmebeschluss zu Eigen machen und den Streik rückwirkend seine formale Rechtmäßigkeit verleihen. Dies ist nicht geschehen. Die Gewerkschaft hat sich ausdrücklich gegen den Streik der Arbeitnehmer des A ausgesprochen. Der Streik war demnach formal rechtswidrig.

> **Hinweis:** In einem Gutachten ist vollumfänglich auf alle aufgeworfenen Rechtsfragen einzugehen. Die Annahme einer Pflichtverletzung aufgrund der formalen Rechtswidrigkeit des Streiks ist zwar bereits zu diesem Zeitpunkt möglich, jedoch unvollständig. Daher sind die weiteren Rechtmäßigkeitsvoraussetzungen des Streiks zu prüfen.

### b) Tarifbezogenheit

Aus dem Bezug des verfassungsrechtlich gewährleisteten Arbeitskampfes zur Tarifautonomie (Art. 9 Abs. 3 GG) folgt, dass das Kampfziel die Erreichung einer tarifvertraglichen Regelung sein muss. Anderenfalls ist der Tarifvertrag tarifgesetzwidrig. Hieraus folgt, dass andere, insbesondere Sympathiearbeitskämpfe, die kein eigenes tarifliches Ziel erstreben, und politische Streiks unzulässig sind. Auch Streiks, die zwar den Abschluss eines Tarifvertrages erstreben, dieser aber einen außerhalb der Tarifmacht liegenden Gegenstand zum Inhalt haben soll oder dem zwingendes staatliches Recht entgegensteht, sind rechtswidrig. Weist der Arbeitnehmer durch einen sog. Demonstrationsstreik lediglich auf seinen Unwillen hin, fehlt es an einer Tarifbezogenheit des Streiks. W und seine Kollegen wollten mit ihrer Arbeitsniederlegung und dem Protest in der Kantine nicht die Durchsetzung eines Tarifvertrags oder einer bestimmten tarifvertraglichen Regelung erreichen, sondern ihren Unmut über die Schließung der Kantine ausdrücken. Diesem Demonstrationsstreik fehlt ein Tarifbezug. Er ist daher rechtswidrig.

### c) Keine Verletzung der Friedenspflicht

Ein Streik darf nur dann geführt werden, wenn die sog. „Friedenspflicht" hierdurch nicht verletzt wird. Diese besteht entweder absolut, untersagt also jeden Arbeitskampf oder relativ und untersagt Streiks, die sich gegen einen bestehenden Tarifvertrag im ganzen oder gegen einzelne Bestimmungen desselben richten. Der auf W anwendbare Tarifvertrag (§ 3 Abs. 1 TVG) sieht eine absolute Friedenspflicht vor. Der Streik der Belegschaft des A verletzt diese tarifvertragliche, absolute Friedenspflicht. Der Streik ist demnach rechtswidrig.

### d) Verhältnismäßigkeit

Schließlich muss ein rechtmäßiger Streik dem Grundsatz der Verhältnismäßigkeit entsprechen.

### aa) Legitimes Ziel

Der Streik müsste also ein legitimes Ziel verfolgen. Die Bestrebung die Kantine geöffnet zu halten ist ein als rechtmäßig anzuerkennendes Ziel.

### bb) Geeignetheit

Der Streik müsste geeignet sein dieses legitime Ziel zu verfolgen. Durch den Streik übt der Arbeitnehmer (wirtschaftlichen) Druck auf den Arbeitgeber aus. Dieser nicht unerhebliche Druck vermag es grundsätzlich den Arbeitgeber zu bewegen, den Forderungen der Belegschaft nachzukommen. Die Arbeitsniederlegung durch W und seine Mitarbeiter führte dazu, dass in der Agentur an diesem Tag nicht gearbeitet wurde. Der Verdienstausfall von 2.500 € zeigt, dass für A eine Drucksituation entstanden ist, die grundsätzlich willensbeugend wirken kann. Der Streik war demnach geeignet das Ziel (Öffnung der Kantine) zu erreichen.

### cc) Erforderlichkeit

Weiter müsste der konkrete Streik das unter gleichwirksamen Mitteln mildeste gewesen sein. Dem Sachverhalt ist nicht zu entnehmen, dass die Belegschaft des A bereits Vermittlungsversuche, wie das Gespräch mit A zu suchen, angestrengt hat. Neben einem Gespräch mit A hätte W die Möglichkeit zur Verfügung gestanden sich an seine Gewerkschaft zu wenden oder lediglich seine Abteilung zu bestreiken. Eine Aussichtslosigkeit solcher Maßnahmen bestand nicht. Demnach standen W mildere Mittel als die Arbeitsniederlegung zur Verfügung, um sein Ziel durchzusetzen. Der Streik war nicht erforderlich.

### dd) Angemessenheit

Auch müsste der Streik unter Abwägung der beiderseitigen Interessen insgesamt angemessen sein. Der Einsatz eines nicht erforderlichen Mittels zur Zieldurchsetzung trägt den Parteiinteressen nicht hinreichend Rechnung. Demnach war der Streik auch insgesamt unangemessen.

### ee) Zwischenergebnis zu d)

Der Streik war unverhältnismäßig.

### e) Zwischenergebnis zu 2.

Der Streik des W und seiner Mitarbeiter war als „wilder Streik" rechtswidrig.

### 3. Zwischenergebnis zu II.

Damit vermag der rechtswidrige Streik nicht die Herbeiführung der Unmöglichkeit der Erbringung der Arbeitsleistung des W zu rechtfertigen. W hat seine arbeitsvertragliche Hauptleistungspflicht verletzt.

### III. Vertretenmüssen

Diese Pflichtverletzung müsste der W zu vertreten haben (§ 280 Abs. 1 BGB). Gemäß § 276 Abs. 1 BGB hat der Schuldner Vorsatz und Fahrlässigkeit zu vertreten. § 280 Abs. 1 S. 2 BGB sieht vor, dass der Schuldner hierfür die Beweislast trägt. Die für betrieblich veranlasste Tätigkeiten geltende Beweislastumkehr des § 619a BGB gilt für „wilde Streiks" nicht. Diese sind nicht betrieblich veranlasst. Demnach trägt W die Beweislast für das Fehlen eines Vertretenmüssens. W zettelte wissentlich und willentlich den Streik an. Er war dessen Anführer. Demnach handelte W vorsätzlich iSv. § 276 Abs. 1 BGB. Eine Exkulpation wird dem W nicht gelingen. W hat die Pflichtverletzung zu vertreten.

### IV. Schaden

Dem A müsste ein Schaden, also eine unfreiwillige Vermögenseinbuße entstanden sein.

### 1. Grundsatz § 249 Abs. 1 BGB

Dabei sieht § 249 Abs. 1 BGB vor, dass der Gläubiger so zu stellen ist, wie er stünde, wäre das schädigende Ereignis ausgeblieben (Differenzhypothese). Ohne den Streik hätte die Agentur des A nicht „stillgestanden" und es wäre ein Gewinn in Höhe von 2.500 € erwirtschaftet worden.

### 2. Entgangener Gewinn § 252 BGB

§ 252 S. 1 BGB stellt klar, dass auch der entgangene Gewinn von der Ersatzpflicht umfasst ist. Die Höhe ist i.d.R. schwer nachzuweisen, daher bietet § 252 S. 2 BGB dem Gläubiger eine Beweiserleichterung. Dem A ist ein nachgewiesener Gewinn von 2.500 € entgangen, womit ein Rückgriff auf § 252 S. 2 BGB nicht erforderlich ist. Es besteht ein Schaden in Höhe von 2.500 €.

## V. Ergebnis zu A.

A hat gegen W einen Ersatzanspruch in Höhe von 2.500 € gemäß §§ 280 Abs. 1, 3, 283 BGB.

## B. Anspruch des A gegen W gemäß § 823 Abs. 1 BGB i.V.m. den Grundsätzen des eingerichteten und ausgeübten Gewerbebetriebs

A könnte gegen W einen Anspruch auf Zahlung von 2.500 € gemäß § 823 Abs. 1 BGB i.V.m. den Grundsätzen des eingerichteten und ausgeübten Gewerbebetriebs haben.

## I. Objektiver Tatbestand

Der objektive Tatbestand müsste erfüllt sein.

## 1. Rechtsgutverletzung

Hierzu bedarf es zunächst einer Rechtsgutverletzung

### a) Sonstiges Recht – eingerichteter und ausgeübter Gewerbebetrieb

In Betracht kommt die Verletzung des (eigentumsähnlichen) sonstigen Rechts des eingerichteten und ausgeübten Gewerbebetriebs. Dieses durch die Rechtsprechung anerkannte sonstige Recht schützt den Unternehmer in seinem gesamten gewerblichen Tätigkeitsbereich vor Störungen Dritter (Ausschluss- und Nutzungsfunktion).

### b) Subsidiarität

Für die Annahme eines Eingriffs darf keine andere Rechtsgrundlage einschlägig sein (Subsidiarität). Ist also ein anderes Recht oder Rechtsgut iSd. § 823 Abs. 1 BGB verletzt, oder § 823 Abs. 2 BGB oder § 824 BGB einschlägig, scheidet die Verletzung des Rechts am eingerichteten und ausgeübten Gewerbebetrieb aus. Eine anderweitige Rechtsgutverletzung ist nicht gegeben. Auch sind die §§ 823 Abs. 2, 824 BGB nicht einschlägig. Die Verletzung des Rechts am eingerichteten und ausgeübten Gewerbebetrieb kommt demnach in Betracht.

### c) Eingerichteter und ausgeübter Gewerbebetrieb

Die Agentur des A müsste ein eingerichteter und ausgeübter Gewerbebetrieb sein. Ein solcher ist ein auf Dauer angelegter und auf Gewinnerzielung gerichteter Betrieb. Hiervon ist bei der außenwirksam werbend tätigen Agentur des A auszugehen. Mithin besteht ein eingerichteter und ausgeübter Gewerbebetrieb.

### d) Unmittelbarer Eingriff

Es bedarf eines unmittelbaren gegen den Betrieb als solchen, also eines betriebsbezogenen Eingriffs. Der Eingriff kann sich sowohl gegen die betriebliche Substanz, als auch auf die unternehmerische Entscheidungsfreiheit richten. Die Arbeitsniederlegung soll die Agentur des A „lahmlegen" und den A dazu bewegen die Kantine zu öffnen. Dieser willensbeugende Druck richtet sich auf die unternehmerische Entscheidungsfreiheit des A. Der Eingriff durch W ist damit als betriebsbezogener auch unmittelbar. Ein Eingriff in den eingerichteten und ausgeübten Gewerbebetrieb des A ist gegeben.

### e) Zwischenergebnis zu 1.

Eine Rechtsgutsverletzung liegt vor.

### 2. Verletzungshandlung

Durch das Anzetteln Streiks und die eigene Beteiligung hat W ein sonstiges Recht des A iSv. § 823 Abs. 1 BGB verletzt.

### 3. Haftungsbegründende Kausalität

Ohne das Anzetteln des Streiks und die Beteiligung des A wäre in den eingerichteten und ausgeübten Gewerbebetrieb des A nicht eingegriffen worden. Die Handlung des A war demnach iSd. der Äquivalenztheorie ursächlich für die Verletzung des sonstigen Rechts des A.

### II. Rechtswidrigkeit

Die Rechtsgutverletzung indiziert die Rechtswidrigkeit (Lehre vom Erfolgsunrecht). Rechtfertigungsgründe bestehen nicht (s.o. Rechtswidrigkeit des Streiks).

### III. Schuld

W handelte wissentlich und willentlich der „Lahmlegung" der Agentur des A. Folglich handelte W schuldhaft iSv. § 276 Abs. 1 BGB.

### IV. Schaden

Mit dem entgangenen Gewinn in Höhe von 2.500 € ist dem A ein Schaden iSv. §§ 249 Abs. 1, 252 BGB entstanden (s.o.).

### V. Haftungsausfüllende Kausalität

Ohne die Rechtsgutverletzung wäre dem A der Gewinn in Höhe von 2.500 € nicht entgangen. Damit war die Rechtsgutverletzung ursächlich für den Schaden.

### VI. Ergebnis zu B.

A hat gegen W einen Anspruch auf Zahlung von 2.500 € gemäß § 823 Abs. 1 BGB i.V.m. den Grundsätzen des eingerichteten und ausgeübten Gewerbebetriebs.

Fall 24
# „Keine Angst vor großen Tieren"

**Schwerpunkte:** Präventiver Rechtsschutz gegen einen rechtswidrigen gewerkschaftlichen Streik, Anspruchsberechtigung des Arbeitgebers, relative Friedenspflicht, quasi-negatorischer Unterlassungsanspruch
**Fundstellen im Lehrbuch:** Rn. 734 ff., Rn. 896 ff.

## Lösungsskizze

### Frage

Kann die L-AG von der Gewerkschaft der Flugbegleiter eine Unterlassung des angekündigten Streiks verlangen?

A. Anspruch der L-AG gegen die Gewerkschaft der Flugbegleiter auf Unterlassung des angekündigten Streiks aus dem Tarifvertrag iSe. Vertrags zugunsten Dritter (§ 328 BGB)
   I. Tarifvertrag als Vertrag zugunsten Dritter – § 328 Abs. 1 BGB
      1. Rechtsverhältnisse der Personen untereinander – L als Dritte
      2. Friedenspflicht – Schutzwirkung zugunsten Dritter
      3. Zwischenergebnis zu I.
   II. Bevorstehende Verletzung der Friedenspflicht.
   III. Ergebnis zu A.
B. Anspruch der L-AG gegen die Gewerkschaft der Flugbegleiter auf Unterlassung des angekündigten Streiks nach § 1004 Abs. 1 BGB analog i.V.m. § 823 Abs. 1 BGB
   I. § 1004 Abs. 1 BGB analog
   II. Beeinträchtigung des Rechts am eingerichteten und ausgeübten Gewerbebetrieb der L
      1. Eingerichteter und ausgeübter Gewerbebetrieb
      2. Subsidiarität
      3. Unmittelbarer Eingriff
      4. Zwischenergebnis zu II.
   III. Störereigenschaft der Gewerkschaft der Flugbegleiter
   IV. Drohende Störung – Erstbegehungsgefahr
   V. Rechtswidrigkeit der Störung
      1. Streikbeschluss einer Gewerkschaft
      2. Tarifbezogenheit
      3. Keine Verletzung der Friedenspflicht
      4. Verhältnismäßigkeit
         a) Legitimes Ziel
         b) Geeignetheit
         c) Erforderlichkeit
         d) Angemessenheit
         e) Zwischenergebnis zu d)
      5. Zwischenergebnis zu V.
   VI. Ergebnis zu B.

# Lösungsvorschlag

## A. Anspruch der L-AG gegen die Gewerkschaft der Flugbegleiter auf Unterlassung des angekündigten Streiks aus dem Tarifvertrag iSe. Vertrags zugunsten Dritter (§ 328 BGB)

L könnte gegen die Gewerkschaft der Flugbegleiter (weiter UFO) einen Anspruch auf Unterlassung des angekündigten Streiks aus dem Tarifvertrag iSe. Vertrags zugunsten Dritter (§ 328 BGB) haben.

### I. Tarifvertrag als echter Vertrag zugunsten Dritter – § 328 Abs. 1 BGB

Hierzu müsste vorliegend die Konstellation eines echten Vertrags zugunsten Dritter § 328 BGB bestehen und L die Erfüllung der tarifvertraglichen Friedenspflicht durch Unterlassung des Streiks der UFO als Versprechendem verlangen können. Ein echter Vertrag zugunsten Dritter gemäß § 328 BGB ist gegeben, wenn dem Dritten aus dem Vertrag ein Anspruch gegen den Versprechenden (Schuldner) zusteht.

#### 1. Rechtsverhältnisse der Personen untereinander – L als Dritte

Hierzu müsste die L im Verhältnis zu dem Arbeitgeberverband der Luftfahrtbranche (weiter AGVL) und der UFO Dritte sein und der Vertrag der L einen Anspruch gegen die UFO geben. Zwischen Versprechendem (Schuldner) und Versprechensempfänger (Gläubiger) muss ein sog. Deckungsverhältnis bestehen. Zwischen der UFO und dem AGVL besteht ein Tarifvertrag (§ 1 TVG). Als Gewerkschaft und als Arbeitgebervereinigung sind die UFO und der AGVL Tarifparteien iSv. § 2 Abs. 1 TVG. Mit dem Tarifvertrag besteht ein Deckungsverhältnis zwischen der UFO und dem AGVL. Die tarifvertraglichen Pflichten umfassen unter anderem die Friedenspflicht, welche beide Parteien zu erfüllen haben.

Weiter müsste zwischen dem AGVL und der L ein sog. Zuwendungs- oder auch Valutaverhältnis bestehen. Als Mitglied des AGVL ist die L gemäß § 3 Abs. 1 TVG tarifgebunden. Diese Tarifbindung besteht bis zur Beendigung des Tarifvertrags (§ 3 Abs. 3 TVG). Für die L gelten somit gemäß § 4 Abs. 1 TVG die Rechtsnormen des Tarifvertrags zwischen der UFO und dem AGVL. Der Arbeitgeberverband vertritt dabei die Interessen der L und ist verpflichtet diese gegenüber den Gewerkschaften durchzusetzen. Folglich besteht mit der Mitgliedschaft der L im AGVL ein Valutaverhältnis.

Damit ist die L im Verhältnis zu den Tarifvertragsparteien Dritte iSv. § 328 Abs. 1 BGB.

**Hinweis:** Oft hilft es sich diese Dreipersonenverhältnisse mit einer Grafik zu verdeutlichen:

## 2. Friedenspflicht – Schutzwirkung zugunsten Dritter

Fraglich ist, ob es sich um einen echten Vertrag zugunsten Dritter handelt, also der L ein Anspruch gegen die UFO zusteht. Ein solcher könnte auf Erfüllung der Friedenspflicht bestehen. Die Friedenspflicht kann absolut oder relativ bestehen. Für die Annahme einer absoluten Friedenspflicht bedarf es einer dahingehenden Vereinbarung der Tarifparteien. Eine solche ist dem Sachverhalt nicht zu entnehmen. In Betracht kommt demnach eine relative Friedenspflicht, diese verbietet nur solche Arbeitskämpfe, die sich gegen bestehende Tarifverträge im ganzen oder gegen einzelne Bestimmungen richten. Für das Entstehen der relativen Friedenspflicht bedarf es keiner ausdrücklichen Vereinbarung. Jeder Tarifvertrag enthält schließlich eine stillschweigende oder ausdrückliche Regelung, wonach während der Laufzeit eines Tarifvertrags eine kampfweise Durchsetzung von Tarifforderungen ausgeschlossen ist, wenn und soweit diese mit der tarifvertraglich geregelten Materie in einem inneren sachlichen Zusammenhang steht. Mithin ist dem Tarifvertrag zwischen der UFO und dem AGVL eine relative Friedenspflicht zu entnehmen. Die UFO will eine Lohnerhöhung erreichen, wonach das Kampfziel mit der Materie des die Tariflöhne regelnden Tarifvertrags in einem inneren sachlichen Zusammenhang steht.

Weiter müsste die tarifvertragliche Friedenspflicht eine vertragliche Regelung zugunsten Dritter sein. Dies ist umstritten. Gläubiger der Friedenspflicht ist grundsätzlich die andere Vertragspartei. Gegen eine Regelung zugunsten Dritter iSv. § 328 BGB und für eine (nicht geregelte) Vertragsregelung mit Schutzwirkung zugunsten Dritter (dann kein eigener Erfüllungsanspruch) spricht, dass es eher fernliegend erscheint, dass die Tarifpartner ihren Mitgliedern einen eigenständigen Anspruch auf Durchführung der Vertragstreue geben wollten. Für die Einordnung als Vertrag zugunsten Dritter ist anzuführen, dass damit bei einem Verstoß gegen die Friedenspflicht die Grundlage für einen Unterlassungsanspruch des einbezogenen Dritten begründet werden kann. Dies ist zwar vom Ergebnis her argumentiert, jedoch auch durch die Rechtsprechung des BAG anerkannt. Als Mitglieder der Tarifvertragsparteien sollen auch Arbeitgeber davor geschützt werden mit Arbeitskampfmaßnahmen hinsichtlich tariflich geregelter Fragen überzogen zu werden. Mithin ist die tarifvertragliche Friedenspflicht als eine vertragliche Regelung zugunsten Dritter zu verstehen. (§ 328 Abs. 1 BGB).

## 3. Zwischenergebnis zu I.

Damit ist der zwischen der UFO und dem AGVL bestehende Tarifvertrag hinsichtlich der Friedenspflicht als echter Vertrag zugunsten Dritter gemäß § 328 Abs. 1 BGB einzuordnen. Daraus folgt, dass L bei einer Verletzung oder bevorstehenden Verletzung der Friedenspflicht Erfüllung derselben, also Unterlassung eines Arbeitskampfes Verlangen kann.

## II. Bevorstehende Verletzung der Friedenspflicht

Demnach müsste eine Verletzung der relativen Friedenspflicht zwischen der UFO und dem AGVL durch die Gewerkschaft unmittelbar bevorstehen. Die Gewerkschaft hat mit dem Streikbeschluss von Ende April für Anfang Mai 2020 zum bundesweiten Streik aufgerufen, um eine Erhöhung des Tariflohns zu erreichen. Demnach wird ein gegen die relative Friedenspflicht des Tarifvertrags verstoßendes Kampfziel verfolgt, sodass die Verletzung der (relativen) Friedenspflicht für Anfang Mai 2020 unmittelbar bevorsteht.

### III. Ergebnis zu A.

L hat gegen die Gewerkschaft der Flugbegleiter einen Anspruch auf Unterlassung des angekündigten Streiks aus dem Tarifvertrag iSe. Vertrags zugunsten Dritter (§ 328 BGB).

### B. Anspruch der L-AG gegen die Gewerkschaft der Flugbegleiter auf Unterlassung des angekündigten Streiks nach § 1004 Abs. 1 BGB analog i.V.m. § 823 Abs. 1 BGB

Die L könnte gegen die Gewerkschaft der Flugbegleiter einen Anspruch auf Unterlassung des angekündigten Streiks nach § 1004 Abs. 1 BGB analog i.V.m. § 823 Abs. 1 BGB haben.

### I.   § 1004 Abs. 1 BGB analog

Als Norm des vorbeugenden Rechtsschutzes ist § 1004 Abs. 1 BGB seinem Wortlaut nach nur auf Beeinträchtigungen des Eigentums beschränkt. Den Schutz anderer absoluter Rechte oder Rechtsgüter, wie ihn § 823 Abs. 1 BGB (iSe. nachträglichen Rechtsschutzes) vorschreibt, umfasst § 1004 Abs. 1 BGB direkt nicht. Inzwischen ist jedoch gewohnheitsrechtlich anerkannt, dass die dahingehende Regelungslücke durch eine entsprechende (d.h. analoge) Anwendung des § 1004 Abs. 1 BGB i.V.m. § 823 Abs. 1 BGB zu schließen ist. Der Inhaber der durch § 823 Abs. 1 BGB geschützten Rechte und Rechtsgüter soll ebenso wie der Eigentümer nicht gezwungen sein eine Rechtsverletzung abzuwarten und dann den Schaden zu liquidieren. Diese Erweiterung des für das Eigentum gemäß § 1004 Abs. 1 BGB (direkt) geltenden negatorischen Unterlassungsanspruchs bezeichnet man als quasi-negatorischen Unterlassungsanspruch. Für das Bestehen eines solchen Anspruchs bedarf es neben der festgestellten analogen Anwendbarkeit des § 1004 Abs. 1 BGB der Beeinträchtigung eines durch § 823 Abs. 1 BGB geschützten Rechts oder Rechtsguts, der Störereigenschaft des Anspruchsgegners und einer drohenden rechtswidrigen Störung.

### II.  Beeinträchtigung des Rechts am eingerichteten und ausgeübten Gewerbebetrieb der L

In Betracht kommt eine bevorstehende Beeinträchtigung des Rechts der L am eingerichteten und ausgeübten Gewerbebetrieb.

## 1. Eingerichteter und ausgeübter Gewerbebetrieb

Das Luftfahrtunternehmen der L müsste ein eingerichteter und ausgeübter Gewerbebetrieb sein. Ein solcher ist ein auf Dauer angelegter und auf Gewinnerzielung gerichteter Betrieb. Hiervon ist bei dem außenwirksam auftretenden Unternehmen der L auszugehen. Mithin besteht ein eingerichteter und ausgeübter Gewerbebetrieb.

## 2. Subsidiarität

Für die Annahme eines Eingriffs darf keine andere Rechtsgrundlage einschlägig sein (Subsidiarität). Ist also ein anderes Recht oder Rechtsgut iSd. § 823 Abs. 1 BGB verletzt, oder § 823 Abs. 2 BGB oder § 824 BGB einschlägig, scheidet die Verletzung des Rechts am eingerichteten und ausgeübten Gewerbebetrieb aus. Eine anderweitige Rechtsgutverletzung ist nicht gegeben. Auch sind die §§ 823 Abs. 2, 824 BGB nicht einschlägig. Die Verletzung des Rechts am eingerichteten und ausgeübten Gewerbebetrieb kommt demnach in Betracht.

## 3. Unmittelbarer Eingriff

Es müsste ein unmittelbarer gegen den Betrieb als solchen, also ein betriebsbezogener Eingriff bevorstehen. Der Eingriff kann sich sowohl gegen die betriebliche Substanz, als auch auf die unternehmerische Entscheidungsfreiheit richten. Die Arbeitsniederlegung soll die L „lahmlegen" und die L als Mitglied des Arbeitgeberverbands der Luftfahrtbranche dazu bewegen auf ihren Verband hinsichtlich einer Tariflohnerhöhung einzuwirken. Dieser willensbeugende Druck richtet sich auf die unternehmerische Entscheidungsfreiheit der L. Der bevorstehende Eingriff durch die UFO ist damit als betriebsbezogener auch unmittelbar.

## 4. Zwischenergebnis zu II.

Ein Eingriff in den eingerichteten und ausgeübten Gewerbebetrieb der L steht bevor.

## III. Störereigenschaft der Gewerkschaft der Flugbegleiter

Ferner müsste die UFO Störer iSv. § 1004 Abs. 1 BGB sein. Hierzu muss die Beeinträchtigung zurechenbar sein. Die bevorstehende Beeinträchtigung des eingerichteten und ausgeübten Gewerbebetriebs der L ist auf den Streikbeschluss der UFO zurückzuführen. Die Beeinträchtigung selbst erfolgt durch die streikenden Gewerkschaftsmitglieder. Die Gewerkschaft kommt daher nur als mittelbare Handlungsstörerin in Betracht. Eine Zurechnung zu einem mittelbaren Störer ist möglich, sofern dieser in irgendeiner Weise willentlich und adäquat kausal zu der Beeinträchtigung beiträgt. Die Gewerkschaft wollte den Streik als Arbeitskampfmittel erreichen und fasste hierzu einen Streikbeschluss. Ohne diesen stünde der Streik der Gewerkschaftsmitglieder auch nicht bevor. Dieser ist somit ursächlich für den bevorstehenden Streik. Folglich ist die UFO mittelbare Handlungsstörerin iSv. § 1004 Abs. 1 BGB.

## IV. Drohende Störung – Erstbegehungsgefahr

Grundsätzlich setzt § 1004 Abs. 1 S. 2 BGB eine Wiederholungsgefahr hinsichtlich der Beeinträchtigung eines durch § 1004 Abs. 1 BGB (direkt oder anlog) geschützten Guts voraus. Für einen effektiven vorbeugenden Rechtsschutz muss es jedoch ausreichen, dass eine Störung droht. Damit genügt auch eine Erstbegehungsgefahr. Die Gewerkschaft rief Ende April 2020 für Anfang Mai 2020 zum bundesweiten Streik auf. Mithin steht dieser – und damit die Beeinträchtigung der L – unmittelbar bevor.

## V. Rechtswidrigkeit der Störung

Schließlich muss die drohende Störung auch rechtswidrig sein. Dies folgt aus § 1004 Abs. 2 BGB, der einen Unterlassungsanspruch ausschließt, wenn der Inhaber des geschützten Rechts oder Rechtsguts die Beeinträchtigung zu dulden hat. Dies wäre jedenfalls dann der Fall, wenn der Streik der Gewerkschaft rechtmäßig ist.

### 1. Streikbeschluss einer Gewerkschaft

Eine Voraussetzung der Rechtmäßigkeit des Streiks ist, dass dieser auf dem Streikbeschluss einer Gewerkschaft beruht, in dem diese ihre Mitglieder zum Streik aufruft und mit dem der Kreis der streikenden Arbeitnehmer bestimmt wird, sowie der Beginn des Streiks und die zu bestreikenden Betriebe festgelegt werden. Die UFO hat einen solchen Streikbeschluss Ende April 2020 gefasst. Der drohende Streik ist demnach formal rechtmäßig.

### 2. Tarifbezogenheit

Aus dem Bezug des verfassungsrechtlich gewährleisteten Arbeitskampfes zur Tarifautonomie (Art. 9 Abs. 3 GG) folgt, dass das Kampfziel die Erreichung einer tarifvertraglichen Regelung sein muss. Anderenfalls ist der Tarifvertrag tarifgesetzwidrig. Hieraus folgt, dass andere, insbesondere Sympathiearbeitskämpfe, die kein eigenes tarifliches Ziel erstreben, und politische Streiks unzulässig sind. Auch Streiks, die zwar den Abschluss eines Tarifvertrages erstreben, dieser aber einen außerhalb der Tarifmacht liegenden Gegenstand zum Inhalt haben soll oder dem zwingendes staatliches Recht entgegensteht, sind rechtswidrig. Mit dem drohenden Streik will die UFO eine Erhöhung des Tariflohns erreichen. Damit besteht ein hinreichender Tarifbezug.

### 3. Keine Verletzung der Friedenspflicht

Ein Streik darf nur dann geführt werden, wenn die Friedenspflicht hierdurch nicht verletzt wird. Die Gewerkschaft verstößt mit dem angekündigten Streik gegen die tarifvertragliche relative Friedenspflicht (s.o.). Der Streik ist demnach rechtswidrig.

> **Hinweis:** In einem Gutachten ist vollumfänglich auf alle aufgeworfenen Rechtsfragen einzugehen. Die Annahme einer Rechtswidrigkeit aufgrund des Verstoßes gegen die Friedenspflicht ist zwar bereits zu diesem Zeitpunkt möglich, jedoch unvollständig. Daher sind die weiteren Rechtmäßigkeitsvoraussetzungen des Streiks zu prüfen.

## 4. Verhältnismäßigkeit

Ein rechtmäßiger Streik muss dem Grundsatz der Verhältnismäßigkeit entsprechen.

### a) Legitimes Ziel

Der Streik müsste also ein legitimes Ziel verfolgen. Die Bestrebung die Tariflöhne zu erhöhen ist ein als rechtmäßig anzuerkennendes Ziel.

### b) Geeignetheit

Der Streik müsste geeignet sein dieses legitime Ziel zu verfolgen. Durch den Streik übt der Arbeitnehmer (wirtschaftlichen) Druck auf den Arbeitgeber aus. Dieser nicht unerhebliche Druck vermag es grundsätzlich den Arbeitgeber zu bewegen, den Forderungen der Belegschaft nachzukommen. Der angekündigte Streik ist als Arbeitskampfmittel grundsätzlich geeignet die Forderung nach einer Erhöhung der Tariflöhne umzusetzen.

### c) Erforderlichkeit

Weiter müsste der konkrete Streik das unter gleichwirksamen Mitteln mildeste gewesen sein. Ein gegen die (relative) Friedenspflicht verstoßender Streik ist nicht das mildeste, der Gewerkschaft zur Verfügung stehende Mittel. Folglich ist der angekündigte Streik nicht erforderlich.

### d) Angemessenheit

Auch müsste der Streik unter Abwägung der beiderseitigen Interessen insgesamt angemessen sein. Der Einsatz eines nicht erforderlichen Mittels zur Zieldurchsetzung trägt den Parteiinteressen nicht hinreichend Rechnung. Demnach war der Streik auch insgesamt unangemessen.

### e) Zwischenergebnis zu d)

Der Streik war unverhältnismäßig.

## 5. Zwischenergebnis zu V.

Der angekündigte Streik der UFO Anfang Mai 2020 ist rechtswidrig. Eine Duldungspflicht der L gemäß § 1004 Abs. 2 BGB besteht nicht.

## VI. Ergebnis zu B.

Die L hat gegen die Gewerkschaft der Flugbegleiter einen Anspruch auf Unterlassung des angekündigten Streiks nach § 1004 Abs. 1 BGB analog i.V.m. § 823 Abs. 1 BGB.

Fall 25
# „Vertrag ist Vertrag"

**Schwerpunkte:** Verbandstarifvertrag, Tarifbindung, Günstigkeitsprinzip, Wirkungen des Verbandsaustritts
**Fundstellen im Lehrbuch:** Rn. 707, Rn. 777 ff., Rn. 782 ff., Rn. 805, Rn. 848.

## Lösungsskizze

### Ausgangsfall

### Frage 1

Hat A einen Anspruch gegen die Verkehrsgesellschaft Bus & Bahn GmbH auf Gewährung von 30 Urlaubstagen pro Jahr?

   I. Arbeitsvertragliche Regelung (26 Tage pro Jahr)
  II. Vorrang der tarifvertraglichen Regelung (30 Tage pro Jahr) – § 4 Abs. 1 S. 1 TVG
     1. Wirksamer Tarifvertrag
       a) Vertragsschluss nach §§ 145 ff. BGB
       b) Tariffähigkeit der Parteien
       c) Tarifzuständigkeit
       d) Zulässiger Vertragsinhalt
       e) Schriftform nach § 1 Abs. 2 TVG
     2. Tarifbindung und -geltung
       a) Tarifbindung des A – § 3 Abs. 1 TVG
       b) Tarifbindung der V – § 3 Abs. 1 TVG
       c) Tarifgeltung
     3. Keine Erlöschensgründe – § 4 Abs. 4 TVG
     4. Keine zulässigen Abweichungen
       a) Abweichende Regelung im Arbeitsvertrag (26 Tage pro Jahr)
       b) Tarifvertragliche Öffnungsklausel
       c) Günstigkeitsprinzip – § 4 Abs. 3 Alt. 2 TVG
       d) Zwischenergebnis zu 4.
     5. Zwischenergebnis zu II.
 III. Ergebnis zu Frage 1.

### Fallfortsetzung

### Frage 2

Hat B einen Anspruch gegen die Verkehrsgesellschaft Bus & Bahn GmbH auf Gewährung von 30 Urlaubstagen pro Jahr?

   I. Arbeitsvertragliche Regelung (24 Tage pro Jahr)
  II. Vorrang der tarifvertraglichen Regelung (30 Tage pro Jahr) – § 4 Abs. 1 S. 1 TVG

1. Wirksamer Tarifvertrag
2. Tarifbindung und -geltung
   a) Tarifbindung des B – § 3 Abs. 1 TVG
   b) Tarifbindung der V – § 3 Abs. 1 TVG
   c) Verbandsaustritt der V – Fortgeltung der Tarifbindung (§ 3 Abs. 3 TVG)
   d) Tarifgeltung
3. Keine Erlöschensgründe – § 4 Abs. 4 TVG
4. Keine zulässigen Abweichungen
   a) Abweichende Regelung im Arbeitsvertrag (24 Tage pro Jahr)
   b) Tarifvertragliche Öffnungsklausel
   c) Günstigkeitsprinzip – § 4 Abs. 3 Alt. 2 TVG
   d) Zwischenergebnis zu 4.
5. Zwischenergebnis zu II.
III. Ergebnis zu Frage 2.

# Lösungsvorschlag

## Ausgangsfall

### Frage 1

A könnte gegen die Verkehrsgesellschaft Bus & Bahn GmbH (weiter V) einen Anspruch auf Gewährung von 30 Urlaubstagen pro Jahr haben.

### I. Arbeitsvertragliche Regelung (26 Tage pro Jahr)

Der zwischen A und V geschlossene Arbeitsvertrag sieht eine Anzahl von 24 Urlaubstagen pro Jahr vor. Aus diesem folgt demnach kein Anspruch auf Gewährung von 30 Urlaubstagen pro Jahr.

### II. Vorrang der tarifvertraglichen Regelung (30 Tage pro Jahr) – § 4 Abs. 1 S. 1 TVG

Ein solcher Anspruch auf Gewährung von 30 Urlaubstagen könnte sich jedoch aus dem Verbandstarifvertrag zwischen dem Arbeitgeberverband der Mobilitäts- und Verkehrsdienstleister e.V. (weiter MuV) und der Gewerkschaft der Busfahrer (weiter GdB) ergeben. Dieser sieht 30 Urlaubstage pro Jahr vor. Hierzu müsste der Verbandstarifvertrag wirksam und für A und V bindend sein.

### 1. Wirksamer Tarifvertrag

Es bedarf eines wirksamen Tarifvertrags.

> **Hinweis:** Die folgenden Ausführungen können in der Bearbeitung des konkreten Falls deutlich kürzer erfolgen, oder teilweise ganz weggelassen werden. Sie erfolgen hier zur Verdeutlichung der Voraussetzungen der Wirksamkeit eines Tarifvertrags.

### a) Vertragsschluss nach §§ 145 ff. BGB

Zwischen dem MuV und der GdB besteht ein Verbandstarifvertrag. Ein Vertragsschluss iSd. §§ 145 ff. BGB liegt demnach vor.

### b) Tariffähigkeit der Parteien

Der MuV und die GdB müssten Tarifparteien sein. Als Arbeitgeberverband und Gewerkschaft sind MuV und GdB gemäß § 2 Abs. 1 TVG Tarifparteien. Weiter müssten der MuV und die GdB tariffähig sein. Hierunter ist die rechtliche Fähigkeit zu verstehen einen Tarifvertrag schließen zu können. Der Begriff des Arbeitgeberverbands und der Gewerkschaft iSv. § 2 Abs. 1 TVG erfasst nur Koalitionen iSv. Art. 9 Abs. 3 GG. Der MuV und die GdB müssten die Merkmale einer Koalition erfüllen. Es muss sich also um freiwillige, gegnerunabhängige und überbetriebliche Vereinigungen mit organisierter Willensbildung und demokratischer Struktur handeln, die die Wahrung und Förderung der Arbeits- und Wirtschaftsbedingungen zum Ziel haben. Hiervon ist mangels entgegenstehender Angaben im Sachverhalt auszugehen. Gleichsam ist von deren Tarifwilligkeit, sozialen Mächtigkeit und Arbeitskampfbereitschaft (umstritten inwieweit erforderlich) auszugehen. Der MuV und die GdB sind tariffähig.

### c) Tarifzuständigkeit

Laut Bearbeitervermerk ist davon auszugehen, dass der MuV und die GdB (räumlich, personell und fachlich) zuständige Tarifvertragsparteien sind.

### d) Zulässiger Vertragsinhalt

Hinsichtlich des tarifvertraglichen Vertragsinhalts ist nach § 1 Abs. 1 TVG zwischen obligatorischen (schuldrechtlichen) und normativen Bestimmungen zu unterscheiden. Die obligatorischen Bestimmungen begründen subjektive Rechte und Pflichten zwischen den Tarifvertragsparteien (v.a. Friedenspflicht und Durchführungs- und Einwirkungspflicht). Die normativen Bestimmungen hingegen begründen unmittelbar zwischen den Tarifgebundenen zwingend (§ 4 Abs. 1 TVG) geltende Rechtsnormen, die v.a. den Inhalt des Arbeitsverhältnisses regeln (Inhaltsnormen). Die Festsetzung von 30 Urlaubstagen pro Jahr stellt eine solche Inhaltsnorm dar. Diese Bestimmung muss zulässiger Vertragsinhalt sein. Die Inhaltsnorm des Verbandstarifvertrags zwischen dem MuV und der GdB unterfällt zum einem der Regelzuständigkeit der Tarifvertragsparteien nach den §§ 1 Abs. 1, 4 Abs. 1 TVG (innere Grenze), zum anderen verstößt die Norm nicht gegen höherrangiges Gesetzesrecht, Grundrechte oder Unionsrecht (äußere Grenze). Mithin handelt es sich bei der Festlegung von 30 Urlaubstagen pro Jahr um einen zulässigen Vertragsinhalt.

### e) Schriftform nach § 1 Abs. 2 TVG

Die zur Wirksamkeit des Tarifvertrags erforderliche Schriftform gemäß § 1 Abs. 2 TVG wurde gewahrt.

## 2. Tarifbindung und -geltung

Damit die Inhaltsnorm des Verbandstarifvertrags auch zwischen A und der V gilt, müssen diese tarifgebunden sein (§ 4 Abs. 1 S. 1 TVG).

### a) Tarifbindung des A – § 3 Abs. 1 TVG

Gemäß § 3 Abs. 1 TVG sind die Mitglieder der Tarifvertragsparteien tarifgebunden. Als in der GdB gewerkschaftlich organisierter Arbeitnehmer ist A gemäß § 3 Abs. 1 TVG tarifgebunden.

### b) Tarifbindung der V – § 3 Abs. 1 TVG

Als Mitglied des Arbeitgeberverbands MuV ist die V gemäß § 3 Abs. 1 TVG tarifgebunden. Mithin sind sowohl A, als auch V an die normativen Bestimmungen des Verbandstarifvertrags zwischen dem MuV und der GdB gebunden.

### c) Tarifgeltung

Mangels entgegenstehender Angaben im Sachverhalt ist von der zeitlichen, räumlichen, persönlichen und fachlichen Geltung des Tarifvertrags auszugehen. Damit ist ein Anspruch des A auf Gewährung von 30 Urlaubstagen pro Jahr entstanden.

## 3. Keine Erlöschensgründe – § 4 Abs. 4 TVG

Es dürften keine Erlöschensgründe vorliegen. Eine Ausschlussfrist für die Geltendmachung tariflicher Rechte iSv. § 4 Abs. 4 S. 3 TVG ist durch den Verbandstarifvertrag zwischen dem MuV und der GdB nicht vereinbart worden, sodass der Anspruch des A nicht erloschen ist. Weitere Erlöschensgründe, insbesondere ein Verzicht des A iSv. § 4 Abs. 4 S. 1 und 2 TVG sind nicht ersichtlich.

## 4. Keine zulässigen Abweichungen

Ferner dürften keine zulässigen Abweichungen von der tarifvertraglichen Festlegung von 30 Urlaubstagen pro Jahr vorliegen.

### a) Abweichende Regelung im Arbeitsvertrag (26 Tage pro Jahr)

Abweichend vom Tarifvertrag sieht die individualvertragliche Regelung zwischen A und der V eine Anzahl von 26 Urlaubstagen vor (s.o.). Fraglich ist, ob eine solche Abweichung zulässig ist.

### b) Tarifvertragliche Öffnungsklausel

Eine dahingehende tarifvertragliche Öffnungsklausel (§ 4 Abs. 3 Alt. 1 TVG) besteht nicht.

### c) Günstigkeitsprinzip – § 4 Abs. 3 Alt. 2 TVG

Gemäß § 4 Abs. 3 Alt. 2 TVG kann eine zugunsten des Arbeitnehmers vom Tarifvertrag abweichende Regelung individualvertraglich getroffen werden (Günstigkeitsprinzip). Die Vereinbarung der unter der Anzahl von 30 Urlaubstagen pro Jahr liegenden 26 Urlaubstage pro Jahr ist für A nicht günstiger. Die zuungunsten des A abweichende Vereinbarung mit der V entspricht nicht dem Günstigkeitsprinzip des § 4 Abs. 3 Alt. 2 TVG.

### d) Zwischenergebnis zu 4.

Es bestehen keine zulässigen Abweichungen von der Regelung des Verbandstarifvertrags zwischen dem MuV und der GdB. Folglich hat die tarifvertragliche Regelung (30 Urlaubstage pro Jahr) Vorrang.

### 5. Zwischenergebnis zu II.

Der Verbandstarifvertrag ist wirksam und für A und V verbindlich. Er geht der arbeitsvertraglichen Vereinbarung zwischen A und V vor.

### III. Ergebnis zu Frage 1.

A hat gegen die Verkehrsgesellschaft Bus & Bahn GmbH aus dem zwischen dem Arbeitgeberverband der Mobilitäts- und Verkehrsdienstleister e.V. und der Gewerkschaft der Busfahrer geschlossenen Verbandstarifvertrag einen Anspruch auf Gewährung von 30 Urlaubstagen pro Jahr.

## Fallfortsetzung

### Frage 2

B könnte gegen die V einen Anspruch auf Gewährung von 30 Urlaubstagen pro Jahr haben.

### I. Arbeitsvertragliche Regelung (24 Tage pro Jahr)

Der zwischen B und V geschlossene Arbeitsvertrag sieht eine Anzahl von 24 Urlaubstagen pro Jahr vor. Aus diesem folgt demnach kein Anspruch auf Gewährung von 30 Urlaubstagen.

### II. Vorrang der tarifvertraglichen Regelung (30 Tage pro Jahr) – § 4 Abs. 1 S. 1 TVG

Ein solcher Anspruch auf Gewährung von 30 Urlaubstagen könnte sich jedoch aus dem Verbandstarifvertrag zwischen dem MuV und der GdB ergeben. Dieser sieht 30 Urlaubstage pro Jahr vor. Hierzu müsste der Verbandstarifvertrag wirksam und für B und V bindend sein.

### 1. Wirksamer Tarifvertrag

Der zwischen dem MuV und der GdB geschlossene Verbandstarifvertrag ist wirksam (s.o.).

### 2. Tarifbindung und –geltung

Damit die Inhaltsnorm des Verbandstarifvertrags auch zwischen B und der V gilt, müssen diese tarifgebunden sein (§ 4 Abs. 1 S. 1 TVG).

### a) Tarifbindung des B – § 3 Abs. 1 TVG

Gemäß § 3 Abs. 1 TVG sind die Mitglieder der Tarifvertragsparteien tarifgebunden. Als in der GdB gewerkschaftlich organisierter Arbeitnehmer ist B gemäß § 3 Abs. 1 TVG tarifgebunden.

### b) Tarifbindung der V – § 3 Abs. 1 TVG

Als Mitglied des Arbeitgeberverbands MuV ist die V gemäß § 3 Abs. 1 TVG grundsätzlich tarifgebunden. Etwas anderes könnte sich jedoch daraus ergeben, dass die V aus dem MuV ausgetreten ist.

### c) Verbandsaustritt der V – Fortgeltung der Tarifbindung (§ 3 Abs. 3 TVG)

Der Austritt des tarifgebundenen Mitglieds eines vertragsschließenden Verbands beendet die Tarifgebundenheit zunächst nicht. Diese bleibt gemäß § 3 Abs. 3 TVG bestehen, bis der Tarifvertrag endet, oder die von dem Tarifvertrag geregelte Rechtslage geändert wird (Nachbindung). Zum einen tritt die V noch während der Laufzeit des Verbandstarifvertrags aus dem MuV aus, zum anderen hat sich mangels entgegenstehender Angaben im Sachverhalt die durch den Tarifvertrag geregelte Rechtslage nicht geändert. Mithin ist die V weiter gemäß § 3 Abs. 3 TVG tarifgebunden. Daher sind sowohl A, als auch V an die normativen Bestimmungen des Verbandstarifvertrags zwischen dem MuV und der GdB gebunden.

### d) Tarifgeltung

Mangels entgegenstehender Angaben im Sachverhalt ist von der zeitlichen, räumlichen, persönlichen und fachlichen Geltung des Tarifvertrags auszugehen. Damit ist ein Anspruch des A auf Gewährung von 30 Urlaubstagen pro Jahr entstanden.

### 3. Keine Erlöschensgründe – § 4 Abs. 4 TVG

Erlöschensgründe hinsichtlich des Anspruchs des B bestehen nicht (s.o.).

### 4. Keine zulässigen Abweichungen

Für einen Anspruch auf Gewährung von 30 Urlaubstagen pro Jahr aus dem Verbandstarifvertrag dürfte keine zulässige Abweichung von der tariflichen Regelung bestehen.

### a) Abweichende Regelung im Arbeitsvertrag (24 Tage pro Jahr)

Abweichend vom Tarifvertrag sieht der Arbeitsvertrag zwischen B und der V eine Anzahl von 24 Urlaubstagen vor (s.o.). Fraglich ist, ob eine solche Abweichung zulässig ist.

### b) Tarifvertragliche Öffnungsklausel

Eine dahingehende tarifvertragliche Öffnungsklausel (§ 4 Abs. 3 Alt. 1 TVG) besteht nicht.

### c) Günstigkeitsprinzip – § 4 Abs. 3 Alt. 2 TVG

Die Vereinbarung der unter der Anzahl von 30 Urlaubstagen pro Jahr liegenden 24 Urlaubstage pro Jahr ist für B nicht günstiger. Die zuungunsten des B abweichende Vereinbarung mit der V entspricht nicht dem Günstigkeitsprinzip des § 4 Abs. 3 Alt. 2 TVG.

### d) Zwischenergebnis zu 4.

Es bestehen keine zulässigen Abweichungen von der Regelung des Verbandstarifvertrags zwischen dem MuV und der GdB. Folglich hat die tarifvertragliche Regelung (30 Urlaubstage pro Jahr) Vorrang.

### 5. Zwischenergebnis zu II.

Der Verbandstarifvertrag ist wirksam und für B und V verbindlich. Er geht der arbeitsvertraglichen Vereinbarung zwischen B und V vor.

### III. Ergebnis zu Frage 2.

B hat gegen die Verkehrsgesellschaft Bus & Bahn GmbH aus dem zwischen dem Arbeitgeberverband der Mobilitäts- und Verkehrsdienstleister e.V. und der Gewerkschaft der Busfahrer geschlossenen Verbandstarifvertrag einen Anspruch auf Gewährung von 30 Urlaubstagen pro Jahr.

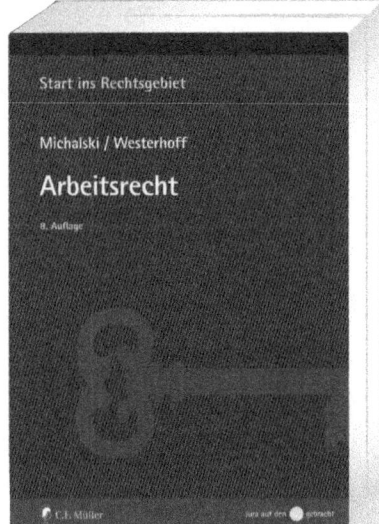
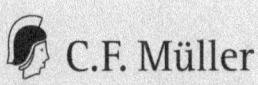